미국 프레젠터 3인의 **퍼펙트**
PERFECT PRESENTATIONS
프레젠테이션

미국 프레젠터 3인의 PERFECT PRESENTATIONS
퍼펙트 프레젠테이션

초판 발행일 :	2006년 12월 7일
ISBN :	89-89345-86-3
발행인 :	최홍석
발행처 :	㈜프리렉(등록일자 : 2000년 3월 7일, 등록번호 : 제13-634호)
주소 :	경기도 부천시 원미구 상3동 533-3번지 아트프라자 309호
문의 :	TEL(대표) 0505-326-2002 / FAX 032-326-5866
도서구입처 :	대형서점이나 인터넷 서점 그리고 프리렉 사이트(www.freelec.co.kr)
	(구입 후에는 철회되지 않으며, 잘못된 제품은 구입한 곳이나 프리렉에서 교환해 드립니다.)
정가 :	18,000원
저자 :	Marc Handler, Sidney P. Goldstein
강사 :	Mary O'Brien
번역 :	이은주
교정/감수 :	최홍석, 이민호, 안동현
강의 편집 :	Alex Park, Joseph Shin
강의 제작 :	Robert Schaub, Anna Kim, Evan Jeon, David Shin, Christina Kim, Amy Wang, Brian Warner, Esther Huh
디자인/편집 :	이대범

이 책은 ㈜프리렉이 저작권자와의 계약에 따라 발행한 것으로 ㈜프리렉의 허락 없이 이 책의 일부 또는 전부를 무단 복제, 전재, 발췌하는 것을 금합니다. 이 책의 보조 교육물인 인터넷 강의 또한 사전 허락 없이 어떠한 형태나 수단으로 이용하지 못합니다.

Copyright © FREELEC, Inc. All rights reserved. No Part of this book, including interior design, cover design, and icons, may be reproduced or transmitted in any form, by any means (electronic, photocopying, recording, or otherwise) without the prior written permission of the publisher.

인터넷 강의를 온라인에서 들으실 수 있습니다.
www.writinglecture.com

미국 프레젠터 3인의 퍼펙트 프레젠테이션
PERFECT PRESENTATIONS

먼저 책 전체 내용을 한두 번 빠짐없이 읽어 보자. 그런 다음 본격적으로 영어 프레젠테이션을 정복해 보겠다는 자세로 책의 내용을 인터넷 강의로 다시 한번 반복하자. 영어로 진행되는 강의지만 책의 내용을 이해하고 있다면 강의 내용이 귀에 와 닿을 것이다. 마지막으로 자신의 실력으로 만들기 위해 각 장에서 자세하게 설명한 표현법을 비디오와 MP3로 여러 번 연습해 보자. 다양한 표현을 모두 외운다는 것도 쉬운 일이 아닌데, 하물며 영어 문장을 막힘없이 표현한다는 것은 더 말할 나위가 없을 것이다. 그렇기에 더욱 반복적인 연습이 필요하다. 연습만이 완벽해질 수 있다는 것(Practice makes Perfect!)을 모토로 삼아 정복해야 할 목표로 향해 돌진하자!

Greetings!

Marc Handler
Professional Story Writer

To succeed in today's business world, you need to make many presentations for many different purposes. This book is not just a general review or collection of anecdotes. It is a practical manual and reference book that you can go back to again and again each time you start work on a new presentation. It will help you think through each step of the process to come up with the right approach and the right structure so you can have a winning presentation every time.

Mary O'Brien
Professional Guest Speaker

Businesses that focus only on local or national markets are finding it increasingly difficult to survive. To succeed today, you must be bold enough to compete in the international market place. But how do you bring your products and services to the global community? There is only one way. Through presentations. This book and online lectures will give you step by step instructions and all the tools you need to develop dynamic business presentations that can hook you up to the world! See you online and enjoy the FREE lectures.

Sid Goldstein
Professional Consultant

As the world of business grows, certain tools become more important day by day. This is particularly true of business presentations. Presentations give everyone a chance to win that critical sale, show what they know and make an entire company look good. You can easily make an argument that mastering presentations gives a company a real competitive advantage in today's international business world. That is why we wrote this book. We hope that you read the book, we hope that you use the book, and we hope that the book will help you. Good luck!

Marc Handler

오늘날 비즈니스 세계에서 성공하려면, 여러 목적으로 인해 다양한 프레젠테이션을 해야만 한다. 이 도서는 통상적인 참고 내용이나 일상적인 일화를 모은 것이 아니라, 매번 새로운 프레젠테이션을 추진할 때마다 반복해서 찾아봐야 하는 실용적인 지침서이자 참고서이다. 이 도서는 독자로 하여금 프로세스의 각 단계마다 적절한 접근법과 적절한 구조를 떠올리도록 도울 것이다. 이로 인해서 매번 성공적으로 프레젠테이션을 마칠 수 있을 것이다.

Mary O'Brien

지역이나 한 나라에 국한된 시장에 집중된 비즈니스는 살아남기가 점점 힘들어진다는 것을 실감할 것이다. 오늘날 성공하기 위해서는 국제적인 시장에서 경쟁할 만큼 충분히 대담해야만 한다. 그러나 제품과 서비스를 어떻게 세계 시장으로 가져갈까? 단 하나의 방법만이 있을 뿐이다. 그것은 프레젠테이션을 통해서만 가능하다. 이 도서와 인터넷 강의는 독자들로 하여금 세계로 뻗어 갈 수 있도록 해줄 역동적인 비즈니스 프레젠테이션을 전개하는 데 필요한 제반 도구와 더불어 각 단계마다 관련 지시 사항을 독자들에게 제공해 줄 것이다. 무료 강의를 즐기길 바라며 온라인에서 만나자.

Sid Goldstein

세계를 상대로 한 비즈니스가 커지면서 나날이 더 중요해지는 도구들이 있다. 이 중에서 비즈니스 프레젠테이션이 더욱 그러한 실정이다. 프레젠테이션은 중요한 거래를 따 내게 하고, 알고 있는 무엇인가를 보여주고, 회사를 멋지게 보이도록 하는 기회를 모든 사람들에게 부여한다. 독자들은 이런 프레젠테이션 지식을 완벽하게 습득함으로써 오늘날의 국제적인 비즈니스 세계에서 회사가 진정한 경쟁 우위에 있도록 하는 주장들을 쉽게 할 수 있다. 바로 이것이 도서를 쓴 이유이다. 이 도서를 부디 읽고 사용하기를 바라며 독자 여러분에게 도움이 되기를 바란다. 독자 여러분에게 행운이 있기를!

INTRODUCTION

Why Presentations are so Important in the Business World

Business presentations are essential in contemporary business. This is true internationally, and especially in the U.S. This book will focus on the U.S. market, emphasizing what Korean, Chinese, and other international businessmen need to know to make successful presentations in the U.S. Though it is U.S. focused, most of the guidelines in this book will also work with European and other international companies, including the rapidly expanding Asian market.

What & How

There are many types of business presentations: status reports, results presentations, public service presentations, educational presentations, and many others. However, sales presentations are the heart of business development, growth, and success, so this book will focus on sales presentations. The concepts and skills you learn about sales presentations can easily be modified to apply to all other types of presentations.

What does a sales presentation sell?

1. Products	Something you hold, touch, use.	
2. Services	Something you do for someone else such as legal services or consulting services.	
3. Ideas	Concepts, ways of thinking, understanding, and organizing which will help to make money in the future.	

You will learn to do presentations based on products, services, and ideas throughout this book.

When learning about business presentations, people naturally want to know HOW to do it. We will teach you how in this book. But before you can decide HOW to make a presentation, you must know WHAT you are presenting. This means analyzing your product, service, or idea and deciding what to include in the presentation, and how to organize it for maximum effectiveness. So this book will deal with the SUBJECTS of business presentations as well as the METHODS of business presentations.

Thinking Creatively

When learning about business presentations, many people study only the TECHNICAL aspects. They learn how to design PowerPoint screens. How to write a clear and cogent introduction. How to create an effective transition. And how to build a strong conclusion. These technical elements are well known to most people in business, and many people believe they are enough.

They are important, but in fact, they are not enough.

For successful business presentations, you must:

1 Think creatively. **2** Recognize the opportunity that each business situation represents. **3** Show what your efforts can achieve for your intended audience. **4** Understand the subject of your presentation as much as the method of your presentation.

Perfect Presentations will teach you these skills. It will also teach you what to expect when presenting in a Western business environment and how to feel comfortable and confident in that environment. Most importantly, it will teach you how to develop and deliver powerful, vivid, professional presentations to reach your business goals. ✻

INTRODUCTION

비즈니스 세계에서 프레젠테이션이 중요한 이유

비즈니스 프레젠테이션은 현대 비즈니스에선 없어서는 안 될 만큼 중요하다. 이는 전 세계적으로 마찬가지겠지만, 특히 미국에서는 더욱 그렇다. 이 책은 국제적인 비즈니스맨들이 미국에서 프레젠테이션을 성공적으로 하려면 무엇을 알아야 하는지를 강조한 미국 시장에 초점을 맞추어 기술하고 있다. 이 책에서 다루고 있는 대부분의 가이드 라인은 유럽을 비롯한 다른 국제적인 회사들, 또 빠르게 시장이 확대되고 있는 아시아에도 적용할 수 있다.

무엇을 어떻게

비즈니스 프레젠테이션에는 여러 형태가 있다. 진행 상황을 보고, 결과를 보고, 행정적인 사무 보고, 교육을 목적으로 하는 보고 같이 다양한 형태가 있다. 그 중 세일즈 프레젠테이션은 비즈니스의 진행과 발전 그리고 성공에 있어 핵심이 되는 프레젠테이션이다. 따라서 이 책에서는 세일즈 프레젠테이션을 중점적으로 다룰 것이다. 여기서 배운 개념과 기술은 여타 다른 프레젠테이션에도 쉽게 변형하여 적용할 수 있다.

세일즈 프레젠테이션에서 팔리는 것은 무엇인가?

1. **상품**　잡고 만지고 사용할 수 있는 무엇
2. **서비스**　법률 서비스나 전문 상담 서비스처럼 다른 사람을 위해 무엇인가를 하는 것
3. **아이디어**　개념, 사고 방식, 이해 그리고 미래의 수입을 만드는 데 도움이 될 구상 같은 것

한마디로 상품과 서비스 그리고 아이디어를 판매하는 프레젠테이션을 준비하고 진행하는 방법을 이 책에서 배울 것이다.

비즈니스 프레젠테이션에 대해 배울 때, 사람들은 당연하게도 어떻게 프레젠테이션을 해야 하는지를 알고 싶어 한다. 바로 그 점을 익히게 될 것이다. 그러나 어떻게 프레젠테이션을 할 것인가를 결정하기 전에, 발표자가 무엇을 보여주려는 지를 명확히 파악해야만 한다. 이는 상품과 서비스, 또는 아이디어를 분석해서 프레젠테이션에 무엇을 포함시키고 어떻게 전개하여 프레젠테이션의 효과를 극대화시킬 것인가를 의미한다. 그런 의미에서 비즈니스 프레젠테이션의 방법과 더불어 핵심 주제에 대해서도 다룰 것이다.

기발한 사고방식

비즈니스 프레젠테이션에 대해 배우면서 많은 사람들은 단순히 기교적인 측면에서 학습한다. 파워포인트 배경을 어떻게 디자인하는지를 익히고, 설득력 있는 서두와 문장을 어떻게 명확하게 하는지를 배우고, 효과적으로 연결어(Transition)를 어떻게 끌어내며, 어떻게 하면 강하게 마무리 지을지를 익힌다. 이 같은 기교적인 요소들은 비즈니스를 하는 사람들이 대체로 잘 알고 있어서, 많은 사람들은 이것을 배우는 것만으로도 충분하다고 믿는다.

물론 이런 기교들은 중요하다. 그러나 실제로는 그것만으로 충분치 않다. 성공적인 비즈니스 프레젠테이션을 하기 위해서는 아래와 같은 요소들이 반드시 뒤따라야만 한다.

1 창의적으로 생각하자. **2** 각 비즈니스 상황을 대변하는 기회적인 요소를 분별하자. **3** 프레젠테이션이 청중에게 어떤 도움이 될 수 있는지를 제대로 제시하자. **4** 프레젠테이션의 방법만큼이나 프레젠테이션의 주제를 올바르게 이해하자.

『Perfect Presentations』은 이 같은 기술들을 가르치게 될 것이다. 서구적인 비즈니스 환경에서 프레젠테이션을 할 때 무엇을 예측해야 하는지를 가르치고, 더불어 다른 환경에서 어떻게 편안한 느낌과 확신을 가질 수 있을지를 일러 줄 것이다. 특히나 비즈니스 목적을 성취할 때 필요한, 강하고, 생동감이 있고, 전문가다운 프레젠테이션으로 어떻게 하면 발전시킬지 그 방법을 알려 줄 것이다.

HOW TO USE THIS BOOK

이 책에 대하여

인터넷 서비스

30일간 무료

책으로 내용을 이해한 다음에는 인터넷 사이트 www.writinglecture.com에 접속하여 보자. 프리렉 영어 도서가 독자 여러분께 드리는 최상의 서비스가 이곳에서 펼쳐지고 있다. 책 내용에 대한 이해를 높이도록 세 가지 형태의 영어 교육 컨텐츠가 이곳에 있는데, 이 도서를 구입한 독자라면 무료로 30일간 볼 수 있으며 일부는 내려 받기가 가능하다.

동영상 비디오물

DOWNLOAD
STREAMING

책에 포함되어 있는 사례를 재현한 비디오물로 미국 현지에서 촬영한 자료 화면이다. 이를 통해 더욱 분명하게 프레젠테이션 상황을 이해하게 해준다. 내려 받기와 스트리밍 서비스, 두 가지 형태로 서비스하고 있다.

동영상 녹화물

STREAMING

책의 내용 중 중요한 부분을 발췌하여 정리한 파워포인트 형태의 컴퓨터 화면 녹화물로, 책에 대한 복습과 함께 듣기 공부에 도움을 준다. 스트리밍 서비스 형태로만 서비스하고 있다.

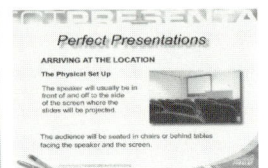

HOW TO USE THIS BOOK

MP3 파일

책에 포함되어 있는 다양한 예제를 따로 모아 녹음한 MP3 파일로, 유용한 표현을 통해 현장에서 실제 활용이 가능하도록 도와준다. 파일을 내려 받아 언제든 필요에 따라 반복청취를 할 수 있다.

> Step 2 : 장애물에 대한 실태 파악　　　　　　　　　　EX_19 ← 파일명
> "In the last quarter your company profits fell by almost 9%. Worker productivity was sited as a major reason. Workers lost around three quarters of an hour per day on unsolicited e-mails. Spam is the cause. The cost of time lost to dealing with spam can run as high as $100,000 per day in some com

도서를 구입한 독자가 무료 쿠폰을 활용하여
인터넷 서비스를 받으려면,

1 www.writinglecture.com 접속 ➡ 회원가입 ➡ 로그인 순으로 진행한다.

2 상단의 메뉴 중 [Books & Lectures]를 클릭한다.

3 Perfect Presentations 책 메뉴 안에 [Register Book]을 클릭 ➡ Access Code라는 박스에 도서 코드*를 입력 ➡ [Submit] 버튼을 클릭한다.

*도서 코드는 책 뒤 표지 안쪽에 붙어 있음, 비닐을 벗겨 안에 있는 쿠폰 뒷면의 코드 확인

4 등록이 되었다는 메시지와 함께 다음 메뉴를 선택한다.

[Home Page]　[Lecture Room]　[My Page / Service Status]

[Lecture Room]을 클릭 ➡ Lecture View라는 목차 안에서 듣고자 하는 강의를 클릭 ➡ 전용 강의 플레이어를 통해 스트리밍 서비스 받기 (단, 스트리밍 서비스는 쿠폰 등록 후 30일간만, 내려 받기가 가능한 동영상 비디오물과 MP3 파일은 무제한)

주의 사항

1 도서 코드는 영어 알파벳과 숫자가 혼용된 번호이다. 하지만 혼돈을 피하기 위해 알파벳 O와 I는 제외하였으므로 숫자 0과 1로 이해하고 입력하면 된다.

2 동영상 파일은 PC에서만 청취할 수 있으며, 윈도우 미디어 플레이어 9.0 이상이 설치된 환경이 최적의 청취 환경이다.

3 지역에 따라 네트워크 상태가 다를 수 있으므로 독자 여러분의 환경에 맞게 강의 청취 속도를 선택하는데, 이때 Lecture View 안에 Speed Test를 통해 적절한 속도를 확인한다.

4 동영상 녹화물은 책에 동봉된 무료 쿠폰으로 등록한 후 30일간 반복 청취가 가능하다. 만일 등록 기간이 만료된 후에 강의를 들으려면 유료로 강의를 구입해야만 한다.

HOW TO USE THIS BOOK

이 책의 구성 요소

이 책에는 생생한 대화와 표현을 다루고 있는 다음과 같은 구성 요소들이 포함되어 있다.

Real Talk
비즈니스 현장에서 벌어지는 실제 상황을 재현한 대화 속에서, 자주 사용되는 중요 표현들에 대한 설명과 함께 활용 방안을 제시해 준다.

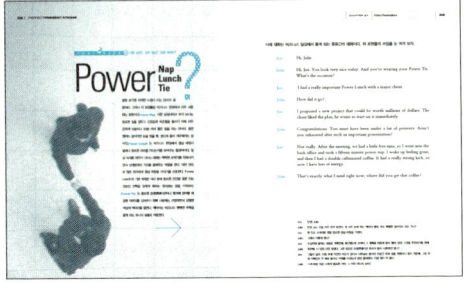

Case Study
동영상으로 제공되는 현장의 자료 화면과 사례를 보면서 유용한 표현들을 익히고 변화를 모색하게 해준다.

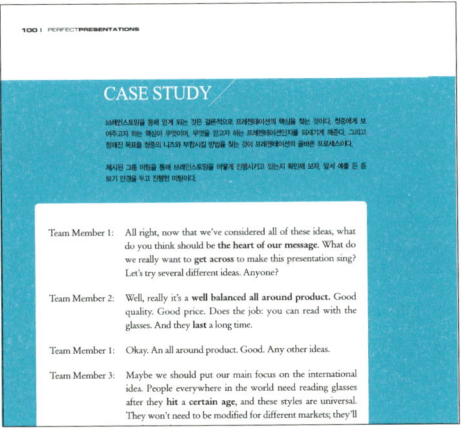

Real Expressions
영어 프레젠테이션을 능수능란하게 이끌 다양한 표현들을 따로 정리해 줌으로써 긴급한 상황 속에서도 신속한 대처가 가능하게 해준다.

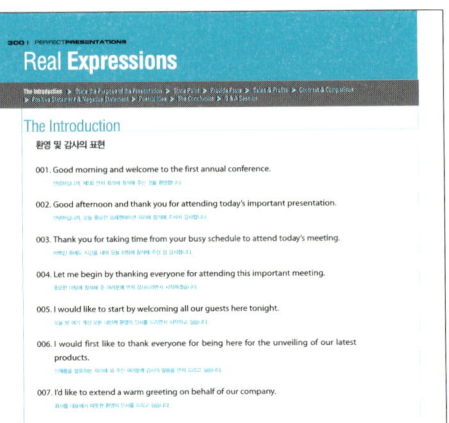

PERFECT PRESENTATIONS
TABLE OF CONTENTS

- 06 Introduction
- 17 **Chapter 1 Perfect Presentations**
  - 18 ① 프레젠테이션 당일 The Day of the Presentation
  - 22 ② 발표장 도착 Arriving at the Location
  - 25 ③ 최종 점검 Final Preparations
  - 27 ④ 만남과 인사 Meet & Greet
  - 29 ⑤ 프레젠테이션 The Presentation
  - 32 ⑥ 내용 The Content
  - 36 ⑦ 프레젠테이션 후 After the Presentation
  - 38 REAL TALK 01 Power Nap, Power Lunch, Power Tie

- 41 **Chapter 2 Research & Discovery**
  - 42 ① 주제에 대한 이해 Knowledge of the Subject
  - 44 ② 청중에 대한 이해 Knowledge of the Audience
  - 45 ③ 리서치와 디스커버리 Research & Discovery
  - 52 ④ 목표 Targets
  - 55 CASE STUDY : 디스커버리하기   Discovery in Action
  - 62 REAL TALK 02   Doing your homework

- 65 **Chapter 3 The Process: What Not To Do**
  - 76 CASE STUDY : 계약 경쟁 Competing for a Contract
  - 80 REAL TALK 03 Pushing the envelope

- 83 **Chapter 4 The Process: Doing It Right**
  - 85 ① 개인적인 브레인스토밍 Brainstorming on Your Own
  - 91 ② 그룹 브레인스토밍 Brainstorming with Your Group
  - 99 ③ 생각하기 / 말하기 Think about It / Talk about It
  - 100 CASE STUDY : 브레인스토밍 미팅
    The Brainstorming Meeting
  - 108 REAL TALK 04   White boarding

113 Chapter 5 Structuring

- 119 **1** 스토리 The Story
- 127 **2** 기본 케이스 Basic Case
- 135 **3** 고급 케이스 Advanced Case
- 162 REAL TALK 05 Buried in red tape

165 Chapter 6 Models Models Models

- 167 **1** 시각적 비유 Visual Metaphor
- 170 **2** 시간에 기초한 모델 Time-based
- 174 **3** 장소에 기초한 모델 Place-based
- 176 **4** 질문에 기초한 모델 Questions-based
- 181 **5** 단락에 기초한 모델 Unit-based
- 183 **6** 특징과 이득 Features & Benefits
- 185 **7** 문제점과 해결책 Problem & Solution
- 187 **8** 기회와 행동 Opportunity & Action
- 190 **9** 대조와 비교 Contrast & Compare
- 192 **10** 숫자에 기초한 모델 Numbers-based
- 195 **11** 케이스 스터디 Case Study
- 197 **12** 어떤 구조를 선택해야 하는가? Which Structure Should You Choose?
- 200 GIVE IT A TRY : 프레젠테이션 구상하기 Planning the Presentation
- 204 REAL TALK 06 Cakewalk

250 Chapter 7 Universals: Introductions, Transitions, Conclusions

- 208 **1** 서론 The Introductions
- 220 **2** 연결어 Transitions
- 228 **3** 결론 The Conclusions

238　REAL TALK 07 Beat around the bush

241　Chapter 8 Questions & Answers

243　1 질문과 답변 준비 Preparing for Q&A
248　2 질문과 답변을 다루는 법
　　　How to Manage a Question & Answer Session
258　CASE STUDY : 박경시의 성공 스토리
　　　Pak, Gyong-Si - A Success Story
264　REAL TALK 08 Thinking on your feet

267　Chapter 9 PowerPoint Slides

268　1 단순하게 만들기 Keep It Simple
271　2 애니메이션 효과와 폰트 Animation & Fonts
272　3 색상과 템플릿 Colors & Templates
274　4 차트, 그래프, 숫자 Charts, Graphs & Numbers
275　5 이미지 Images
277　6 주제 부각 Running Theme
278　7 파워포인트 내용 구성 마법사
　　　PowerPoint Auto Content Wizard
280　REAL TALK 09 Can't make heads or tails out of it

283　Chapter 10 Delivery

284　1 두 개의 보드와 열정 Two Boards & A Passion
290　2 떨리는 손은 어떻게 해야 하나? 목소리는? 긴장할 때의 습관은? What about My Hands? My Voice? My Nervous Habit?
292　3 연습만이 완벽하게 해준다 Practice Makes Perfect!
294　4 청중 바라보기 Seeing the Audience
295　5 돌진 The Big Rush
298　REAL TALK 10 Groundbreaking ideas

300　Real Expressions

1

성공의 비밀은 없다. 성공은 준비하고, 성실히 임하고, 실패로부터 배운 결과이다.
— 콜린 파월

There are no secrets to success. It is the result of preparation, hard work, learning from failure.
✼Colin Powell

PERFECT PRESENTATIONS

CHAPTER 01

Perfect Presentations

1_The Day of the Presentation
2_Arriving at the Location
3_Final Preparations
4_Meet & Greet
5_The Presentation
6_The Content
7_After the Presentation

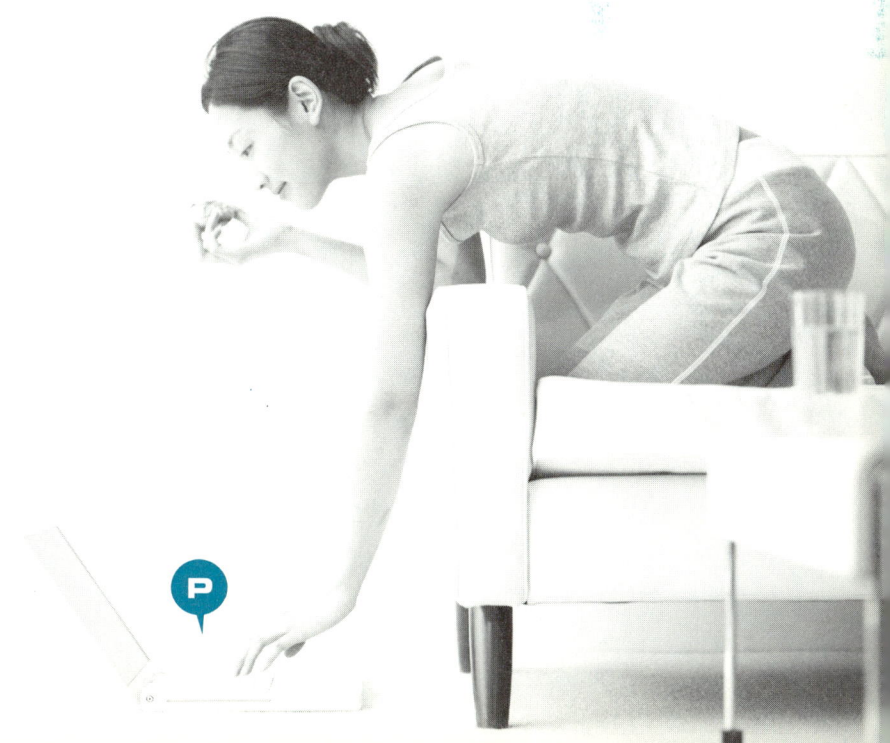

프레젠테이션 당일
The Day of the Presentation

먼저 프레젠테이션이 있을 당일에서 시작해 보자. 다음 장부터는 이 날을 위해 준비해야 할 것들에 대해 단계별로 차근차근 짚어 볼 것이다. 그러나 이번 장에서는 이제 프레젠테이션 준비를 마무리했고, 프레젠테이션 당일이라는 가정에서부터 출발한다.

당신은 성공적인 프레젠테이션을 이끌어야 하는 막중한 임무를 띠었기 때문에 전날 충분한 수면을 취했다. 막바지에 이르러 내용을 바꾼다든지, 연습을 한다든지, 걱정을 하면서 밤을 꼬박 새우는 일 따위 하지 않았고, 술을 마시러 나가는 일도 없었다. 잘 쉬고 정신을 맑게 유지하는 것이 프레젠테이션을 위해 얼마나 중요한지 이미 잘 알고 있기 때문이다.

아침에 일어나서 마지막으로 프레젠테이션을 한번 되풀이 해본다. 청중에게 보여질 당신의 모습을 한눈에 볼 수 있을 만큼 큰 거울 앞에 서 본다. 옷 매무새를 단정히 하고 목소리를 가다듬는다. 그리고 머릿속에 그려 보는 연습이 아니라 실제처럼 소리 내어 연습을 한다. 기억하기 힘든 긴 문장은 없는지, 듣기 편한 속도로 말하고 있는지, 강조해야 할 부분에서 적당한 톤을 유지하고 있는지, 몸동작은 자연스럽고 청중에게 어필할 수 있는지 등을 유심히 살펴본다. 이런 마지막 연습으로 프레젠테이션이 기억에 좀더 선명하게 남는다.

이제 아침을 준비한다. 너무 특별하거나 새로운 음식보다는 평상시 즐겨 먹는 음식을 먹되 마늘이 들어간 음식이나 피클 같은 음식은 자칫 불쾌한 냄새를 줄 수 있기 때문에 삼가하고, 과식 대신 가볍지만 영양이 충분한 음식을 먹는다. 운동선수가 경기에 임하듯이 당신도 프레젠테이션 그 출발점에 서 있다.

점검표 작성
CHECKLIST FOR DAY OF PRESENTATION

날짜
장소
회사명
· 주소
· 건물명
· 체크인 장소
· 발표장 위치

시간
· 나머지 팀원들이 모이는 시간
· 출발 시간
· 발표장 도착 시간(프레젠테이션 시작45분 전)
· 프레젠테이션 시작 시간

교통편
· 운행 경로
· 교통수단 – 택시, 승용차, 그 외

만나야 할 사람들에 대한 정보
· 도착시 만나야 할 사람들의 이름
· 초대해 준 사람의 이름
· 만나야 할 다른 주요 인사들의 이름

Now the scheduled time is drawing near.
예정된 시간이 점점 가까워져 온다.

What should you do?
지금부터 무엇을 해야 할까?

우선 아래와 같은 점검표가 필요할 것이다.

발표 당일 점검표

Checklist for Day of Presentation

☑ **DATE**
　날짜

☑ **PLACE**
- Name of company
- Street address
- Name of the building
- Place to check in
- Room where presentation will take place

장소
- 회사명
- 주소
- 건물명
- 체크인 장소
- 발표장 위치

☑ **TIME**
- Time to gather with the rest of your team
- Time to leave for the presentation
- Time you plan to arrive (45 minutes before presentation)
- Time the presentation starts

시간
- 나머지 팀원들이 모이는 시간
- 출발 시간
- 발표장 도착 시간(프레젠테이션 시작 45분전)
- 프레젠테이션 시작 시간

Be sure you schedule extra time in case you have problems with transportation or other unexpected issues.

교통 상황이나 다른 예기치 못한 일들로 인해 문제가 될 경우를 대비해 여유롭게 시간을 잡도록 하자.

CONTINUE ▼

> Make sure your transportation is reliable and, you have correctly calculated the time it will take to get to your destination.
>
> 교통편이 확실한지 점검하고 목적지에 도착하기까지 소요되는 시간에 대해 정확하게 계산해 두자.

☑ TRANSPORTATION

- Route
- Means of transport (Taxi, Private Car, Other)

교통편
- 운행 경로
- 교통 수단 – 택시, 승용차, 그 외

☑ CONTACT INFORMATION

- Name of the person(s) who will meet you when you arrive
- Name of the person who invited you
- Names of any other key people you will be meeting

만나야 할 사람들에 대한 정보
- 도착시 만나야 할 사람들의 이름
- 초대해 준 사람의 이름
- 만나야 할 다른 주요 인사들의 이름

팀원들이 함께 움직이는 프레젠테이션일 경우에는 팀원 개개인이 위와 같은 점검표를 가지고 각자 맡은 준비물들을 확인하도록 하자.

발표장으로 떠나기 전에 프레젠테이션에서 필요할 아래와 같은 자료와 준비물도 잊지 말고 챙겨 두자. 발표장에 들고 가는 가방에는 무엇이 어디 있는지 바로 찾을 수 있게 잘 정리해서 넣도록 하자.

- SLIDES (on CD, in your computer, or in any other form)
- HARD COPY OF SLIDE SHOW (an extra back-up copy on paper)
- BUSINESS CARDS (enough so you are sure you won't run out)
- HANDOUTS (also enough so you won't run out)
- NOTEPAD
- PENS
- OTHERS (any other papers, materials, or equipment that you may need)

- CD나 컴퓨터 안에 저장된 파워포인트 슬라이드
- 파워포인트 슬라이드의 복사물
- 모자라지 않을 만큼 충분한 명함
- 넉넉한 유인물
- 메모장
- 필기도구
- 기타 – 다른 원고나 자료 또는 필요할지 모를 기자재

예상치 못하는 문제가 발생하면 어쩌나 하는 걱정으로 가슴이 두근거리는 것은 자연스러운 것이다. 그러나 이런 걱정이 문제를 해결하거나 상황에 도움이 되진 않는다. 이럴수록 편안한 마음 상태를 유지하자. 몇 분만이라도 조용한 곳을 찾아서 편안하게 앉거나 누워서 긴장을 풀어 보자. 차분히 호흡을 가라앉히고 자신의 호흡에 귀 기울여 보자. 이런 여유가 정신을 맑게 하고 프레젠테이션이 머릿속에 선명하게 그려지는 효과를 가져다 준다. 2006년 1월 『TIME』지는 호흡만으로도 기억력을 증가시키고 두뇌를 발전시킬 수 있다(How to get smarter, one breath at a time)는 사실을 주요 기사로 소개했다. 취재진이 조사한 결과에는 하루에 40분씩 꾸준히 명상(Meditation)을 하면 과학적으로 증명이 가능할 정도로 기억력과 집중력이 발달한다고 한다. 명상의 방법으론 다른 모든 생각들을 접어 두고 오로지 호흡에만 관심을 가지는 것이다. 코로 깊게 호흡을 하되 호흡 하나하나에 귀 기울여 보는 것이다. 잠을 자고 일어난 것처럼 머리가 가볍고 맑아지면서, 일반인들이 오후가 되면 피곤하다고 느껴지는 느낌을 줄이고 두뇌가 활동하는 시간을 연장시켜 준다고 한다. 실제 구글(Google)

을 비롯한 대기업에서도 인재들이 명석함을 유지하는 방법으로 명상을 권하고 있으며 일정한 테스트 기간 후 반응을 조사한 결과 명상 후엔 감정보다 이성이 강하게 작용한다는 결과도 나왔다. 특히 두뇌를 많이 쓰는 직업은 명상 시간에 대해 투자를 아끼지 않는 것이 현명하다고 지적한다.

프레젠테이션은 긴장감과 당황스러움과 같은 감정적인 부분을 잘 소화해 낼 수 있는 이성적인 마인드 컨트롤뿐만 아니라 기억력과 집중력 또한 고도로 필요한 작업이다. 적어도 15분에서 20분 동안 심호흡을 하고 편안하게 명상을 한 후, 자료를 모아 팀원들과 간단한 점검을 하고 이제 발표장으로 이동하도록 하자.

발표장 도착
Arriving at the Location

계획했던 대로 발표장 안에는 최소 45분 전에 도착해야 한다. 도착 후엔 발표장 안을 둘러보고 그 구조를 유심히 살펴보자. 그리고 서둘러 준비했던 기자재들을 설치하고 전문 기술진의 도움을 받아 마이크 성능 테스트를 해보자. 청중이 없을 때와 청중이 가득 찼을 때 음량이 다르게 느껴지는 점을 감안해 음량을 약간 높게 맞춰 놓자. 프로젝터 화면의 밝기는 물론, 조명과 부대 기자재들의 연결이 제대로 되어 있는지도 점검하자.

Now check the physical set up more closely.
이제 발표장 구조에 대해 좀더 자세히 확인해 보자.

대부분의 프레젠테이션은 회의실에서 이루어진다. 크고 작은 미팅들 모두가 다양한 종류의 프레젠테이션이기 때문이다. 프레젠테이

The Physical Set Up

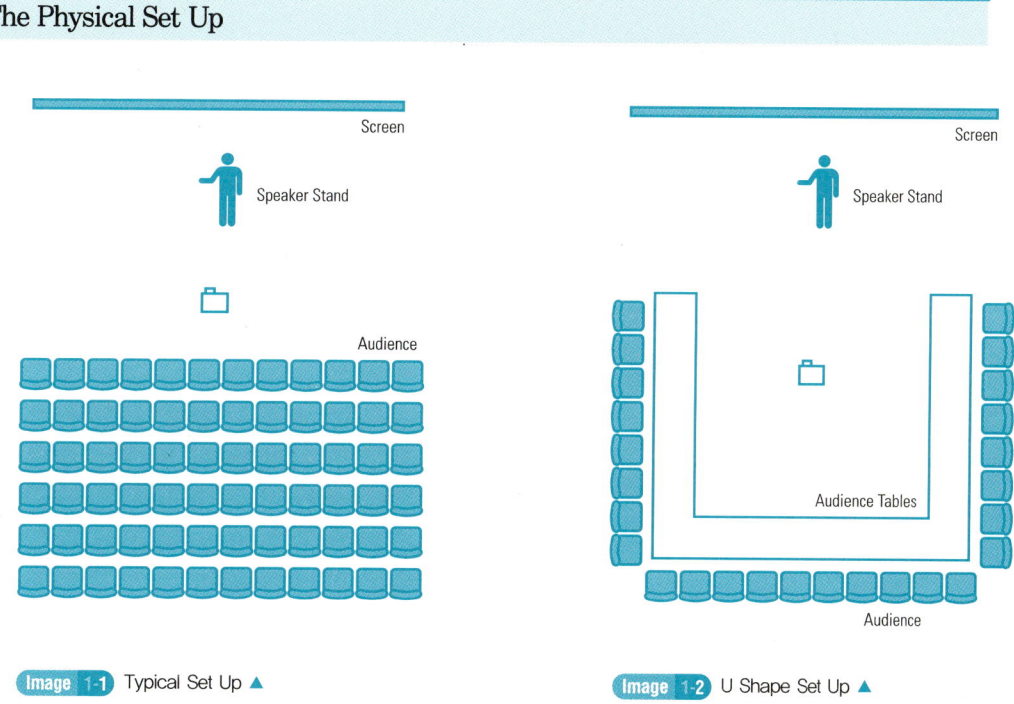

Image 1-1 Typical Set Up ▲

Image 1-2 U Shape Set Up ▲

션이란 말을 굳이 하지 않아도 회사에서 우리는 매일 프레젠테이션을 하거나 듣게 된다. 어쩌면 프레젠테이션 장소는 어느 곳에서나 말하는 이와 듣는 이가 있으면 무방하다라고 해도 틀린 말은 아니다. 단지 프레젠테이션의 성격에 따라 비즈니스와 연관된 경우엔 장소 선정도 프레젠테이션 결과에 영향을 미칠 수 있다는 점에 유의할 필요가 있다. 한 예로 커피숍에서 음악 소리와 주변의 움직임 속에서 당신의 설명에 집중할 것을 기대하는 것은 듣는 이에게 부담밖에 될 수 없다. 이 경우 기억에 남는 프레젠테이션은 방해받지 않는 장소를 선정하는 것에서부터 시작된다.

프레젠테이션 장소는 세미나실, 교실, 강당 등 참가할 예상 인원에 따라 규모가 달라진다. 청중이 다수인 경우에는 보통 호텔 세미나실에서 프레젠테이션이 열리는데, 이 경우엔 좀더 꼼꼼한 사전 준비가 필요하다. 우선 인원수를 고려해 좌석 배치를 해야 한다. 발표자가

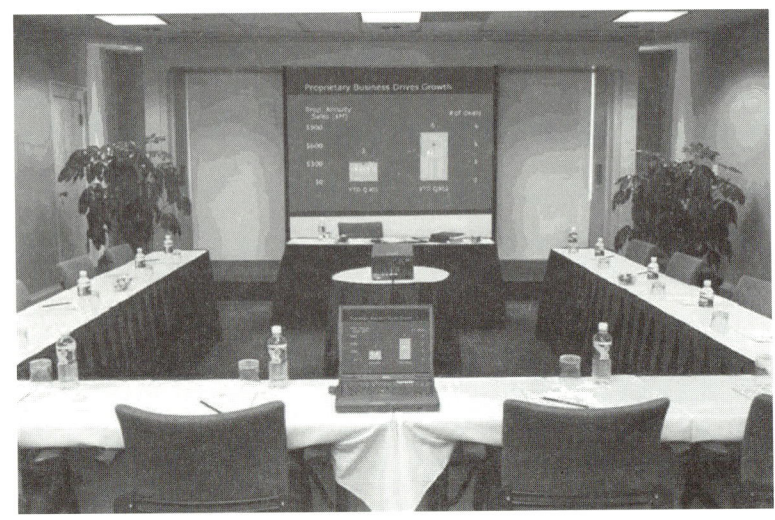

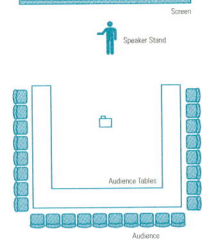

대기할 장소나 발표할 위치도 정해야 한다. 일반적인 비즈니스 프레젠테이션에서 발표자는 연단 또는 청중을 마주 보는 탁자 뒤쪽에 위치한다. 발표자는 탁자 앞에 서서 탁자의 높이가 자신의 키 높이에 비해 적당한지 확인해 보아야 한다. 발표자의 머리만 보게 된다면 청중들은 답답함을 느낄 것이다. 탁자를 바꾸는 것이 여의치 않을 경우를 대비해 보조 받침대를 준비하는 것도 하나의 방법이다. 탁자의 높이를 적당하게 조절한 뒤에는 미리 준비한 노트나 발표 내용을 확인하기 쉬운 위치에 올려놓자.

미국에서 가장 보편적인 좌석 배치는, 발표자와 청중 간에 보통 1~1.5미터 정도 간격이 있고, 청중이 발표자와 스크린을 정면으로 바라볼 수 있으면서, 일정한 간격으로 줄이 맞춰져 있는 것이다. 반면 소규모 회의실에서 진행할 경우에는 청중은 테이블 삼면에 위치하면서 발표자를 쳐다보게 된다. 'U Set Up'이라고 일컫는 이 구조는 대부분의 회의실의 구조라고 보아도 무난하다.

발표장 구조를 파악한 후에는 청중의 좌석에 앉아 보자. 포스트나 기둥, 또는 다른 어떠한 물체로 인해 시야가 가려지는 곳이 있는지를 미리 확인하고 행동 반경과 자세를 결정하자. 만약 시청각 기기를 이용하는 프레젠테이션일 경우에는 프로젝터 사용과 발표자의 지시에 따라 파워포인트 슬라이드를 바꾸는 일 등이 발표자와 호흡이 잘 맞을 수 있게 예행 연습도 해보자. (슬라이드는 파워포인트 파일을 의미하는 용어로 이후에는 슬라이드로 칭할 것이다.)

조명과 실내온도, 소음, 또는 다른 뭔가가 프레젠테이션 진행에 장애로 작용할 수 있는지 세밀히 점검하자. 조금이라도 문제를 일으킬 수 있는 부분에 대해서는 발표 전 가능한 빠르게 조치를 취하도록 하자.

최종 점검
Final Preparations

03

Now go through your next checklist (you already did the first one):

이제 발표장에서의 최종 점검 리스트를 확인해 보자.

발표장 점검표

프레젠테이션 슬라이드를 설치하고 테스트하자.

청중의 좌석에 앉아 보고 슬라이드를 쉽게 볼 수 있는지 확인하자.

마이크를 사용해서 발표할 경우 마이크 상태를 테스트하자. 얼마나 가깝게 위치해야 제대로 들을 수 있는지 결정하자. 클립으로 고정시키는 마이크인 경우 클립을 작동시켜 보고 선이 꼬여 나중에 방해가 되지 않도록 가지런하게 정렬하자.

Checklist for Presentation Room

☑ Hook up your slide presentation and test it.

☑ Sit in the audience chairs and make sure they can easily see the slides.

☑ If you are speaking through a microphone, test the microphone. Decide how close you need to be to it to be heard properly. If it is a clip-on, test the clip and arrange the wires so they don't get in your way later.

노트를 탁자에 놓아두기 적당한지 확인하고 쉽게 집어 들 수 있고, 중간에 막힘 없이 내용을 쉽게 알아볼 수 있게 놓아두자.	☑ Make sure your notes fit on the podium and you can comfortably pick up your notes and refer to them without losing your place.
슬라이드와 노트가 올바른 순서대로 되어 있는지를 확인하고 회의실로 가는 중에 없어지거나 섞여서 엉망이 되는 일이 없도록 하자.	☑ Make sure the slides and your notes are in the right order. Make sure that nothing has been lost or disturbed on your trip to the meeting room.
명함과 유인물은 바로 줄 수 있는 곳에 놓아두자.	☑ Place your business cards and hand out materials so they are ready for distribution.
함께 움직이는 팀원들이 서고 앉아야 할 위치를 점검하자.	☑ Make sure that your team knows where they are supposed to stand or sit.
화장실에 다녀오자. (사람들과 악수를 할 것을 예상해 손에 물기가 남아 있지 않도록 하자.)	☑ Go to the bathroom if necessary. (Thoroughly dry your hands — you will probably be shaking hands with people soon.)
거울을 보면서 단정한 모습인지를 살펴보자.	☑ Check mirror to see that you look okay.
목소리가 갈라지지 않도록 물을 마시자.	☑ Drink some water to prevent your voice from cracking.
노트를 쭉 한번 마지막으로 읽어 보자.	☑ Quick final review of your notes
다시 한번 강조하지만, 가능하다면 마지막 몇 분간 조용히 앉아서, 마음을 가라앉히고 호흡을 가다듬자. 그리고 이러한 기회와 경험을 즐기도록 하자.	☑ Again, if you can, take a few final minutes to sit quietly. Relax. Breathe calmly. Remember to ENJOY this opportunity and experience!

만남과 인사
Meet & Greet

사람들이 발표장으로 들어오기 시작해서 프레젠테이션이 마칠 때까지는 개별적으로 인사를 하지 않는 것이 일반적이지만, 간혹 시작 전에 사람들에게 인사를 하는 경우도 있다. 어떤 경우든 새로운 사람과 인사를 하게 되면 만난 사람이 누구인지를 적어 두고 친근하게 어울려야 한다. 또한 누구에게나 존중하는 태도를 보여야 한다. 예를 들어 첫인상이 아래와 같아도 직위가 낮을 것이란 편견을 가지지 않도록 하자.

- Casually dressed
- Young
- Female
- Quiet and unassuming

· 평상복 차림
· 젊은 연령층
· 여성
· 별로 눈에 띄지 않는 사람

왜냐하면 아주 심각한 실수가 초래될 수 있기 때문이다. 미국에서는 대기업의 고위층 사람을 구분하기가 쉽지 않다. 나이가 지긋이 든 신사분이 넥타이를 매고 있다고 해서 반드시 한 회사를 대표하거나 주요 인사인 것은 아니다. 오히려 스웨터를 걸치고 부시시한 머리를 하고 나타난 젊은 사람이 중요 책임자일 수도 있다. 또 여성이라고 해서 비서나 중요하지 않은 사람이라고 절대 어림잡지 말자. 많은 미국 회사에서 여성이 최종 결정자로 자리 잡고 있기 때문이다.

또 하나 기억해야 할 문화적인 차이가 있다. 비즈니스마다 약간의 차이가 있긴 하지만 대체로 미국에서는 명함이 아시아 국가들만큼 일상적이지는 않다. 그래서 만약 상대방에게 명함을 건넸는데, 명함을 받고도 명함을 주지 않는다고 어색해 하거나 놀랄 필요는 없다. 그리고 상대방이 명함을 받고도 명함을 자세히 살펴보지도 않은 채, 한 손으로 받고 아무렇지도 않은 듯이 호주머니에 넣어 버린다고 해서 기분 나빠할 필요가 없다. 이 같은 행동이 상대방이 당신을 무시하고 있다는 뜻은 아니기 때문이다. 미국의 사회적인 통념상 명함을 주면 반드시 돌려받아야지 예의를 갖추는 것이라고 판단하지 않기 때문이다. 명함을 왼손으로 받는다고 해서 기분이 상하거나, 명함을 받고 그 위에 무엇인가를 메모하는 것 또한 아시아 국가들의 예의를 탈색시키는 일은 아니라는 점을 이해하자. 중요한 것은 서로 간에 주고받는 대화 속에서 상대방이 예의를 갖추고 있는지를 관찰하자. 명함을 거리낌 없이 받았다면 미래에 필요에 따라 연락을 취하게 될 것이다.

악수는 아주 일반적인 인사이다. 하지만 머리를 숙여 인사하는 것이 더 편하다면 습관대로 자연스럽게 인사하자. 상대방도 머리를 숙여 답하진 않더라도 대부분 당신의 인사에 대해 좋은 인상을 가지게 될 것이다.

이제 청중이 모두 자리에 앉으면, 발표자인 당신도 제 위치에 자리하자. 정해진 시간을 지키겠다는 의지로 시간을 한눈에 확인할 수 있는 곳에 시계를 풀어 놓자. 사회자가 인사를 하고 발표자인 당신을 소개한다. 청중의 시선이 당신에게 집중되고 있음을 느낀다면 깊은 호흡을 한번 내쉬면서 서두르지 말고 고개를 들어 청중을 바라보자.

You're ready to begin.

이제 시작이다.

프레젠테이션
The Presentation

시각적인 자료들이 나날이 다양화되기 시작한 1990년 후반부터 프레젠테이션은 더 이상 발표자의 일방적인 커뮤니케이션 방법이 아니라 청중과 함께 호흡하는 쌍방향 커뮤니케이션의 한 방법으로 그 정의가 달라지고 있다. 이 같은 변화는 발표자로 하여금 청중과의 관계를 더 긴밀하게 유지할 것을 요구하고 있다. 그러나 이것이 말처럼 쉽지가 않다. 청중에게 골고루 눈길을 주는 일조차 초보자에겐 엄두도 낼 수 없는 일이기 때문이다. 간단한 인사말을 마친 후 서두를 꺼내는 당신의 목소리는 떨리고 있고 그냥 기분상 그런 것이 아니라 손도 함께 떨고 있는 것을 인식하게 된다. 그러면서 강한 심장의 박동소리도 들리고 당신이 무슨 말을 하고 있는지 파악할 수 없는 수준에 이르기도 한다. 이것이 처음으로 프레젠테이션을 하는 발표자가 넘어야 할 5분의 고비이다. 너무나 긴 시간으로 느껴지는 5분을 지나면 발표자의 마음 한구석에선 '다시 시작했으면', '왜 내가 이런 말을 했지?' 란 별별 다양한 생각들이 스쳐 지나가게 된다. 그러면서 청중의 냉랭한 반응을 피하기 위해 고개가 점점 아래로 숙여지게 된다.

그러나 이런 신체적인 반응에 대해 신경 쓰지 말자. 자기도 모르게 긴장해서 생기는 자연적인 신체적인 반응을 그냥 아무렇지 않은 듯 떨쳐 버리자. 한 방법으로 프레젠테이션의 목적을 떠올려 보자. 지금 이 자리에 참석한 청중은 그들의 시간을 할애해서 그들이 관심을 가지고 있는 정보를 얻고자 여기에 있는 것이다. 그렇다면 그 정보를 정확하게 전달해 주어야 한다는 쪽으로 당신의 정신을 집중해 보자. 그러면서 전달하고자 하는 정보를 다시 떠올리고, 준비한 대로 빠짐없이 전달하고자 노력하자. 이런 발상의 전환이 집중력을 불러일으키면서 정확히 언제라고 인식하진 못하겠지만 떨렸던 목소리는 더 이상 찾아볼 수 없게 된다. 어느새 더 이상 청중의 시선을 피하지 않고 매끄럽고 효과적인 발표를 진행하고 있는 자기 자신을 발견하게 될 것이다.

슬라이드가 넘어가면서 목소리는 점차 확신에 차게 된다. 자연스럽게 발표 내용은 설득력을 가지게 되고 활기를 불러 일으킨다. 청중들 또한 발표자에게 빨려 들듯이 진지하게 청취하게 된다.

발표하고자 하는 내용의 반을 진행할 쯤이면, 오히려 당신은 이런 생동감 있는 경험에 흥분하게 될지 모른다. 이것을 경험하게 된다면 아직 발표가 끝나지 않았어도 결론적으로 당신은 성공적인 프레젠테이션을 이끈 주인공이라고 할 수 있다.

Why? 왜?

Because you have prepared carefully using all of the tools that are contained in the pages of this book!

당신은 이 책에서 다루고 있는 기술들을 모두 활용해 신중하게 준비했기 때문이다.

- **You have gained thorough knowledge of your subject.**
  - 2장에서 익힌 대로 주제에 대해 완벽하게 지식을 습득했다.

- **Researched your audience so you know their needs and preferences.**
  - 2장에서 익힌 대로 청중의 니즈와 선호하는 것에 대해 조사했다.

- **Brainstormed to develop your presentation.**
  - 4장에서 익힌 대로 프레젠테이션을 전개하려고 브레인스토밍을 했다.

- **Chosen an appropriate and interesting structure for your presentation.**
  - 5장에서 익힌 대로 프레젠테이션에 맞는 적합하고 흥미로운 구조를 선택했다.

- **Presented the contents in a clear effective way.**

CHAPTER **01** | Perfect Presentations | **31**

chapter 8 ▶ · 7장에서 익힌 대로 내용을 효과적이고 명확하게 표현했다.

- **Handled the Question and Answer session in a friendly, confident way.**

chapter 9 ▶ · 8장에서 익힌 대로 질문과 답변 시간을 친근하고 신뢰할 수 있도록 이끌었다.

- **Complemented it with Power Point slides that are appealing and easy to understand.**

  · 9장에서 익힌 대로 파워포인트 슬라이드로 프레젠테이션 내용을 이해하기 쉽고 설득력이 있게 했다.

- **Finished the day by repeating your most important points to the audience.**

  · 가장 중요한 핵심을 반복하면서 마쳤다.

정리하자면 당신은 아래와 같은 세 가지의 이유로 성공적인 프레젠테이션이란 확신을 가진다.

You know you are well prepared. 프레젠테이션을 위한 일련의 준비 과정을 잘했다는 것을 안다. **1**	**You care about your subject.** 주제를 다룬다. **2**	**You have learned how to focus your attention to keep yourself relaxed and on track.** 프레젠테이션을 하는 동안 편안한 마음을 유지하면서 어떻게 정신을 집중해야 할지를 배웠다. **3**

그렇다면 당신은 프레젠테이션에서 실제 어떤 말을 하고 어떻게 행동했을까? 이제부터는 이 부분에 대해 집중적으로 알아보자.

For the moment, let's touch on the basics.
먼저 기본적인 단계를 짚어 보자.

내용
The Content

가장 기본적인 형태이면서 전형적인 비즈니스 프레젠테이션은 다음과 같은 네 부분으로 나눠진다.

서두에서 제시할 회사의 로고와 이미지 사례 ▼

The Introduction

서두를 이끌 때 보통의 경우 당신은 회사나 팀을 소개한다. 그리고 청중에게 오늘 이 자리에서 어떤 내용으로 발표를 진행할 것인지에 대한 정보를 전달하게 된다. 시각적인 효과 측면에선 대체로 회사의 로고나 발표하고자 하는 개념과 구조를 연상시키는 어떤 이미지를 보여주게 된다.

The Body

본론은 프레젠테이션의 핵심적인 내용을 전달하는 역할을 한다. 한 예로 컨설팅 회사에 근무하는 당신은 재고관리를 새롭게 하기 위해서 새로운 팀을 다시 조직하자는 제안을 담은 프레젠테이션을 한다

❶ 회사 소개
❷ 고객의 현재 상황과 문제점
❸ 당신의 제안이 왜 고객의 문제를 해결할 수 있는가
❹ 질문과 답변

고 가정하자.

아주 기본적인 접근으로 프레젠테이션을 네 부분으로 나눌 수 있을 것이다.

❶ About your Company
❷ The client's current situation and the client's problem
❸ Why your solution will solve the client's problem
❹ Questions and Answers

아래 슬라이드는 이 같은 가정 하에 본론에서 거론할 내용의 목차로 사용될 수 있는 것이다.

프레젠테이션의 진행 과정을 제시한 사례 ▼

> **GIO NETWORKS**
>
> 1. GIO NETWORKS - Who We Are
> 2. Inventory Control at AMERICAN TELEMAX INC. - Trouble in the System
> 3. Creative Solutions - Delivering Inventory Speed & Reliability
> 4. Q & A - Got Questions? - We've got Answers!

슬라이드를 살펴보면, 주제를 선정하고 그에 대한 포인트를 간략하게 뽑아 두고 있다. 이처럼 목차는 최대한 간략한 것이 좋다. 핵심 단어만을 사용해서 청중이 바로 기억할 수 있도록 하자. 발표자는 핵심 단어를 언급하면서 좀더 구체적인 설명을 뒷받침한다.

이로써 청중은 이어질 프레젠테이션에서 어떤 내용이 진행될지 미리 알게 된다. 여기서 가장 이상적인 반응은 별로 관심이 없던 청중도 흥미를 가지고 어디 한번 들어 보자는 식으로 자세를 바꾸는 것이다.

이는 본론으로 들어가기 전에 아래와 같은 두 가지를 동시에 충족시켜 줄 수 있을 때 가능하다.

❶ 발표자는 청중의 관심사를 잘 알고 있어야 한다.

❷ 청중은 이치에 맞고 보고 듣는 것이 가치가 있는 논리적이고 체계적인 프레젠테이션이기를 기대한다.

❶ You understand what their concerns are.

❷ They can expect a logical and orderly presentation that makes sense and is worth listening to and watching.

청중의 흥미를 유도해 내기 위해
충족시켜야 할 두 가지 조건 ▼

1. You understand what their concerns are.

2. They can expect a logical and orderly presentation that makes sense and is worth listening to and watching.

The Conclusion

결론에서는 지금까지 설명한 핵심 포인트를 정리해 주어야 한다. 한 예로 토모코 주식회사에서 잠재 고객이 될 회사에 CPU 칩을 팔기 위한 제안을 살펴보자.

발표한 핵심 포인트를 다시 한번 강조함으로써 청중이 발표장을 떠날 때에는 그들에게 당신의 상품과 서비스 그리고 아이디어를 발표자가 원하는 방향으로 머릿속에 떠올릴 수 있게 만들어야 한다.

강하고 분명하게 보여진 서론과 본론 그리고 결론으로 인해 청중은 당신의 발표에 신뢰를 가지게 되고 논리적인 발표라는 인상을 받게 될 것이다. 필연적으로 발표자로서 당신은 발표의 목적을 성취하게 될 것이다. 그리고 결론을 지을 때쯤이면 청중들은 당신의 발표로 인해 뭔가 의욕을 느끼고 질문을 하고 싶은 충동도 가지게 된다.

결론에서 제시될 핵심 포인트를 정리한 사례 ▼

TOMOCO INC.

- Best Processing CPU Chip On the market
- Advanced Silicon Technology
- Competitive Price For High Value
- 3 Year Warranty: Longest in the Computer Product Market

Questions and Answers

질문과 답변 시간 동안 발표자는 청중들로부터 프레젠테이션의 주제, 회사, 구성원에 관한 내용은 물론이고 이 외에도 예상치 못한 질문을 받을 수 있다. 어디서나 그렇겠지만 미국에서도 이 시간만큼은 질문이 비판적이거나 탐문을 하는 듯한 어투를 보여도 무례한 행위가 아니다. 따라서 이런 질문을 받는다고 대답할 가치도 없다는 듯한 무성의한 태도나 대항하는 태도를 보이지 않도록 유의해야 한다. 진정한 프로는 이런 질문에 여유를 보일 수 있어야 한다.

8장에서 질문에 대해 답변하는 방법을 자세하게 알아볼 것이다. 답하기 힘든 질문에 대한 대처 방안과 매끄럽게 마무리하는 방법에 대해 설명할 것이다. 여기서 변치 않는 진리를 말하자면, 뛰어난 프레젠테이션은 청중이 발표자의 발표를 신뢰할 수 있게 언행이 분명하고 논리적이어야 한다는 사실이다. 따라서 마지막 단계인 질문과 답변 또한 긴장을 풀 수 없는 프레젠테이션의 연장선이다.

세상 누구나 완벽할 수 없듯이 발표자도 모든 질문에 대해 완벽하게 답변할 수는 없을 것이다. 그렇다면 알고 있는 사실만 성실히 답하자. 솔직하게 모른다는 것을 인정하는 모습에 청중은 인간적인 호감을 가질 수도 있다. 당황해서 말을 더듬게 된다고 힘들어하지 말자. 편안하게 질문을 한 사람에게 나중에 개별적으로 답변을 줄 것을 약속하면 된다.

질문에 대해 답변할 때에는 잘 알겠지만 질문한 사람을 바라보아야 한다. 답변을 하면서 최대한 상대방과 일종의 유대 관계가 형성될 수 있도록 만들어야 한다. 반대되는 질문이나 논쟁이 되는 질문까지 어떤 질문이든 절대 질문하는 사람을 적이나 훼방꾼으로 받아들이지 말자. 이들 모두가 잠재적인 동료나 비즈니스 파트너가 될 수 있는 사람들이다. 질문 자체가 합당한지 아닌지를 그 자리에서 판단하지 말고 있는 그대로 받아들이자. 투정은 투정대로 호의는 호의대로 뭐든 당신의 편에서 받아들이고 미소를 보여주자. 왜냐하면 사람은 괜히 상대방을 테스트해 보고 싶어 하는 짓궂은 심리를 가지고 있다. 짓궂은 질문에 대응하는 당신의 모습을 청중은 그 어느 때보다 유심히 살피고 있다는 점을 기억해 두자. 성심껏 답변하는 당신의 모습을 보고 어쩌면 억지를 쓰는 질문자에게 청중이 나서서 도움을 줄지도 모른다. 따라서 새로운 친구를 사귀는 시간으로 생각하고 발표자로서의 매너를 잊지 않도록 하자.

프레젠테이션 후
After the Presentation

사회자가 프레젠테이션이 종료되었음을 알리면 사람들이 행사장을 빠져나가기 시작한다. 발표자였던 당신은 마침내 안도의 한숨을 쉰다. 이제 긴장을 풀고 유대 관계가 있는 사람들과 대화를 나누며 친분을 두텁게 하는 기회를 갖자. 새롭게 대화를 나누게 된 사람들이 있다면 잊지 말고 명함을 전달하자. 또 완벽하게 답변을 하지 못해서 다시 연락을 취하기로 한 사람이 있다면 연락처를 받아 두는 일도 잊지 말자.

모든 사람들이 빠져나가면 발표장을 정리하고 팀원들과 간단하게라도 프레젠테이션에 대해 자체 평가를 해보자. 무엇이 부족했는지? 무엇이 좋았는지? 여기서 알게 된 것은 무엇이 있었는지?

그런 다음엔 무엇보다 많은 노력을 했던 당신에게 스스로 위로의 메시지를 전달해 보자. 갑자기 허기가 밀려들진 않은가? 무엇을 주저하는가! 동료들과 함께 이제 가벼운 마음으로 마음껏 음식을 즐겨 보자. 이제 남은 시간은 정신과 육체를 위해 자유를 만끽하자.

Because soon, it will be time to prepare for the NEXT presentation!

왜냐하면 멀지 않아 다음 프레젠테이션을 준비해야 할 것이니깨

PERFECT **PRESENTATIONS**

real talk 01 파워 낮잠? 파워 점심? 파워 넥타이?

Power Nap Lunch Tie?

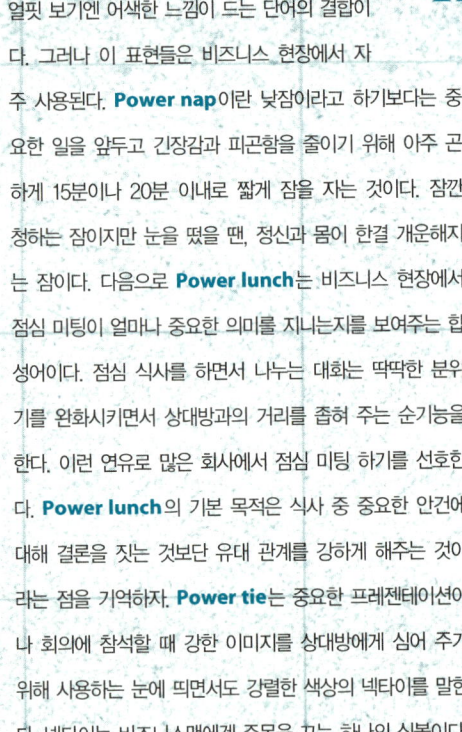

얼핏 보기엔 어색한 느낌이 드는 단어의 결합이다. 그러나 이 표현들은 비즈니스 현장에서 자주 사용된다. **Power nap**이란 낮잠이라고 하기보다는 중요한 일을 앞두고 긴장감과 피곤함을 줄이기 위해 아주 곤하게 15분이나 20분 이내로 짧게 잠을 자는 것이다. 잠깐 청하는 잠이지만 눈을 떴을 땐, 정신과 몸이 한결 개운해지는 잠이다. 다음으로 **Power lunch**는 비즈니스 현장에서 점심 미팅이 얼마나 중요한 의미를 지니는지를 보여주는 합성어이다. 점심 식사를 하면서 나누는 대화는 딱딱한 분위기를 완화시키면서 상대방과의 거리를 좁혀 주는 순기능을 한다. 이런 연유로 많은 회사에서 점심 미팅 하기를 선호한다. **Power lunch**의 기본 목적은 식사 중 중요한 안건에 대해 결론을 짓는 것보단 유대 관계를 강하게 해주는 것이라는 점을 기억하자. **Power tie**는 중요한 프레젠테이션이나 회의에 참석할 때 강한 이미지를 상대방에게 심어 주기 위해 사용하는 눈에 띄면서도 강렬한 색상의 넥타이를 말한다. 넥타이는 비즈니스맨에겐 주목을 끄는 하나의 심볼이다.

다음 대화는 비즈니스 일상에서 듣게 되는 동료 간의 대화이다. 위 표현들의 쓰임을 눈여겨보자.

Joe   Hi, Julie.

Julie   Hi, Joe. You look very nice today. And you're wearing your **power tie**. What's the occasion?

Joe   I had a really important **power lunch** with a major client.

Julie   How did it go?

Joe   I proposed a new project that could be worth millions of dollars. The client liked the plan; he wants to start on it immediately.

Julie   Congratulations. You must have been under a lot of pressure. Aren't you exhausted after such an important presentation?

Joe   Not really. After the meeting, we had a little free time, so I went into the back office and took a fifteen minute **power nap**. I woke up feeling great, and then I had a double caffeinated coffee. It had a really strong kick, so now I have lots of energy.

Julie   That's exactly what I need right now; where did you get that coffee?

Joe   안녕, Julie.
Julie   안녕, Joe. 오늘 아주 멋져 보인다. 와 아주 눈에 띄는 넥타이를 맸네. 무슨 특별한 일이라도 있니?
Joe   주요 고객이랑 정말 중요한 점심 미팅을 가졌어.
Julie   그래서 어떻게 됐니?
Joe   수십억 규모의 새 계획안을 제안했는데, 고객이 마음에 들어 했어. 당장 추진하기를 원하더라구.
Julie   축하해. 너 엄청 신경 썼겠다. 그런 중요한 프레젠테이션 후라서 몸이 나른하진 않니?
Joe   그렇지 않아. 미팅 후에 약간의 여유가 있어서 사무실 뒤에서 15분간 파워 냅을 취했더니 몸이 개운해. 그런 후에 카페인이 두 배로 들어간 커피를 마셨는데, 완전 끝내 줬어. 지금 힘이 막 쏟아.
Julie   그게 바로 지금 나에게 필요한 거야. 그 커피 어디서 샀어?

네가 가진 모든 열정을 정해진 목표에 전념하는 것보다 인생에 있어
강한 힘은 없다.
— 니도 쿼베인

Nothing can add more power to your life than concentrating all your energies on a limited set of targets.

✲Nido Qubein

PERFECT PRESENTATIONS

CHAPTER 02

Research & Discovery

1_Knowledge of the Subject
2_Knowledge of the Audience
3_Research & Discovery
4_Targets
CASE STUDY: Discovery in Action

1장에서 프레젠테이션 당일에 있을 일들에 대해 점검해 보았다.
이제 시간을 되돌려서 프레젠테이션 준비의 제일 첫 단계부터 알아보자.

프레젠테이션을 준비하기 위한 두 가지 중요한 열쇠

1 주제에 대한 이해
Knowledge of the Subject
Research

2 청중에 대한 이해
Knowledge of the Audience
Discovery

주제에 대한 이해
Knowledge of the Subject

01

주어진 주제에 대해 프레젠테이션을 한다면 이미 당신은 그 주제에 대해 모든 것을 알고 있다는 전제 하에 있다. 제품을 소개하는 프레젠테이션을 한다면 당신은 제품을 개발한 팀의 일원이었을 것이고, 개발 과정에 대해 보고를 하는 프레젠테이션이라면 매일같이 그 제품을 직접 사용해 봤을 것이다. 한마디로 어떤 경우든 프레젠테이션을 진행하는 당신은 주제를 전문가의 견지에서 논할 수 있을 만큼 깊은 지식을 가지고 있어야 한다. 이 지식을 청중에게 이해하기 쉽게 풀어내는 것이 바로 프레젠테이션이다.

그러나 간혹 직접적인 실무진이 아닌 누군가가, 정확하게 알지 못하는 무엇인가를 발표하게 될 수도 있다. 전문 발표자나 영업 담당자, 홍보 담당자가 프레젠테이션을 진행하는 경우를 말한다. 이런 경우 발표자가 모든 정보를 신속하고 정확하게 얻을 수 있도록 제반 환경이 마련되어 있어야 하며, 프레젠테이션을 할 대상에 대해 깊이 있게 리서치하고 익혀야 한다. 일반적인 리서치 방법은 다음과 같다.

도서 정보
관련 있는 서류나 서적 또는 자료를 숙지하자.

직접적인 경험
프레젠테이션의 주제와 직접적으로 연관된 일을 하고 사용해 보자. 상품일 경우 완벽하게 이해할 때까지 사용하자. 서비스인 경우엔 팀원들이 무엇을 하는지를 정확하게 파악할 때까지 참관해 보자.

면담
회사 내 직접적으로 프레젠테이션 주제에 관련된 사람과 대화를 하자. 만약 새로운 콘셉트이면 그것을 개발한 사람들과 만나서 인터뷰를 하자. 진행 중인 계획이라면 수행하고 있는 사람들을 만나서 대화를 나누도록 하자.

BOOK KNOWLEDGE
Read all pertinent documents, books, and materials.

DIRECT KNOWLEDGE
Use and work directly with the subject of the presentation. If it is a product, use it until you know it inside out. If it is a service, sit in with the service team until you thoroughly understand what they do.

INTERVIEWS
Talk to the people in your company who are directly involved with the subject of your presentation. If it's a new concept, interview the people who developed it. If it's an ongoing project, talk with the people who are carrying it out.

전형적으로 개발자는 항상 개발에 바쁘고 기술자는 기술적인 면을 책임지기에 바쁘다. 그래서 그들이 알고 있는 전문적인 지식을 설명하기 위해 일을 멈추고 시간을 내야 한다면 싫은 표정을 지을지도 모른다. 더욱 큰 문제는 많은 사람들이 자신들이 하는 일에는 뛰어나지만 설명이나 표현에는 약한 것이다. 그렇다고 대충 넘어갈 수 없는 일이 바로 리서치다. 불편하고 어렵더라도 충분하게 이해될 때까지 그들로부터 정보를 얻어야 한다. 이럴 때 좋은 방법은 그들과 첫만남에서 발표자는 아주 단순하고 기본적인 문제까지 질문하게 될지도 모른다는 것을 솔직히 말하고, 정확하게 이해하지 못하면 이 분야에 전문 지식을 가지고 있는 사람들 앞에서 회사 이미지를 손상시킬 수 있다는 사실을 알리자. 미안하다는 사과의 표현이 아니라 이번 발표로 회사가 더 많은 계약을 이뤄 낸다면, 원활한 자본 흐름을 이끌어 내고 결론적으로 회사와 직원 모두에게 이득이 될 수 있음을 역으로 인식시키면서 당당하게 의사를 표현하자. 이런 협조 속에서 발표자는 리서치를 위해 집요하게 데이터를 파고들어야 하고 혼자서 질문과 그에 대한 답변을 반복하는 노력을 하자.

청중에 대한 이해
Knowledge of the Audience

주제에 대해 꼼꼼하게 조사한 후에는 프레젠테이션에 참석할 청중에 대한 조사로 넘어가야 한다. 프레젠테이션 준비 과정에서 참석할 것으로 예상되는 청중에 대한 정보를 모으는 일을 'Discovery'라고 표현한다. 전쟁에서 적을 알아야 승리할 수 있듯이 청중이 어떤 목적으로 프레젠테이션에 참석하는지 또 어떤 관심을 가진 부류의 사람인지를 모른다면 발표자의 발표는 무의미하게 흘러갈 것이 뻔하다.

또 다른 Discovery의 의미는 잠재 고객이 될 회사가 직면한 문제에 대해 제대로 알고 있는 내부 직원을 찾아내어 그로부터 정확한 정보를 이끌어 내는 일이다. 일단 무엇이 문제인지를 알아낸다면 어떻게 세일즈 프레젠테이션을 준비해야 할지가 분명해지기 때문에 아주 중요한 작업이라 할 수 있다. 따라서 어떻게 잠재 고객에게 접근할 것인지를 고민해야 한다. 잠재 고객이 당신의 회사를 긍정적인 측면에서 바라보고 프레젠테이션에 참관하게 만들 방법을 모색해야 한다.

그런 방법으로 잠재 고객이 아직까지 한번도 들어 보지 못한 시원한 해결책을 제안해 보자. 아니면 가까운 미래에 일어날 시장 변동상황에 대처할 수 있는 방안과 같이 정곡을 찌른 듯한 해결 방안을 제안해 보자. 별 관심이 없던 고객까지도 흡입할 수 있을 것이다. 이것이 바로 프레젠테이션을 이끌어 내는 고객에 대한 디스커버리이다.

프레젠테이션을 이끌어 내는 두 가지 방법

1. 고객의 니즈와 접목되는 안건
Offer something that meets the client's needs.
고객의 니즈와 접목되는 안건을 제안

2. 차별성이 분명한 해결 방안
Give a proposal that is different than what the client has heard before.
고객이 이전에 들었던 사실과 다른 차별성 있는 제안

리서치와 디스커버리
Research & Discovery

03

그렇다면 과연 어떻게 아직까지 한번도 거래가 없었던 회사에 대한 정보를 얻을 수 있을까? 고객이 미국 회사일 경우를 예로 가장 효과적으로 정보를 얻는 몇 가지 방법을 소개한다.

연간보고서 ANNUAL REPORT

미국에서 상장회사는 법적으로 연간보고서(Annual Report)를 제공해야 할 의무가 있다. 보고서는 인쇄물로 출판되는데 인터넷으로도 볼 수 있다. 인쇄물은 무료로 배부되고 지난 1년간 기업 내에서 진행된 주요한 사안 및 그 사안을 이끌었던 주요 인사의 이름을 기재한다. 해당 기업의 웹사이트로 들어가거나, Annual Report.com을 이용하면 쉽게 여러 회사의 보고서를 한 번에 일목요연하게 볼 수 있다.

AnnualReports.com Homepage

http://www.AnnualReports.com ▶

AnnualReport.com을 이용하면 여러 회사의 연간보고서를 한 번에 일목요연하게 볼 수 있다.

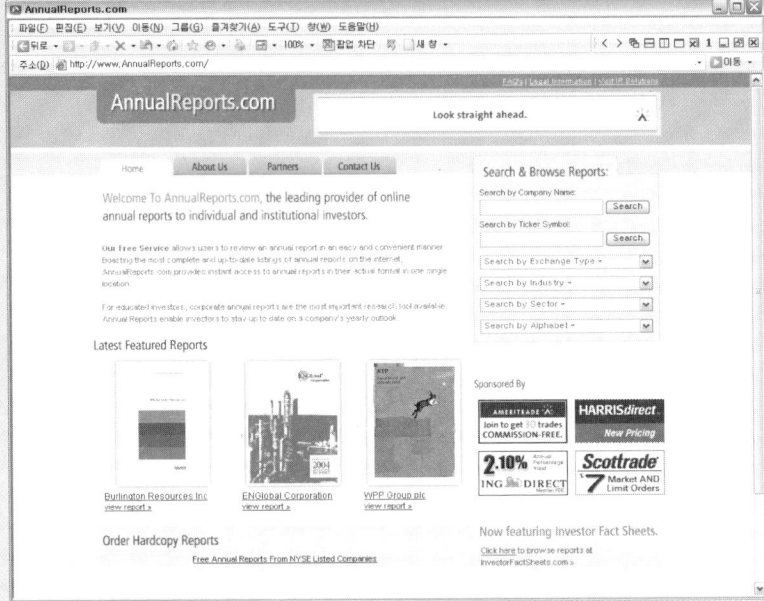

2005 Microsoft Annual Report

http://www.microsoft.com ▶

해당 기업의 웹사이트에 들어가면 Annual Report를 열람할 수 있다. (Microsoft사의 예)

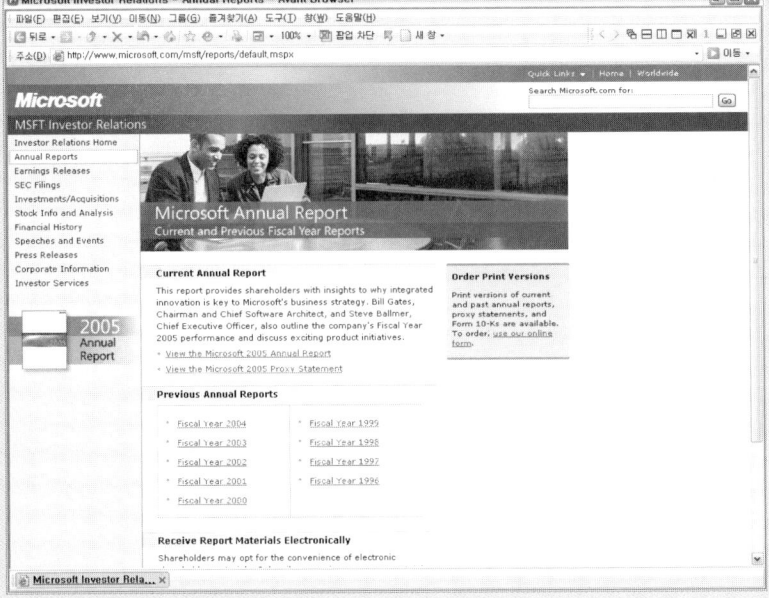

연간보고서는 능숙한 세일즈맨에게 유용한 가이드이다. 이 보고서를 보고 세일즈맨은 잠재 고객이 될 회사가 추구하는 목표와 성장을 하기 위해 어떤 면이 필요한지 또 그 일을 추진하기 위해 어떤 사람과 접촉해야 할지를 계획할 수 있다.

This is from the Annual Report of the Brunswick Sporting Goods Company. This page lists all of the company's Executive Officers. ▼

Executive Officers of the Company

The Company's executive officers are listed in the following table:

Officer	Present Position	Age
George W. Buckley	Chairman and Chief Executive Officer	58
Peter B. Hamilton	Vice Chairman and President - Life Fitness Division	58
Peter G. Leemputte	Senior Vice President and Chief Financial Officer	47
Kathryn J. Chieger	Vice President - Corporate and Investor Relations	56
Tzau J. Chung	Vice President and President - Brunswick New Technologies	41
William J. Gress	Vice President - Supply Chain Management	50
Kevin S. Grodzki	President - MerCruiser Division of Mercury Marine Group	49
B. Russell Lockridge	Vice President and Chief Human Resources Officer	55
Alan L. Lowe	Vice President and Controller	53
Patrick C. Mackey	Vice President and President - Mercury Marine Group	58
Dustan E. McCoy	Vice President and President - Brunswick Boat Group	55
William L. Metzger	Vice President and Treasurer	44
Victoria J. Reich	Vice President and President - Brunswick European Group	47
Marschall I. Smith	Vice President, General Counsel and Secretary	60
John E. Stransky	President - Brunswick Bowling & Billiards	53
Dale B. Tompkins	Vice President - Strategy and Corporate Development	43
Cynthia Trudell	Vice President and President - Sea Ray Division	51
Stephen M. Wolpert	Vice President and President - US Marine Division	50
Judith P. Zelisko	Vice President - Tax	54

홈페이지
HOMEPAGE

목표로 하는 회사의 홈페이지도 확인하자. 홈페이지는 회사의 구성과 이념을 잘 보여준다. 물론 회사의 위치와 업무 담당자의 이름과 연락처도 쉽게 찾을 수 있다.

From the home page of construction giant, Bechtel: ▶

해당 기업의 웹사이트에 들어가 필요한 정보를 얻는다. (Bechtel 건설회사 예)

http://www.bechtel.com

재정 정보 사이트
FINANCIAL SITES

가장 대표적인 재정 정보를 보여주는 사이트는 the Standard & Poors 웹사이트와 the Dunn & Bradstreet 웹사이트이다. 이들 사이트는 미국 내 거의 대부분의 회사의 재정 상태와 신용 등급을 제공한다. 따라서 당신이 판매하려는 뭔가를 살 수 있는 회사 규모인지를 판단할 수 있다.

http://www.standardandpoors.com ▼

http://www.dnb.com ▶

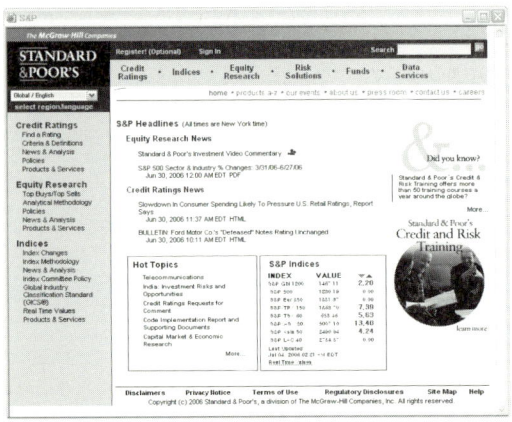
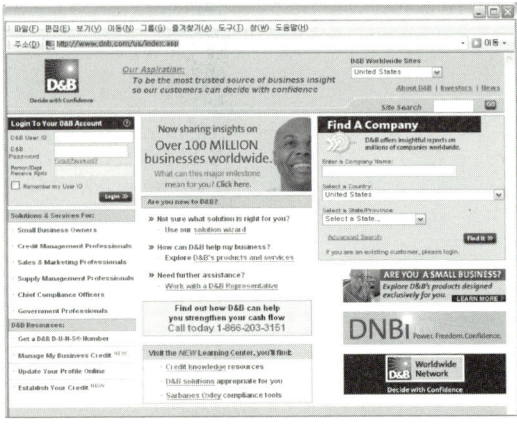

이제 The Hoover's 웹사이트로 들어가 보자. Hoover's (now owned by Dunn & Bradstreet)는 세계적으로 비즈니스 리서치를 주도하는 회사 중 하나로 1개월에 $60 정도의 비용을 내고 구독할 수 있다. 비용이 들어간 만큼 여기에는 미국 회사들의 거의 모든 정보를 얻을 수 있다. 주요 인사들의 이름과 거래처는 기본이고 비즈니스를 어떻게 진행하고 있는지까지 보여준다. 이 정보들을 자세히 읽어 본다면 판매하려는 뭔가를 조직 내 누구에게 보여주어야 할지도 판단할 수 있다.

http://www.hoovers.com ▶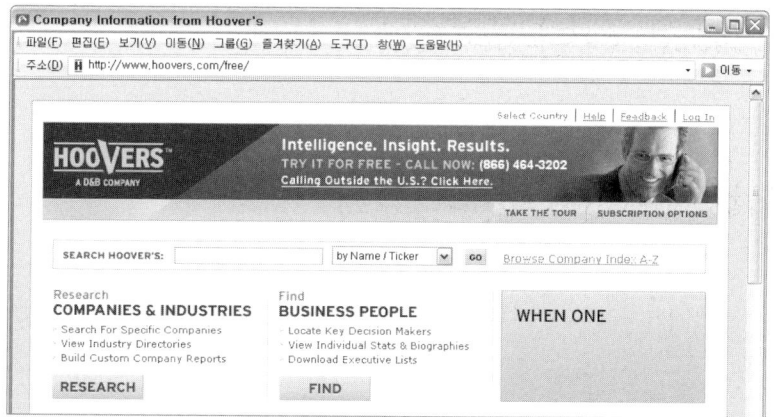

앞서 살펴본 the Annual Report, the Company's Home Page, Standard & Poors, Dunn & Bradstreet, Hoover's에서 제공하는 정보들은 미국 기업을 리서치하는 가장 편리한 방법이 될 것이다. 또한 이들 사이트는 여러 가지 관련된 링크 사이트를 함께 보여주는데, 거기에서도 유익한 정보를 추가로 얻을 수 있다.

이 같은 사이트를 통해 프레젠테이션 대상 기업을 선정할 수 있고, 거래를 제안하고 제휴를 맺을 수 있다. 중요한 것은 해당 기업의 규모가 너무 커 위압감을 느낄 필요가 없다는 것이다. 제품이 좋고 서비스나 아이디어가 좋다면 그들은 항상 수용할 자세를 취하기 때문에 오히려 더 편안한 대상이 될 수도 있다. "두드려라 그러면 열릴 것이다." 란 말처럼 기회는 노력하는 사람에게 있을 것이다.

그 외 정보
OTHER RESOURCES

http://www.tradepub.com ▲

Trade Journals

Trade Journals은 자동차, 기계, 건강, 공과금 등 특정한 거래에 대해 우수한 정보를 제공하는 잡지나 신문이다. 어느 분야에 종사하든지 업종별 시장의 현황 및 변화, 핵심 도시 등 도움을 주는 많은 정보들을 얻을 수 있다. 만약 다른 나라에서 미국 시장으로 들어온다면 특히 Trade Journals에서 제공하는 정보가 도움이 될 것이다. 동종 업종에서 일어나는 비즈니스 환경에 대해서 가장 자세한 정보를 얻을 수 있다고 해도 과언이 아니다. 업종별 소식을 얻고자 한다면 웹사이트 Tradepub.com을 확인해 보자.

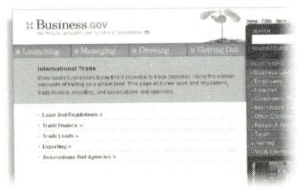
http://www.business.gov ▲

The U.S. Government Resources

미국 연방정부도 많은 비즈니스 정보를 가지고 있다. 예를 들어 연방정부의 홈페이지로 들어가 Top Government Web Sites / US business advisor /International Trade를 선택하면 국제적인 법과 규약, 무역 재정, 수출과 대행 회사들에 관한 정보를 찾을 수 있다.

이 밖에도 정부 계약이나 비즈니스 기회 같은 다양한 최신 정보를 담은 유사 사이트들도 있다.

http://www.fedworld.gov ▲

Ask the Experts

미국 기업과의 비즈니스 및 문화에 관한 특정 질문에 대해서는 전문가로부터 구체적인 답변을 얻을 수도 있다. 요즘에는 많은 인터넷 웹 사이트들이 이 같은 질문에 답변을 해주고 있다.

이런 사이트에 대한 리스트는 The Virtual Reference Desk의 웹사이트 refdesk.com에서 찾아볼 수 있다.

문제는 검색 사이트에서 보여주는 방대한 리스트 중에서 적합한 정보를 얼마나 잘 선택하는가이다. 일부 사이트는 거의 모든 분야에 대해 답변하기도 하지만 특정한 분야, 예를 들어 Mathematics나 Earth Science와 같이 전문적인 분야에만 답변을 주는 곳이 일반적이다. 특히, 법적인 문제라면 전문 서비스를 이용하는 것이 유리하다. 한마디로 The Virtual Reference Desk는 구글처럼 수천 가지의 웹사이트를 모아 검색어에 따라 연결을 해주는데, 대체로 비즈니스 종사자들이 애용하는 사이트이다.

이 밖에 The Virtual Reference Desk는 미국 내 비즈니스와 연관된 정세 변화나 동향에 대해서도 소식을 제공한다. 한 예로 최근의 국회보고서, 오일 가격, TV Nielson ratings까지 어떤 자료든 완벽한 서류 형태로 제공한다. 결론적으로 refdesk.com은 백과사전처럼 많은 정보를 담고 있어 비즈니스맨들에게 가장 활용도가 높은 웹사이트라 할 수 있다.

http://www.refdesk.com ▶

목표
Targets

Discovery를 진행하는 첫 번째 단계는 Target이 될 만한 회사를 찾는 것이며, 다음 단계라면 결정권을 쥐고 있는 올바른 상대를 찾는 것이다. 상품과 서비스 또는 아이디어를 성공적으로 팔기 위해서는 이 두 가지 단계가 첫 단추를 제대로 끼우는 것만큼 아주 중요한 작업이다. 회사 내에 어떤 사람이 당신의 메시지를 가장 잘 이해하고 거래를 성사시켜 줄 수 있을지 조심스럽게 상대를 찾아내야 한다. 이것이 바로 비즈니스 현장에서 말하는 'Doing your homework'의 하나이다.

그럼 어떻게 올바른 상대를 찾을 수 있는지 그 방법론에 대해 알아보자.

❶ 판매해야 할 상품의 리스트 작성하기.
❷ 판매를 목표로 하는 회사 내 담당자들의 직급 리스트 작성하기.
❸ 대상 담당자들이 무엇을 찾고 있는지 알기 위해 회사에 대해 조사하기.

❶ Make a list of what you have to sell.
❷ Make a list of the positions in your target company to whom you wish to sell.
❸ Research the company to understand what the people in your targeted positions are looking for.

이 방법론을 실현하려면 회사의 인사 구조에 대해 먼저 이해해야 한다. 전형적인 미국 기업의 인사 체계는 다음과 같은 형태를 띄고 있고 각기 분담된 회사 업무에 대한 결정권을 가지고 있다.

Chief Executive Officer (CEO)

Looking for ways to improve the company's public image
Looking for ways to improve the company's stock price

대표
대외적으로 회사의 이미지를 향상시킬 방법을 모색
회사 주식 가치를 올릴 방법을 모색

아이디어 구상이나 수준 높은 서비스를 권할 때에는 CEO 즉, 회사 대표와 의논하는 것이 최상이다. 반대로 상품을 팔고자 한다면 CEO 를 접촉하는 것이 좋은 방법은 아니다. 인사 체계 중 좀더 아래 직급에서 기술적인 면과 시장성을 먼저 고려한 다음 CEO에게 전달되기 때문이다.

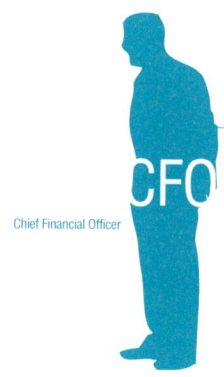

Chief Financial Officer (CFO)

Looking for ways to improve profitability
Looking for ways to improve financial forecasting capabilities

자금관리 이사
수익을 올릴 방법을 모색
재정 예측 능력을 향상시키는 방법을 모색

회사 대표처럼, 아이디어나 수준 높은 서비스를 권해야 한다. 상품에 대해서 의논하는 것은 무리이다.

Chief Information Officer (CIO)

Looking for ways to reduce IT (Information Technology) costs
Looking for ways to meet service level commitments

정보관리 이사
정보 기술 비용을 절감할 방법을 모색
공약한 서비스를 달성할 방법을 모색

이 직급부터는 상품을 소개하는 것도 가능하다. 한 예로 새로운 제품을 사용할 경우 얻어지는 원가 절감이라는 이익 관련 제안서를 제출해 보자. 회사에 실질적으로 도움이 되는 제안이라고 평가해서 제안이 수용될 가능성이 높다.

Vice President of Sales (VP)

Looking for ways to reduce the time it takes to make a sale
Looking for ways to reduce learning periods for new sales personnel
Looking for ways to boost the profits on each individual sale

판매 부사장
판매까지의 시간을 절감할 방법을 모색
신입 세일즈 직원들의 트레이닝 기간을 단축시킬 방법을 모색
개별적인 판매 수익을 증대시키기 위한 방법을 모색

실제적으로 프레젠테이션을 계획할 때 실무 결정자라고 판단할 수 있는 직급이다. 이 직급에서는 상품, 서비스, 아이디어까지 모든 것을 제안해도 무난하다.

Vice President of Business Development (VP)

Looking for ways to increase market share
Looking for ways to increase speed to market
Looking for ways to reduce the cost of doing business

비즈니스 개발 부사장
주식 시장을 확대시킬 방법을 모색
마켓 진출 속도를 가속화할 방법을 모색
경비 절감을 위한 방법을 모색

판매 부사장과 마찬가지로 이 직급에서는 상품과 서비스 또는 아이디어까지 다양한 부분에 대해 프레젠테이션을 보여줄 수 있고, 대체로 결정권도 쥐고 있다고 봐도 무방하다.

여기까지 프레젠테이션을 이끌어 내기 위해 누구에게 접근해야 할지에 대해 살펴보았다. 그렇다면 실제 어떻게 대화를 진행하면서 프레젠테이션을 끌어내는 것일까?

예를 보면서 이 같은 과정에 대해 이해해 보자.

CHAPTER 02　Research & Discovery　　55

CASE STUDY

Wu Zhihong은 Hong Kong Ware의 영업을 담당하고 있다. Hong Kong Ware는 다양한 소프트웨어를 생산하는 기업으로 최근 기업 인사 조직을 체계적으로 정리해 주는 소프트웨어를 출시한다. Wu Zhihong은 새로운 소프트웨어를 판매할 수 있을 가능성이 높은 기업들을 선정해 보고, 기업별 담당자들을 조사한다.

Wu Zhihong은 The Greater Dallas Chocolate Company의 판매 부사장(Vice-President of Sales)인 Jake Cutter에게 전화를 한다. GDCC는 레스토랑과 빵집 그리고 유통회사에 초콜렛을 판매하는 회사다. 이미 이전부터 기업 간에 거래가 있었던 상태라 간단히 인사를 서로 나누고 본론으로 들어간다.

Wu Zhihong: Tell me about your **sales process, are things going well for you?**

Cutter: That's an interesting question. We met earlier this week to discuss one of our biggest **sales issues.**

Wu Zhihong: What was that?

Cutter: Our Sales people are not always **visiting the right prospects at the right time.**

Wu Zhihong: Why do you think that happens?

Cutter: Sales management does not always do a good job of **setting priorities.**

Wu Zhihong: How do you set priorities?

Cutter: We **hold** weekly sales management **meetings.** Everyone **gets together** and we discuss prospects. **From there** we put together a report that generally **ranks priorities.**

Wu Zhihong: What **criteria** do you use when you **put** the report **together**?

Cutter: We talk about **potential revenue and lead time**. It's sort of loose and informal.

Wu Zhihong: What happens then?

Cutter: Each Sales Manager meets with their sales staff to discuss the priorities. From there, Sales staff **sets schedules**. Sometimes it **works out really well,** but sometimes, it doesn't.

Wu Zhihong: Let me make sure I understand you. It **sounds like** you're concerned because your department doesn't have **a formal method for prioritizing potential customers**. So it **might be helpful** if you had a standardized way of classifying and ranking potential customers, a system that allows you to rank them by **likelihood** of sale and lead time.

Cutter: That **sounds about right.**

Wu Zhihong:	My company, Hong Kong Ware, makes a software product called 'Sales Star' that sets up a standardized way of **classifying and ranking potential customers by** likelihood of sale and lead time of potential sale.
Cutter:	Sounds like the kind of thing we may be able to use.
Wu Zhihong:	Could we **schedule a presentation**?
Cutter:	I think so, let me check my calendar.

Wu Zhihong/세일즈 진행이 잘 되고 있나요? **Cutter**/그거 재미있네요. 그 부분이 이번 주 초 세일즈의 핵심 안건 중 하나로 대두되어 미팅을 가졌습니다. **Wu Zhihong**/어떤 내용이었나요? **Cutter**/우리 세일즈맨들이 제때에 가능성 있는 올바른 상대를 찾아가지 못하고 있습니다. **Wu Zhihong**/왜 그런 문제가 있다고 보십니까? **Cutter**/영업 관리팀이 우선 순위 선정을 제대로 하지 못하고 있습니다. **Wu Zhihong**/그럼 어떻게 우선 순위를 정하십니까? **Cutter**/일주일 간격으로 영업관리 미팅을 가지고 있습니다. 모든 사람들이 모여 가능성 있는 고객에 대해 의논을 하게 되고 그런 다음 개괄적인 우선 순위 배열에 대한 생각을 종합한 보고서를 작성합니다. **Wu Zhihong**/계획서를 작성하실 때는 어떤 기준을 적용해서 만드나요? **Cutter**/가능성 있는 수익과 소요되는 시간에 대해 의논합니다. 개략적이고 일반적인 형태이죠. **Wu Zhihong**/그런 다음 어떻게 진행이 되죠? **Cutter**/영업 매니저들이 영업사원들과 우선 순위에 대해 의논을 하게 되죠. 그런 다음 영업사원들이 스케줄을 짭니다. 어떤 경우는 그 일정이 아주 성공적인가 하면 그렇지 못한 경우도 있습니다. **Wu Zhihong**/제가 제대로 이해하고 있는지 알려주십시오. 말씀을 들어 보니 현재 영업부서에서 잠재 고객들의 우선 순위 선정에 대해 공식적인 방법이 없기 때문에 염려하는 것으로 들립니다. 그래서 만약 잠재 고객에 대한 분류나 등급을 결정해 줄 기준이 되는 시스템이 있다면 영업과 소요 시간에 대한 우선 순위를 정하는데 도움이 될 수 있을지도 모른다는 것인가요? **Cutter**/네 정확하게 이해 하셨네요. **Wu Zhihong**/저희 Hong Kong Ware의 'Sales Star' 제품은 가능성 있는 세일즈나 판매가 이뤄지기까지 소요되는 시간을 기준으로 잠재 고객에 대한 분류나 등급을 평준화시킨 방법으로 세일즈의 우선 순위를 정해주는 시스템을 설정하는 프로그램입니다. **Cutter**/듣고 보니 우리가 필요로 하는 종류인 것 같네요. **Wu Zhihong**/언제 프레젠테이션 스케줄을 잡을 수 있을까요? **Cutter**/네 좋습니다. 스케줄을 확인해 보죠.

Useful Expression

- sales process : 매출(판매) 진행 상황
- sales issues : 매출(판매) 논점

- **are things going well** : 잘 되고 있나요?
- **visiting the right prospects at the right time** : 가망이 있는 올바른 상대를 제때 방문

- **setting priorities** : 우선 순위 설정
- **ranks priorities** : 우선 순위 배열
    - **top priority = highest priority = first priority** 최우선 순위
    - **according to priority** 순서에 따라
    - **give (or grant) priority to** ~에게 우선권을 주다
    - **have priority over a person** ~보다 우선권이 있다
    - **take priority of** ~의 우선권을 얻다
    - **creditors by priority** 우선 채권자(債權者)

- **hold(have) ~ meetings** : 미팅을 가지다

- **get together** : 모이다, 한데 모이다; 만나다
- **put together** : ①(부분·요소)를 모으다, 구성하다 ② ~을 종합하다, 편집하다

- **from there = after that** : 그런 다음
    = **from that point** : 거기서부터
- **criteria** : 기준, 척도

- **potential revenue and lead time** : 예상되는 수익과 리드 타임 (기획에서 제품화까지의 소요 시간, 발주에서 배달까지의 시간, 실질적인 준비 기간)
- **works out really well** : 아주 잘 된다
- **sounds like** : ~처럼 들리다(생각되다)
- **sounds about right = That's right** : 맞아요
- **a formal method for prioritizing potential customers** : 잠재 고객들의 우선 순위 선정에 대한 공식적인 방법

- **might be helpful** : 도움이 될지도

- **likelihood** : 있음직함, 가능성, 가망
    - **in all likelihood** 아마, 십중팔구
    - **every likelihood** 틀림없는 가능성
    - **great likelihood** 높은 가능성

- **classifying and ranking potential customers by** :
  가망성 있는 고객(잠재 고객)을 ~에 의해 분류와 등급 정하기

- **sets schedules** : 스케줄을 정하다
    - **schedule a presentation** 프레젠테이션 스케줄을 잡다
    - **have a full/tight/busy schedule** 스케줄이 꽉 차 있다/꽉 짜여 있다/바쁘다
    - **behind schedule** 정각[예정]보다 늦게
        - ⇔ **ahead of schedule** 예정보다 먼저
    - **on schedule** 예정대로; 정시에

이 대화를 보면서 어떤 생각이 들었나? Wu Zhihong은 고객으로부터 정보를 얻기 전까진 전혀 자신의 회사가 보유한 제품에 대해 언급하지 않았다. 왜냐하면 수많은 종류의 소프트웨어가 있기 때문에 Cutter씨의 시간을 뺏으면서까지 일일이 그 종류를 설명할 수 없는 상황이다. 따라서 간단한 질문으로 어떤 제품이 실제로 필요할지를 유추해 내고 있다. 그리고 그에 적절한 제품을 Cutter씨가 선택하도록 만들었다. 이것이 Wu Zhihong이 상황을 이끌어 간 방법이다. 그녀는 시간을 낭비하지 않고 포인트를 잡았으며, 짧고 일관된 질문으로 상대방이 더 많은 설명을 하도록 했다. 그리고 그런 설명 말미에 제품을 비로서 소개했다.

그렇다면 Wu Zhihong이 프레젠테이션의 기회를 얻어 낸 이유는 무엇이라고 생각하는가? 바로 앞서 언급했던 고객의 니즈와 해결 방안을 제안했기 때문이다.

1 고객의 니즈와 접목되는 안건
Offer something that meets the client's needs.

2 차별성이 분명한 해결 방안
Give a proposal that is different than what the client has heard before.

Offer something that meets the client's needs.
고객의 니즈와 접목되는 안건을 제안

동시에 The Greater Dallas Chocolate Company가 직면하고 있는 문제를 명료하게 하면서 GDCC가 생각하지 못했던 대안을 제시해 주었다.

Give a proposal that is different than what the client has heard before.
고객이 이전에 들었던 사실과 다른 차별성 있는 제안

그러나 이론처럼 리서치나 목표 대상에게 접근하는 일이 쉽지는 않을 것이다. 시행착오도 적잖게 경험할 것이다. 하지만 디스커버리 없이 프레젠테이션을 진행한다면 고객의 니즈는 무시한 채 발표자의 주관에 따라 좋다고 생각되는 모든 것을 보여주려고 할 것이다.

그렇지만 비즈니스 세계에선 시간이 돈이라는 냉철한 이념이 버티고 있기 때문에 단 한마디라도 포인트가 없는 말은 시간 낭비로 여겨진다.

얼마 전 필자가 근무하는 Sony Production에서는, 일본에서 가장 유명하다는 애니메이션 회사가 와서 프레젠테이션을 했다. 주어진 시간은 5분이었는데, 발표자는 본론으로 들어가지도 못하고 시간이 지나 버렸다. 그런데 갑자기 듣고 있던 담당자가 자리를 나가 버렸다. 발표자는 얼굴이 상기되어 함께 듣고 있었던 직원에게 뭘 잘못했는지를 물어 보았다. 그때 그 직원의 설명은 하루에도 수십 건의 제안을 받고 있는 회사에서 발표자에겐 짧은 5분이 결정권자에겐 최대의 배려라는 것이다. 대충 발표가 길어져도 상관없겠지라는 생각은 상대에 따라 먹히지 않을 수도 있다. 잠재 고객이었던 Sony는 포인트만 알고 싶어했다. 따라서 그들이 필요로 하는 것만 정확하게 알려주면 되는 것이다. 한마디로 기본적인 디스커버리가 부족한 상황에서 발표만 잔뜩 준비해 왔기 때문에 아무리 좋은 작품이었다고 해도 발표자에게는 기회가 주어지지 못했다. 주제에 대한 리서치와 고객에 대한 디스커버리를 충분히 하지 않고 프레젠테이션을 준비하는 것은 모래성을 쌓는 것과 같은 일임을 잊지 말자.

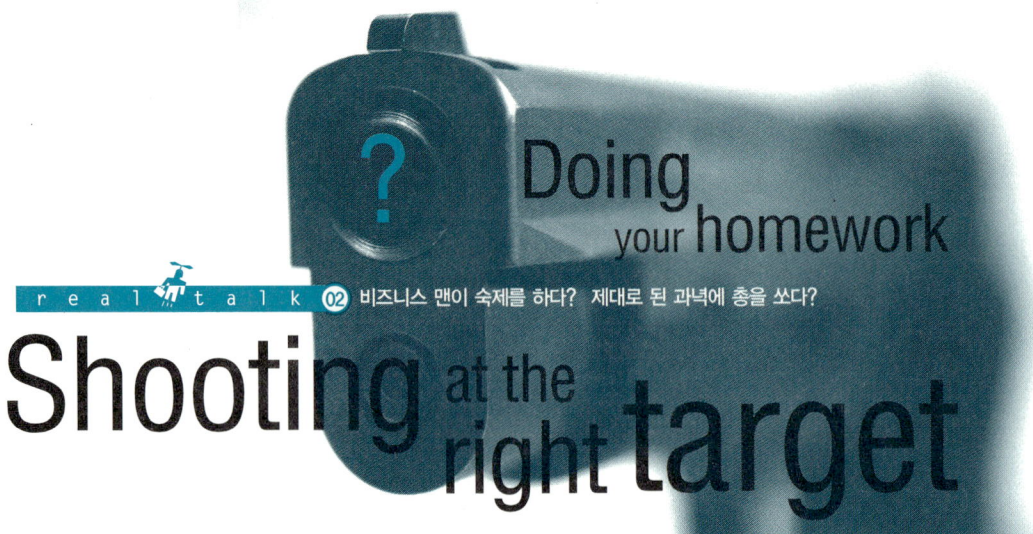

real talk 02 비즈니스 맨이 숙제를 하다? 제대로 된 과녁에 총을 쏘다?

비즈니스 현장에서 Homework 즉, 숙제란 단어를 들먹거리는 것은 어쩐지 어울리지 않는 듯하다. 그러나 프레젠테이션을 준비할 때 제일 먼저 해야 할 업무가 바로 그것이다. 무엇에 관하여 누구에게 말할 것인가를 알기 위해 전문가도 숙제를 해야 한다. 따라서 사무실에서도 **Doing your homework**란 말이 자연스럽게 오가는 것이다. 프레젠테이션의 주제에 대해 연구하고, 팀원끼리 토론도 하면서 깊이 있는 정보를 다양한 각도에서 조사해 보아야 한다. 이 과정은 성공적인 비즈니스 프레젠테이션을 위해 반드시 거쳐야 할 작업이다. **Shooting at the right target**이란 말은 비즈니스 결과의 승패를 가늠하는 핵심 개념이다. 누구에게 접근하느냐에 따라 비즈니스가 쉽게 이루어질 것인지 아니면 어렵거나 성사되지 않을 것인지가 결정되기 때문이다. 효율적인 시간 운영과 결과를 중요시하는 냉정한 비즈니스 현장에선 올바른 상대를 찾는 일이야 말로 첫 단추를 제대로 끼우는 일처럼 아주 중요하다.

다음의 대화로 비즈니스 현장에서 느껴지는 어감을 실제로 확인해 보자.

Joe   Julie, how's the new project coming along?

Julie   It's still in the beginning stages. I'm researching the market and consumer purchasing trends.

Joe   So you're **doing your homework**, right?

Julie   Yes, but actually I'm having a difficult time acquiring some specific information from our market specialists. They are good at their work, but they are bad at explaining. So I need to keep asking them to clarify what they mean.

Joe   I understand how you feel, but don't get frustrated. This is an important part of preparing for a presentation. A presenter must know everything about his subject in order to deliver the correct information.

Julie	I agree with you, and thanks for the encouragement. By the way Joe, what about your proposal? Have you closed the deal with the Gio Network Company?
Joe	Not yet, but I'm close. You remember when I was trying to work with those guys in marketing and public relations? That was a complete waste of time. But finally, last Tuesday, I met the company's CFO and laid out the full details of my proposal. He approved the whole package and agreed to get the company's Vice President to review it as well.
Julie	It seems like you are **shooting at the right** target now.
Joe	Exactly! I had the same problem with my last project. I couldn't get the proposal reviewed for three months, because I was dealing with the wrong department. I've finally realized how important it is to talk to the right person. Now I know you have to research the company to see who the real decision makers are.
Julie	It sounds like your project is going well. Good luck and let me know if there's any good news.

Joe	Julie, 새로운 프로젝트는 어떻게 진행되고 있니?
Julie	여전히 초기 단계야. 시장과 고객의 소비 경향에 대해 조사하고 있어.
Joe	숙제를 하고 있는 중이군, 그렇지?
Julie	그래, 근데 시장 전문가들에게서 구체적인 정보를 얻어 내야 하는 힘든 과정을 밟고 있어. 시장 전문가들은 자기 일에는 뛰어나지만 설명하는 일에는 서투르거든. 그래서 설명한 말의 의미를 정확하게 이해하기 위해 계속 질문을 해야 해.
Joe	무슨 말인지 알겠다. 그렇다고 너무 속상해 하지마. 프레젠테이션 준비에 필요한 중요한 일이거든. 프레젠터는 정확한 정보를 전달하기 위해 주제에 관련된 모든 사항을 반드시 알고 있어야 해.
Julie	나도 그렇게 생각하는데, 격려해 줘서 고맙다. 그런데 Joe, 네가 진행한 제안은 어떻게 되고 있니? Gio Network 회사의 일은 마무리가 됐니?
Joe	아니 아직. 하지만 근접해 가고 있어. 마케팅과 홍보 담당자들과 일을 진행했었던 것 기억하니? 그게 완전 시간 낭비였어. 그런데 드디어 지난 화요일, 회사의 자금담당 이사를 만났고, 내 제안에 대해 상세하게 설명했어. 이사는 내 제안의 전부를 받아들이고 회사 부사장에게 내용을 리뷰하는 것에도 동의했어.
Julie	이번엔 제대로 상대를 찾은 느낌인데.
Joe	바로 그거야! 지난 번 프로젝트도 같은 문제였거든. 엉뚱한 부서에서 진행하다 보니까 석 달 동안 제안을 검토받을 수가 없었어. 올바른 상대에게 말해야 하는 것이 얼마나 중요한지 마침내 깨달았어. 그래서 이번엔 누가 정말 결정권자인지 알기 위해서 그 회사에 대해 조사해야만 하는 것을 알고 있었지.
Julie	프로젝트가 제대로 되고 있는 것처럼 들리는데, 잘 됐으면 좋겠고 좋은 소식이 있으면 나에게 알려줘.

성공한 사람은 그의 실수로부터 배워서 또 다른 방법으로 재차 시도하려한 것이다.
— 데일 카네기

The successful man will profit from his mistakes and try again in a different way. ✽Dale Carnegie

PERFECT PRESENTATIONS

CHAPTER

03

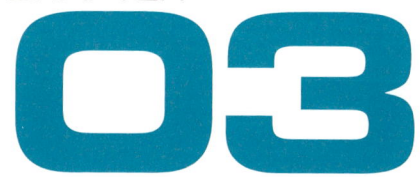

The Process: What Not To Do

CASE STUDY: Competing for a Contract

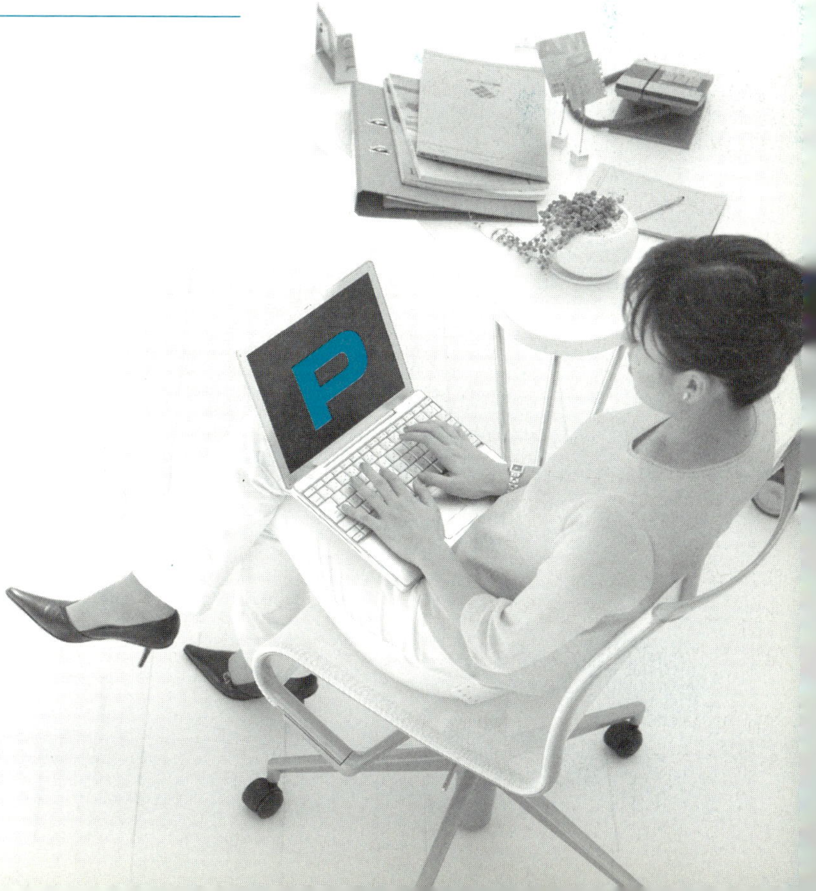

이번 장부터는 프레젠테이션의 일정이 잡혔다는 가정 하에 프레젠테이션을 구상하고 제작하는 방법에 대해 알아보자.

What is the first step?
그 첫 번째 단계는 무엇일까?

대부분의 경우 슬라이드 첫 장에 들어갈 서론 부분을 먼저 계획할 것이다. 그런 다음, 단계별로 구상을 체계화시켜 본론과 결론으로 슬라이드를 하나씩 완성시켜 갈 것이다.

이 과정이 많은 발표자가 일상적으로 밟는 단계라면 실제로 어떤 결과물이 만들어질 지를 예를 보면서 확인해 보자. 만일 상품 판매가 목적인 세일즈 프레젠테이션이라면 Chart 01과 같은 형식의 슬라이드가 완성될 것이다.

Chart 01 | 일반적인 구조를 구현한 모델 (Next Page)▶

CHAPTER 03 | What NOT to Do

프레젠테이션 구조 짜기
일반적인 구조를 구현한 모델

서론
· 우수한 회사라고 설명
· 제품 소개

Introduction
· Tell them your company is a great company.
· Introduce the product.

특징 1
· 제품의 첫 번째 특징을 설명
· 기술적인 면을 상세히 설명해서 강한 인상을 남김

Feature 1
· Tell about the first feature of the product.
· Give lots of impressive technical details.

특징 2
· 제품의 두 번째 특징을 설명
· 기술적인 면을 상세히 설명해서 강한 인상을 남김

Feature 2
· Tell about the 2nd feature of the product.
· Give lots of impressive technical details.

특징 3
· 제품의 세 번째 특징을 설명
· 기술적인 면을 상세히 설명해서 강한 인상을 남김

Feature 3
· Tell about the 3rd feature of the product.
· Give lots of impressive technical details.

10개에서 12개 정도로 특징을 계속 연결해 나감 (특징이 많을수록 더 좋음)

Continue this for 10 or 12 features. (The more features the better)

결론
· 모든 특징을 소개한 다음, 청중에게 제품을 구매할 것을 요청

Conclusion
· When you have covered all the features, ask them to buy the product.

위와 같은 일반적인 형식으로 진행되는 프레젠테이션의 예를 보면서 좋고 나쁨을 평가해 보자.

피해야 할 프레젠테이션의 대표적인 예

Introduce company

"Hello, ladies and gentlemen, I'm from Dense Designs, Corp. Our company is a great company. In fact I think it's the best in its field.

Introduce product

Today I'm going to show you our newest product, the Gizmo-XZ. The Gizmo-XZ has many great features.

Explain first feature

First, it's powered by a brushless 4 V, 1,400 rpm Miracle Motor with low inertia. Measuring 1.85 inches in diameter by 0.75 inches tall, the motor has a through-hole design, optional integral drive electronics, and an integral encoder option. It also has a direct coupling interface and is suited for portable or battery-operated polygon scanners as well as diagnostic equipment.

Explain second feature

The circuit provides a gain of 2, along with differential inputs and a differential output. The ADC reference sets the output common-mode level. The amplifier is constructed with two subtractors, each compliant to high common-mode voltage. These subtractors are set up so that the positive input of one connects to the negative input of the other, and vice versa. Their reference pins are tied together and connected to the ADC's reference pin, so as the input signal increases, one output, OUTP, increases, while the other output, OUTN, decreases. Both outputs remain centered with respect to the common-mode level set by the ADC's reference. As you can see, this is much better than competitive models; most of them only have one subtractor..."

Conclusion

As you can see, this is a great product with fantastic features.

Final thoughts

We have shown you a great many reasons to buy our product, so I will be happy to take your orders at the conclusion of this presentation!

마지막 인사말을 마친 발표자는 만족스러운 표정을 지으면서 자리에 앉을 것이다. 짧은 시간에 상당히 복잡한 기술적인 지식을 잘 설명했기 때문이다. 가슴 한곳에서는 분명 청중들에게 깊은 인상을 심어 주었을 것이라고 확신할지 모른다. 그래서 의문의 여지 없이 바로 청중들이 당신의 상품을 구매할 것이라고 믿고 있을 것이다.

그러나 결과는 한마디로,

Wrong! 실패다.

이 프레젠테이션은 어느 특정한 부분에서만 실수가 있었던 것이 아니라 처음부터 끝까지 잘못을 범하고 있다. 대부분의 발표자들이 가장 흔히 범하는 실수들로 가득 찬 발표였다. 효과적인 프레젠테이션이 무엇을 뜻하는지에 대한 이해가 부족해서 유발된 실수들이다. 장담하지만 이 발표를 통해 수익을 얻기는 힘들 것이다. 그렇다면 무엇이 잘못된 것일까?

바로 청중을 무시한 접근 방식이다. 이 같은 접근 방식은 제품 판매에 방해만 될 뿐이다.

Why? 왜 그럴까?

예를 든 종류의 프레젠테이션을 흔히 'Data Dump' 이라고 표현한다. Dump라는 단어가 의미하는 것처럼, 쓰레기들을 쌓아 놓듯이 발표자는 청중의 관심은 무시한 채 단순히 대량의 정보만을 담아 놓은 프레젠테이션을 했다. 따라서 청중은 얼마 지나지 않아서 관심을 잃게 되고, 점차 자리를 지키고 있는 일이 지루해지고 불쾌한 느낌까지 가지게 될지도 모른다. 청중은 이 같은 종류의 발표를 수없이 들어 보았기 때문에 너무나 식상한 진행에 내용을 들어 볼 생각도 하지 않고 거부를 하듯이 무시를 하게 된다.

그렇다면 과연 무엇이 잘못된 것인지 좀더 자세히 처음부터 살펴보자.

"Our company is a great company. In fact I think it's the best in its field."

"저희 회사는 우수한 회사입니다. 사실 제 생각엔 이 분야에서 최고의 회사입니다."

애사심이 넘쳐 발표자는 아무런 의문도 없이 사실이란 듯이 인사말을 꺼냈다. 반면에 받아들이는 청중은 객관적인 정보가 없는 상태이기 때문에 일종의 허풍이라고 생각한다. 결국 발표자가 추가적인 수식어를 붙인다 해도 청중들이 발표자의 의도대로 회사를 평가할 지는 미지수이다.

회사에 대한 평가는 청중이 하는 것이다. 발표자는 회사의 이념, 비전, 핵심 역량, 기술력 등 좀더 객관적인 정보를 제공하고 이렇게 함으로써 청중이 긍정적으로 회사를 바라볼 수 있게 이해를 돕는 편이 더 낫다. 아무 배경 없이 무턱대고 자기 자랑을 늘어놓는다면 상대방에게 오히려 비전문가로 보이게 하는 빌미가 될 수도 있다.

"Today I'm going to show you our newest product, the Gizmo-XZ. The Gizmo-XZ has many great features."

"오늘 저희 회사의 최신 상품인 Gizmo-XZ를 보여드리겠습니다. Gizmo-XZ는 우수한 성능을 다양하게 가지고 있습니다."

이 설명을 듣고 과연 청중이 Gizmo-XZ가 무엇인지 알 수 있을까? 물론 브로셔나 슬라이드 사진을 보면 기계인지는 알겠지만 과연 어떤 기계인지 기능까지 판단할 수 있을까? 바로 이점이 문제이다.

우수한 성능을 가지고 있다는 표현 대신 우선 간단한 설명과 함께 직접 작동시켜서, 눈으로 확인시켜 주는 것이 더 효과적이다.

"The Gizmo-XZ is a power system that allows you to upgrade and customize forklifts. This power system determines how much weight your forklift can carry. If you upgrade your forklifts using our power system, they will be able carry more weight than your current model. By carrying this extra weight, you will use less power over time and reduce operating costs."

"Gizmo-XZ는 현재 보유한 기종을 업그레이드하는 것이 가능하며 사용 용도에 맞게 변경할 수 있는 파워 시스템을 가진 지게차입니다. 이 파워 시스템은 무게를 어느 정도까지 들 수 있을지를 결정해 줍니다. 만약 저희 파워 시스템을 현재 보유한 지게차에 업그레이드를 하게 되면 기존에 사용하는 기종보다 좀더 많은 무게를 소화할 수 있습니다. 좀더 큰 무게를 소화하지만 좀더 적은 파워를 사용하므로 가동 비용을 줄일 수 있습니다."

계속해서 다음 문장으로 넘어가 보자.

"First, it's powered by a brushless 4 V, 1,400 rpm Miracle Motor with low inertia. Measuring 1.85 inches in diameter by 0.75 inches tall, the motor has a through-hole design, optional integral drive electronics, and an integral encoder option..."

"우선, 이 기계는 브러쉬가 없는 4V, 1400 rpm의 낮은 타력으로 기적의 모터 성능을 보입니다. 직경 1.85인치에 0.75인치의 크기입니다. 모터는 through-hole 디자인이고 인터그럴 드라이브 일렉트로닉과 인터그럴 인코더 옵션을 가지고..."

여기서부터는 완전히 기술적인 면을 장황하게 나열하고 있다. 기술자들끼리 모여 세미나를 하는 것도 아니고, 사용자가 될 청중에게 난해한 기술적 문제를 거론하고 있으니 청중이 관심을 잃는 것은 뻔한 이치이다.

본론에서 발표자는 제품의 특징만을 나열하고 있다. 특징을 설명하는 것이 잘못되었다는 것은 아니지만, 방법이 잘못되었다는 것이다.

발표자가 제품의 차별성에 대해 고객에게 알리고 싶다면 제시된 차별성이 청중에게 어떠한 이점이 있는지를 보여주어야 한다.

즉, 특징에 대해 설명할 때에도, 어떻게 접근해야 할지 아래 문장과 비교해 보자.

"First, it's powered by a brushless 4 V Motor that is twice as powerful as your current motors. That means it can carry a load that's twice as heavy as the equipment you have now. Currently, you have to break your loads up into smaller parts. That takes time and costs you money. With this motor, you'll be able to work faster for less money, and you'll be able to take on bigger, more challenging jobs with confidence."

"우선 브러쉬가 없는 4V 모터는 현재 보유하고 있는 모터보다 두 배로 강한 파워를 가지고 있습니다. 이것은 기존 장비보다 두 배 이상 무거운 짐을 실을 수 있습니다. 현재까지는 짐을 작게 나누어서 실어야 하기 때문에 시간이나 비용이 더 많이 듭니다. 그러나 이 모터를 사용하시면 일은 더 빨리 하실 수 있으며 비용은 더 절감할 수 있습니다. 따라서 확실히 더 크고, 힘든 작업까지 처리하는 것이 가능합니다."

이 경우 발표자는 숫자나 사양 설명 쪽에 집중해 분위기를 몰고 가지 않았다. 대신 청중에게 경비는 줄이면서도 일을 더 수월하게 할 수 있다는 이점에 초점을 맞춰 기계가 가진 특징을 소개했다. 자연히 청중의 귀가 솔깃해질 수밖에 없다.

이쯤 되면 한 가지 중요한 포인트를 잡을 수 있을 것이다. 프레젠테이션을 준비할 때에는 먼저 '이것으로 청중이 어떤 일까지 할 수 있을까?', 혹은 '무엇 때문에 청중이 이것을 필요로 할까?'처럼 고객의 입장에서 그 이점에 초점을 맞춰 구상하자.

You continue on to cover many other features - 10 or 12 of them. The more features the better.

아무리 청중에게 유익한 이점을 소개하는 프레젠테이션이라도 이점이 많아지면 자연스레 청중의 집중력이 떨어지게 된다. 가장 핵심을 찌르는 특징에 초점을 맞추도록 하자. 보통 3개에서 최대 5개까지 부수적으로 얻을 수 있는 이점들을 자연스럽게 언급하면서 효과를 극대화시킬 수 있다.

미국의 한 조사기관이 연구한 통계자료에 의하면 기억해야 하는 사항이 6개 이상이면 청중에게 부담을 주어 집중력을 떨어뜨린다고 한다.

"We have shown you a great many reasons to buy our product, so I will be happy to take your orders at the conclusion of this presentation!"

"저희는 저희 제품을 구입해야 할 여러 이점들을 보여드렸습니다. 따라서 프레젠테이션의 결론에서 기꺼이 주문을 받도록 하겠습니다."

아무리 뛰어난 제품이라도 청중에게 구매를 강요하는 것은 비즈니스 프레젠테이션을 제대로 이해하지 못하는 초보자들이 범하는 대표적인 행동이다. 좋은 제품인지 아닌지의 판단과 결정은 청중의 몫이다. 이미 청중들은 프레젠테이션 목적이 판매를 위한 것이라고 알고 있기 때문에 강요하는 것은 절대 좋은 결과를 끌어내지 못한다. 대신 제품의 유익함이 청중의 생활에 어떠한 변화를 미칠것인지를 상기시키는 말로 마무리해 보자.

"To sum up: The Gizmo-XG is a product you can rely on. It can save you time and money, and make everyone's job easier. Thank you."

"정리해 보면 Gizmo-XZ는 시간과 경비를 줄이고, 모든 사람들의 작업을 더 편하게 해줄 수 있다는 점에서 믿을 만한 제품입니다. 감사합니다."

이제 이 프레젠테이션에 어떤 문제가 있었는지 판단할 수 있었을 것이다. 특정한 부분의 사소한 실수가 아니라 처음 인사말에서부터 시작해서 결론으로 이어질 때까지 실수의 폭이 넓다. 따라서 별 생각 없이 일반적인 형식대로 발표자가 혼자서 세일즈 프레젠테이션을 이처럼 구상한다면, 보지 않아도 이미 실패한 프레젠테이션이다.

Why? 왜 그럴까?

새로운 제품 하나가 탄생하기까지를 생각해 보자. 하루 아침에 갑자기 뚝딱하고 제품이 탄생되진 않는다. 전문가로 구성된 팀이 모여 함께 구상하고 실험을 통해 조립해 볼 것이다. 그런 다음 수 차례 수정을 거쳐 재조립도 해보고, 시제품으로 만들어서 마켓 반응을 조사한 후 마침내 완제품을 발표하게 될 것이다. 이처럼 일련의 개발 과정을 거쳐서 하나의 제품이 탄생한다.

한마디로,

It's a process. 프로세스다.

프레젠테이션 구상에서 반드시 필요한 것이 있다면 바로 프로세스다. 프로세스가 프레젠테이션을 발전시킨다. 프로세스가 프레젠테이션을 어떻게 발전시킬까?

다음 장부터 이 부분을 자세하게 배워 보자. 프로세스를 제대로 이해한다면 발표자는 발표에 있어 많은 자신감을 얻을 것이다. 결국 이것이 성공적인 프레젠테이션을 이끌어 내는 핵심 기술이기도 하다.

CASE STUDY

Competing for a Contract: A Story of Failure & Success

 Two Korean Companies were competing to sell vacuum cleaners to a large American hotel chain. The representatives of each company were scheduled to make presentations to the America audience.

Han, Young-Soo represented the Good Star Vacuum Cleaner Company. He worked hard to prepare, and when the time came for his presentation, he was ready. His slides were well put together. His presentation was orderly and made good points. Han, Young-Soo told his audience that the Good Star Vacuum Cleaner Company was a very good company. He told them that the Company had a very good product, a new seven-pound vacuum cleaner with enormous cleaning power and a filter that only had to be changed 3-4 times a year. The design of the vacuum cleaner was very efficient. It was made of lightweight lithium and was set on gliding rollers that made it easy to move around a big hotel.

Han, Young-Soo completed his presentation by once again telling the audience what a good company he worked for, and then directly asking the American Hotel Chain to buy the Vacuum Cleaners produced by the Good Star Vacuum Cleaner Company.

Park, Min represented the National Vacuum Company. Her company also made a seven-pound vacuum cleaner with enormous cleaning power. The National Vacuum also had a filter that only had to be changed 3 or 4 times a year. The design of the vacuum cleaner was lightweight lithium and was set on gliding rollers that made it easy to move around a big hotel.

However, Park, Min did things differently than Han, Young-Soo. She explained to the audience that she was going to show 3 distinct benefits of using the National Vacuum Cleaner.

First was the benefit of speed.

Because of the lightweight construction and gliding rollers, the maids and janitors cleaning the hotels could move the vacuum cleaner from room-to room more quickly.

Because the vacuum cleaner had enormous cleaning power, the maids and janitors using it could clean their floors in the hotels in less time. These two features were not just good things, but they provided the customer with a way to get the entire hotels cleaned in less time.

The second benefit was value.

Because the filters only had to be changed 3 or 4 times a year, the hotel chain could plan on buying fewer filters. This would keep their inventory of cleaning supplies lower. Since hotels were in the business of selling rooms to guests and not in the cleaning business, anything that kept cleaning supply inventories low was a value for the hotels.

The third benefit was cost savings.

By cleaning the hotels faster, the hotel chain would spend less money on its maid services. By keeping cleaning supply inventories lower the hotel chain would be spending less money on cleaning supplies. The result of saving this money in all of its hotels would mean larger profit for the hotel chain.

Finally, Park, Min told her audience that she had sold the National Vacuum to another hotel chain, a chain that had hotels in many of the same cities as the chain she was talking to today. That hotel chain had been very satisfied with the product and had recently placed another large order.

Park, Min never told the audience that she had a good product or that she worked for a good company. She never directly asked the audience for its business.

Park, Min won the contract. The American Hotel Chain bought the National Vacuum Cleaners.

Why? What did Park, Min do that Han, Young-Soo did not do.

>Han, Young-Soo talked about **features**: 7 pounds. Easy cleanfilter. Lightweight lithium.
>Park, Min stressed **benefits**: speed, value, cost savings.
>
>Han, Young-Soo **said** his company was good.
>Park, Min **showed** that her company was credible by telling about other major companies that had bought their products.

Park, Min won the contract because she showed the audience good specific reasons for buying her vacuum cleaners. Her approach convinced her audience, that her company was professional and her product was exactly what they needed.

계약 경쟁 : 성공과 실패 케이스 분석

두 한국 기업이 미국 대형 호텔 체인점에 청소기 납품을 두고 경쟁을 벌이고 있었다. 각 기업의 대리인은 미국인 청중을 대상으로 프레젠테이션 일정을 잡아 두었다.

한영수는 굿스타 청소기 회사의 대리인이었다. 그는 열심히 준비를 했다. 프레젠테이션 날이 다가왔을 때, 그는 잘 준비된 모습을 보였다. 슬라이드는 잘 구성되었고 프레젠테이션도 순서에 맞게 포인트를 잘 잡고 있었다. 한영수는 청중에게 굿스타가 매우 좋은 기업이라고 소개 했고 제품 또한 아주 우수하다고 말했다. 신제품인 7파운드의 청소기는 엄청난 세척력을 가지고 있고 일년에 서너 번 정도만 필터를 교환한다고 설명했다. 청소기 디자인도 아주 효율적이었다. 리튬이란 가벼운 소재를 사용했고, 넓은 호텔 내에서 움직이기 쉽도록 글라이딩 바퀴를 장착했다고 말했다.

한영수는 청중에게 자사가 얼마나 우수한 회사인지를 다시 한번 강조하면서 미국 호텔 체인이 굿스타의 제품을 구매하길 요청한다는 말을 끝으로 프레젠테이션을 마쳤다.

박민은 내셔널 청소기 회사의 대리인이었다. 그녀의 회사도 같은 7파운드의 엄청난 세척력을 가진 청소기를 생산했다. 내셔널 청소기 또한 년에 서너 번만 필터를 교환하는 것이었다. 청소기는 가벼운 리튬으로 만들었고 글라이딩 롤러가 부착되어 넓은 호텔에서 움직이기 편했다.

그런데 박민은 한영수와는 다르게 발표를 했다. 그녀는 청중에게 내셔널 청소기를 사용함으로써 얻게 되는 세 가지 중요한 이점을 설명했다.

첫 번째 이점은 속도이다.
경량의 구조와 글라이딩 롤러 때문에 청소부들이 방에서 방으로 좀더 빨리 옮겨가면서 청소할 수 있다. 청소기가 엄청난 세척력을 가지고 있기 때문에 청소부가 적은 시간 내에 호텔 바닥을 청소할 수 있다. 이 두 가지 특징은 단순히 좋은 정도가 아니라 전체 호텔의 청소 시간을 줄일 수 있게 해준다.

두 번째 이점은 값어치이다.
필터를 일년에 서너 번만 교환하기 때문에 호텔 체인은 더 적은 필터를 구매한다. 따라서 청소 물품의 재고를 줄일 수 있다. 호텔은 손님에게 방을 대여하는 비즈니스지 청소 비즈니스가 아니기 때문에 청결을 유지하기 위해 구비해야 하는 물품 재고를 줄일 수 있다면 호텔 입장에선 이로운 것이다.

세 번째는 경비 절감이다.
호텔 청소를 빨리 끝냄으로써 호텔 체인은 청소 용역비를 줄이게 된다. 또 청소 용품의 재고를 줄임으로써 청소 자재 구매를 위해 더 적은 돈을 지출하게 된다. 이 같은 경비 절감으로 인해 호텔 체인은 더 많은 이익을 보게 된다.

박민은 마지막으로 청중에게 다른 호텔 체인에도 자사의 제품을 팔았다고 말했다. 오늘 참석한 호텔 체인점이 있는 같은 도시들에 체인을 가지고 있는 다른 호텔 체인은 자사의 제품에 아주 만족하고 있으며 최근 대량의 추가 주문을 했다고 설명했다.

박민은 결코 청중에게 우수한 제품이란 설명이나 자사가 좋은 회사란 말을 하지 않았다. 또 절대 청중에게 구매를 직접적으로 강요하지 않았다. 박민은 계약을 성사시켰다. 미국 호텔 체인은 내셔널 청소기를 구매했다.

박민은 한영수가 하지 못한 무엇을 했기에 계약을 따 낼 수 있었을까?

한영수는 특징에 관해서 말했다. 7파운드, 편리한 필터 교체, 리튬의 가벼운 소재.

박민은 이점을 강조했다. 속도, 가치, 경비 절감

한영수는 우수한 회사라고 자랑했다.
박민은 다른 주요 회사들이 자사의 제품을 구매한 사실을 설명하면서 믿을 수 있는 회사라는 점을 보여주었다.

박민은 청중에게 그녀의 회사 청소기를 구매해야 할 구체적인 이유를 제시했기 때문에 계약을 따 낼 수 있었다. 그녀는 자사가 전문적인 회사이고 제품 또한 정확히 청중이 필요로 하는 것이라는 접근 방식으로 청중에게 확신을 심어 주었던 것이다.

real talk 03

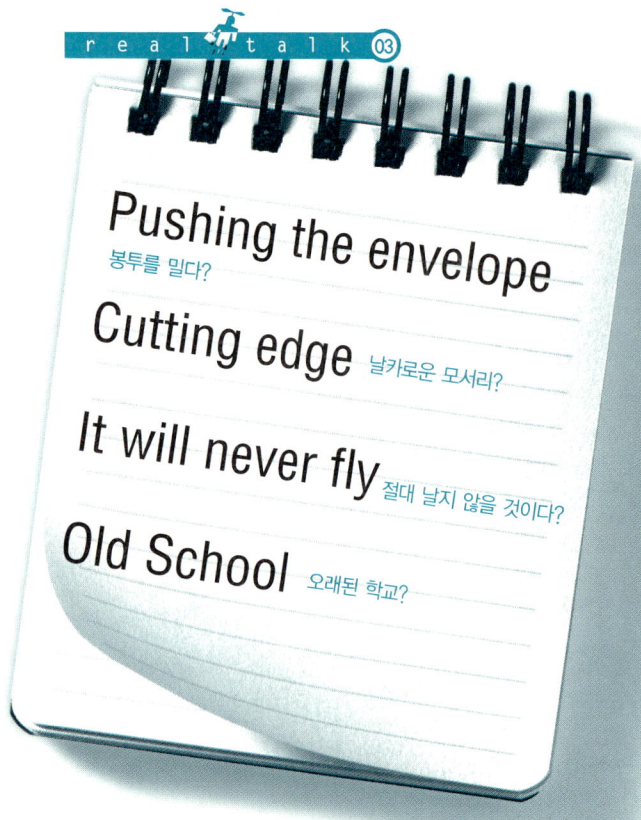

- Pushing the envelope 봉투를 밀다?
- Cutting edge 날카로운 모서리?
- It will never fly 절대 날지 않을 것이다?
- Old School 오래된 학교?

직역을 했을 때 쉽게 이해가 되지 않는 구문들이다. 봉투를 밀어서 뭘 한다는 것이며, 모서리가 날카롭다는 것은 무슨 말이고, 거기다 날지를 않는다? 학교 공작 시간인 듯한 이 구문들이 뜻하는 의미는 무엇일까? **Pushing the envelope**은 정해진 규격의 봉투처럼 현재 처한 상황에 제약이 있지만, 이리저리 노력해서 봉투 속에 내용물을 밀어 넣듯이, 처한 상황에 굴하지 않고 상황을 뛰어넘을 수 있도록 행동을 넓혀 가는 것을 의미한다. 동서양을 막론하고 어떤 일이든 어려움이나 제약이 생기게 마련이어서 성공하려면 더욱 진취적인 행동이 요구되기 때문에 기억해 두면 유용한 표현이다. **Cutting edge**는 기술적으로 최첨단을 의미하거나, 더 새롭고 뛰어난 단계를 나타낸다. **It will never fly**는 실현가능성이 없다는 의미를 강조하는 문장이다. '그건 절대 안 돼'란 말과 같은 말이다. 내 생각에 그것이 가능하지 않을 것 같다고 표현할 때는 **I don't think it'll fly**라고 한다. **Old School**은 학교를 의미하는 것이 아니라, 한 시대나 유행이 지나간 구식이라는 것과 원조 즉, 오리지널이란 또 다른 의미도 지니고 있다.

다음 대화에서 이 구문들의 느낌을 확인해 보자.

Julie   Help!!

Joe   What happened?

Julie   I'm just frustrated. I spent the morning in a long meeting with my development team, and we're stuck. We've got a new line of reading glasses, and we're trying to come up with a new **cutting edge** concept to market them. But let's face it, reading glasses are a tired old product. Boring!!! You know what I mean?

Joe   Well, it sounds like you have a big job ahead of you. Trying to come up with new ideas for an old product is tough. You'll have to **push the envelope**, get everyone to think about it in new ways.

Julie   Easier said than done. We need to work creatively as a team, but our meetings are very **old school**; they're rigid and stuffy. It's hard to even suggest a new idea.

Joe Really? Then before you come up with a plan for the glasses, you need to change the way you conduct your meetings. Once again, you'll have to **push the envelope**, get your team to find new approaches to the way they work together.

Julie I can suggest that, but **I don't think it'll fly**. I mean, what do I say, "The way we hold our meetings is all wrong."

Joe No, that's too negative. Take a positive approach. Say, "Hey, everyone, I've got a great idea for our next meeting; let's try a different approach and see if it's productive." Then be specific about how your new approach will work.

Julie I see your point.

Joe Give it a try.

Julie Thanks, I think I will. I can always count on you for helpful advice.

Joe Anytime.

Julie Okay "anytime," I'll remember that.

Julie 도와줘!
Joe 무슨 일이야?
Julie 아! 미치겠어. 오전 내내 개발 팀과 긴 회의를 했었는데, 결론을 내지 못했어. 새로운 라인의 돋보기 안경을 출시하고 그것을 마켓에 내세울 아주 참신한 컨셉트를 찾고 있는 중이거든. 근데 사실을 따져 보면 돋보기 안경은 식상한 구세대 제품이란 말이야. 시시한 거잖아. 무슨 말인지 이해가 되지?
Joe 흠, 엄청 힘든 일을 처리해야 하는 것처럼 들리는데. 구세대 제품에 대해 새로운 아이디어를 모색하는 일은 어려운 일이지. 모든 사람들이 새로운 방식으로 생각할 수 있도록 사고의 범위를 넓혀야 해.
Julie 말이야 쉽지. 팀원들이 창조적으로 참여할 필요가 있는데, 우리 팀 미팅은 완전 구식이야. 모두들 융통성이 없고 꽉 막혔어. 새로운 아이디어를 제안하는 것조차 어려워.
Joe 그래? 안경에 대해서 계획을 짜기 전에 미팅을 진행하는 방식부터 바꿀 필요가 있겠다. 다시 말하지만 너의 팀원들이 함께 일하는 방식에 있어서 새로운 방안을 찾아야만 해.
Julie 그런 제안을 할 수는 있지만, 받아들여질 것이라고 생각되지 않아. 그렇다고 내가 "우리 미팅 방식은 완전히 잘못 됐어."라고 말하겠어?
Joe 아니, 그건 너무 부정적이야. 긍정적으로 접근해 봐. "여러분 저는 다음 미팅에 대한 끝내 주는 아이디어를 가지고 있습니다. 다른 방식으로 접근해 보고 그것이 효율적인지 봅시다." 라고 해. 그런 다음 새로운 접근 방식을 어떻게 적용할 지에 대해 구체적으로 설명하는 거지.
Julie 뭔 말인지 알겠다.
Joe 한번 시도해 봐.
Julie: 고마워, 할 수 있을 것 같아. 네 충고는 항상 도움이 되어서 믿을 수가 있어.
Joe 언제든지.
Julie 그래, "언제든"이라고 했던 것 기억할게.

우선 생각이 떠오른다. 그러면 생각을 아이디어와 계획으로 정리하자.
그런 다음 이들 계획을 현실화하자. 이처럼 그 시작은 당신의 상상으로부터다.

— 베스트 셀러 작가 나폴레옹 힐

First comes thought; then organization of that thought, into ideas and plans; then transformation of those plans into reality. The beginning, as you will observe, is in your imagination. ✱**Napoleon Hill, best selling author**

PERFECT PRESENTATIONS

CHAPTER 04

The Process: Doing It Right

1_Brainstorming on Your Own
2_Brainstorming with Your Group
3_Think about It / Talk about It
CASE STUDY: The Brainstorming Meeting

이번 장에서는 전문가다운 비즈니스 프레젠테이션으로 되기 위해 프로세스를 효과적으로 진행하는 방법에 대해 알아보자.

시작하기 전에 지금까지 배웠던 프레젠테이션의 두 가지 이정표를 다시 한번 정리해 보자.

| 프레젠테이션의 이정표 | 1 | **What is the GOAL of your presentation?** 프레젠테이션의 목적은 무엇인가? |

What do you want to accomplish? What must happen in order for you to say, "Yes! It worked! We got what we wanted!"

무엇을 성취하길 바라는가? "그래 바로 이거야! 우린 해냈어" 라고 말할 수 있으려면 어떤 일이 일어나야만 하는가?

| 프레젠테이션의 이정표 | 2 | **Why is your presentation valuable to the audience?** 프레젠테이션이 청중에게 값어치 있는 이유는 무엇인가? |

How does it fill their needs? What do they get out of it? How do they benefit?

청중의 니즈를 어떻게 채우나? 청중이 얻는 것은 무엇인가? 청중에겐 어떤 이득이 있나?

발표자가 추구하는 목적과 청중이 필요로 하는 것이 서로 교차할 때, 프레젠테이션이 성공할 가능성이 높아진다. 따라서 위의 두 가지 요소를 이정표로 삼아 이번 장에서 배울 프레젠테이션 프로세스 전 과정에 적용시킬 수 있도록 하자. 발표자의 목적과 청중의 니즈가 제대로 부합된다면 올바른 방향으로 가고 있는 것이다.

> **n/o/t/e** These sections assume you are developing your presentation as part of a team. If you are doing it on your own, use the same steps, but modify them so you can cover all the parts on your own.
>
> 여기서는 당신이 한 팀의 구성원으로서 프레젠테이션을 전개한다고 가정하자.
> 만약 혼자서 준비를 하고 있다면 같은 단계를 밟되 모든 부분을 혼자서 해결할 수 있도록 수정하자.

개인적인 브레인스토밍
Brainstorming on Your Own

청중은 당신의 지시를 기다리고 있는 로봇과 같은 존재가 아니다. 청중은 그들의 관심사를 서로 교환하길 희망하는 존재이다. 그래서 프레젠테이션을 쌍방 커뮤니케이션이라고 표현하는 것이다. 결국 발표자는 창조적(Be Creative)이고 개방적(Be Open)이며 역동적(Be Dynamic)으로 청중에게 접근해야 한다.

How? 어떻게?

브레인스토밍(Brainstorming)을 시작하자. 이 책의 시리즈인 Perfect Series의 첫 편이었던 『Perfect Writing』에서도 에세이와 보고서 작성 준비를 위해 하는 브레인스토밍에 대해 알아보았다. 프레젠테이션 준비 과정에서 하는 브레인스토밍도 에세이를 준비하는 것과 매우 유사하다. 차이가 있다면, 에세이 준비가 혼자서 고민하는 것이라면 프레젠테이션은 여러 사람이 함께 고민을 공유한다는 정도이다. 따라서 이 과정에는 영업사원뿐만 아니라 회사의 중역진까지 참석하기도 한다.

우선 첫 미팅에 참석할 팀원과 스케줄을 정하자. 미팅의 생산성을 높이기 위해 참석자가 준비할 시간을 가질 수 있도록 일정을 잡자.

앞서 언급했던 것처럼 프레젠테이션 대상은 제품과 서비스 또는 아이디어 중 하나일 것이다. (이제부터는 세 가지를 제품으로 묶어서 표현하겠다.)

브레인스토밍을 위해 제품을 아래와 같이 여러 각도와 관점에서 생각해 보자.

· 용도 · 중요성 · 역사 · 미래 · 강점 · 취약점 · 흥미로운 점 · 놀라운 점 · 제품에 관한 또 다른 특이 사항	■ Its uses ■ Its significance ■ Its history ■ Its future ■ Its strengths ■ Its weaknesses ■ Things that are interesting about it ■ Things that are surprising ■ Anything else that 'strikes' you about the product

한마디로 간섭받지 않고 자유롭게 제품에 대해 분석하고 생각해 보는 것이 바로 브레인스토밍이다. 그럼 좀더 체계적으로 여러 브레인스토밍 방법을 살펴보자.

프리라이팅 FREEWRITING

프리라이팅(Freewriting)은 시간을 정해 놓고 제품에 관해 적는 방법이다. 설명하고픈 내용을 10분간 적어 보자. 머리에 떠오르는 무엇이든 적어 보자. 생각하는 것을 멈추지 말고, 수정이나 삭제도 하지 말자. 철자가 틀리거나 문법이 맞지 않더라도 염려하지 말자. 일단 그냥 계속 쓰자. 생각을 자유롭게 풀어 보자. 이 과정에서 예상치 못했던 새롭거나 흥미로운 아이디어가 떠오를지 모른다.

앞서 제시된 접을 수 있는 돋보기 안경에 관한 프리라이팅 예를 읽어 보면 작성자는 기대하지 않았던 무엇인가를 기억해 냈다. 할머니가 돋보기를 사용했던 기억인데, 그 기억이 구체적이거나 과학적이지는 않지만 인간적이다. 프레젠테이션에 참석할 청중들도 나이든 어른들이 돋보기를 착용하던 모습을 보고 자랐기 때문에 비슷한 기억들을 가지고 있을지 모른다. 때문에 흔한 상업적인 접근 방식이 아니라 청중과 공감대를 형성할 수 있는 아이디어로 색다른 접근 방식을 모색할 수 있다.

> Topic:
> 'Reading glasses'
>
> Okay, we're going to do a presentation on our reading glasses - I've been working on this for so long - I'm nervous just thinking about it - I know this is a great product, I just hope we can get that across - so let's see the main thing is, they fold up so it's easy to carry them - and they're light - so we should probably compare them to other glasses maybe that are heavier - but don't want to say too much about our competitors - maybe we shouldn't do that - glasses, glasses - I remember I used to watch my grandmother with her reading glasses, they were so big and heavy and she wore them around her neck on a chain so they were always handy - it was like a big announcement saying to everyone, "I'm old! I need glasses!" - grandma didn't mind being old so it was okay but people now don't want to seem old, they want to seem young, so maybe we should talk about how these glasses are for people with old eyes but young hearts - and they're stylish - the fashions are great and very youthful - find a way to stress that! ... (etc.)

그렇다면 브레인스토밍 과정에서는 마음속에 있는 생각을 거를 필요가 없다. '할머니는 이 프레젠테이션과 어울리지 않아. 할머니 얘기는 빼야지' 와 같은 생각을 하지 말자. 만약 할머니가 마음속에 떠올랐다면 그냥 그대로 적어 보자. 그러다 보면 또 다른 생각으로 연결될 것이다. 그러면 또 그 생각에 빠져 보자. 가능한 한 모든 생각을 자유롭게 펼쳐 보자. 대부분의 내용이 실제 프레젠테이션에 사용되지는 못해도 제품을 열린 마음으로 바라보다 보면 발상의 전환을 하게 될지 모른다.

10분이란 시간이 지나면 쓴 내용을 다시 읽어 보고 흥미로운 생각에 동그라미를 쳐보자. 그리고 다시 프리라이팅을 할 때에는 동그라미를 친 생각들에 대해 좀더 적어 보자. 생각의 끝이 어디까지 이어지는지 보기 위해서 계속 자유롭게 적어 보자. 이런 과정이 잘 이어진다고 생각될 때에는 20분에서 30분까지 시간에 구애받지 말고 써보자. 이처럼 생각을 자유롭게 적는 시간을 초기 프레젠테이션 프로세스 동안에는 적어도 하루에 한번 내지 두 번 정도 하자.

저널 라이팅
JOURNAL WRITING

저널은 매일 규칙적으로 무엇인가를 쓰는 일기장이다. 평소 저널 쓰는 습관을 가지면 프레젠테이션 구상에 많은 도움이 된다. 제품을 조사하는 동안 항상 펜과 메모지를 가지고 다니면서 시간에 구애받지 말고 언제든 꺼내어 메모해 보자. 머릿속에 떠오르는 흥미로운 것이나 문제점으로 느껴지는 것, 현재까지의 평가, 새로운 방안, 기존 시장, 개발 방향, 판매에 영향을 주는 외적 요인 등을 바로 그 자리에서 잊기 전에 적어 두자.

저널은 공식적인 문서가 아니다. 단순히 개인의 생각과 느낌을 메모하는 것이기 때문에 굳이 완벽한 문장으로 표현할 필요가 없다. 단어나 기호 등 작성자의 기호에 맞게 이해할 수 있도록 쓰면 된다. 제대로 정리한 것처럼 보이지 않는 메모가 본격적인 프레젠테이션 프로세스 진행 시에는 예상보다 훨씬 도움이 될 때가 많다. 마음이 급할 땐 아이디어가 생각만큼 떠오르지 않기 때문에 저널은 아이디어를 좀더 순조롭게 떠올리고 효율적으로 프레젠테이션을 진행시킬 수 있게 해주는 하나의 방법이다.

예를 들면,

3/20/2006
'glasses'

Today, Suk-Hyun asked for another pair of the prototype glasses. Someone said, "Hey, you've already got 5 pairs." He said, "Yeah, I know, I keep one in my briefcase, one in my car, one on my desk at home, one on my desk at work, and one on the table next to my bed. Now I need another one for the bathroom, in case I want to read in the bath!" We all laughed and Jane said, "Next he's going to want one for his dog!"

앞서의 글은 일상의 재미있었던 기억을 적어 둔 저널이다. 쓸모가 없어 보였던 내용이 나중에 프레젠테이션의 세일즈 포인트가 되었다. 소비자가 하나가 아닌 여러 쌍의 안경을 구매함으로써 생활에서 소비자가 느끼게 될 편리함을 부각시켰다. 발상의 전환을 유도하는 프레젠테이션으로 판매를 유도할 수 있었다.

이와 같이 저널을 꾸준히 쓰다 보면 프로젝트를 진행할 때 참신하고 흥미로운 아이디어를 많이 낼 수 있다. 그래서 청중에게도 좀더 참신하고 흥미로운 설명이 가능하다.

전문 발표자가 아니더라도 살아가는 동안 언제 그리고 어떤 일로 프레젠테이션을 하게 될지 모른다. 저널을 쓰기 시작하면 유용하면서도 세일즈 포인트가 되는 많은 아이디어를 건질 수 있다. 결국 첨단 과학시대에도 유능한 비즈니스맨은 메모하는 습관이 몸에 베어 있어야 한다는 것이다.

깊은 사고 THINKING

가장 단순한 것이 최상의 방법이란 말처럼 브레인스토밍 방법도 가장 단순한 것에서부터 시작해 보자. 머리를 쓰는 일의 기본은 사고(Thinking)일 것이다. 방해받지 않는 조용한 시간을 선택해서 제품에 관해 깊이 있게 생각해 보자. 전략을 짜거나 결론을 이끌어 낼 정도로 깊이 있게 생각하라는 것은 아니다. 나중이 되면 자연스레 순차적으로 하게 될 것이다. 지금은 프레젠테이션의 주제에 대해 천천히 회상해 보자는 것이다. 몽상을 하듯 제품이 막 테스트를 마치고 탄생하던 순간을 떠올려 보자. 놀라웠거나 퍼즐처럼 풀기 어려웠던 일, 또 감탄을 자아내게 했던 일들도 떠올려 보자. 그리고 제품을 구매한 후 사용할 사람들의 모습에 대해서도 상상해 보자.

걸으면서 생각하는 것을 즐긴다면 공원이나 숲속을 거닐면서 생각에 흠뻑 빠져 보자. 그렇지 않으면 방해받지 않을 편안한 장소에서 편안한 자세로 생각하는 시간을 가져 보자. TV, 라디오, 휴대전화까지 생각에 방해가 될 만한 장치는 모두 끄자.

가사가 없는 조용한 음악을 틀어 놓는 것은 나쁘지 않다. 천장을 바라보든지 하늘을 쳐다보자. 그리고 조용히 눈을 감자. 심호흡을 하고 최대한 편안한 상태를 유지한 다음 제품을 떠올려 보자. 제품에 대해 무엇을 기대하는가? 사람들에게 보여주고 싶은 것은 무엇인가? 사용은 어떻게 하나?

이럴 때 회사 대표를 기쁘게 하고 청중들에게 즐거움을 줄 것인가에 대해서는 생각하지 말자. 누군가를 의식하지 말고 나 혼자만의 생각과 느낌을 찾아보자. 그리고 조용히 다음과 같은 질문을 던지면서 좀 더 깊은 생각에 빠져 보자.

Ask yourself:

Are there other ways to look at this product?
Are there any outstanding problems or flaws in this product?
What are the things you really like or love about this product?

제품을 다르게 바라볼 측면이 있는가?
제품에 확연한 문제점이나 결함이 있는가?
제품에 대해 정말 좋다거나 끝내 준다고 생각되는 점은 무엇인가?

제품이 주는 행복감이라든지, 좋은 느낌까지, 뭔가 내세우고 싶은 면을 찾아보자. 만약 제품에 대해 청중과 나누고 싶은 진솔한 경험들이 있다면, 듣는 이의 마음에 가 닿아 서로를 연결하는 강한 구심점이 될 수도 있을 것이다.

프리라이팅, 저널, 깊은 사고는 모두 프레젠테이션 준비에 있어 좋은 방법이다. 팀원 개개인이 브레인스토밍을 한 후에 그룹이 모여서 다시 브레인스토밍을 한다면 다양한 아이디어 가운데 적합한 주제를 선정하는 데 분명 도움이 될 것이다.

하지만 개인이 구상한 아이디어가 실제 프레젠테이션에 어떻게 적용될 것인지에 대해서는 고민하지 말자. 그냥 함께 공유할 수 있는 아이디어가 어떤 것인지에 대해 확인하는 것만으로도 소중한 경험이기 때문이다.

그룹 브레인스토밍
Brainstorming with Your Group

이제 그룹으로 모여 프레젠테이션을 계획하는 프로세스에 대해 살펴보자. 그룹으로 모일 때는 프레젠테이션에 직접 참여할 사람은 물론이고, 제품을 개발하고 지금까지 프로젝터를 이끌었던 사람들과 앞으로 홍보를 도맡을 사람들 등 주요 인물들이 함께 자리해야 한다.

실무진으로 구성된 팀원이 모이게 되면 너도나도 모든 것을 알고 있다고 자부하기 때문에 프레젠테이션의 기본 구상 단계가 시간 낭비라는 의견이 있을 수 있다. 그래서 첫 번째 슬라이드는 어떻게 하고 다음 슬라이드는 어떻게 하자는 식으로 그 자리에서 완벽하게 슬라이드 작성을 마무리하자고 덤빌 수도 있다. 보기에 따라선 이 방법이 빠르고 효율적이라고 판단될 것이다. 특히 전문가나 기술자에겐 더욱 그러할지 모른다.

그러나,

Don't let them do it!
그들이 그렇게 하도록 내버려 두지 말자!

상대가 누구인지를 막론하고 팀원이 구성되면 브레인스토밍은 반드시 거쳐야 할 중요한 프로세스이다. 모든 구성원이 최대한 편안하고 열린 마음으로 자기의 생각을 쏟아 내야 하기 때문이다. 요컨대 개인이 준비하는 것과 동일하게 프로세스를 진행해야 한다. 첫 프로세스로 앞에서 이미 설정했던 프레젠테이션 이정표를 팀원 개개인에게 주지시키자.

프레젠테이션의 이정표

| 1 | 프레젠테이션의 목적
Your **GOALS** for the presentation | 2 | 대상으로 삼는 회사의 니즈
The **NEEDS** of the target company |

다음은 프레젠테이션 이정표에 대해 올바르게 인식하고 있다는 전제 하에, 모든 구성원에게 프레젠테이션 구조 중 핵심 요소인 아래 두 가지에 대해 과제를 내어 주자.

- A story
- A structure

· 스토리
· 구조

나중에 위 요소들을 좀더 깊이 있게 다루겠지만, 간략하게 요점만 말하자면 누구도 처음부터 프레젠테이션 스토리와 구조를 완벽하게 완성시킬 수는 없다. 프로세스를 진행하는 동안 결정이 된다. 결국 시간이 필요한 것이기 때문에 초기 프로세스에서는 구성원 모두가 프로세스별로 필요한 일에 대해 올바르게 이해하고 준비해야 한다. 이것이 프레젠테이션 스토리나 구조에 대해 논의할 때 효율적으로 진행하는 방법이다.

그룹이 함께 브레인스토밍을 하기 위해선 먼저 개인의 생각을 여러 사람이 함께 볼 수 있도록 하는 준비물이 필요하다. 예를 들면 칠판, 3X5 카드, 압정으로 게시판에 꽂을 수 있는 용지, 회의용 탁자에 늘어놓을 수 있는 큰 용지까지 미팅 규모와 성격에 따라 필요한 준비물이 다르다. 그렇지만 가장 보편적으로는 화이트 보드에 색상 펜을 사용한다. 쓰는 사람과 보는 사람 모두가 편안한 장점이 있다. 무엇을 사용하든지 작성하기도 쉬워야 하지만 크고 선명하게 볼 수 있어야 하는 점도 중요하다.

그리고 그룹이 브레인스토밍을 할 때에는, 개인이 하는 것과는 약간 다른 방법을 취한다. 가장 보편적인 방법은 리스팅(Listing)과 클러스터링(Clustering)이란 두 가지 형태이다.

리스팅
LISTING

리스팅(Listing)은 제품에 대해 떠오르는 여러 생각을 나열하는 것이다. 먼저 샘플 리스트를 보면서 이해해 보자. 아래는 접을 수 있는 돋보기에 대해 리스트를 작성한 예이다.

Can read small print
Can choose the prescription you want
Demographics: more older people means more people who need reading glasses
Retail stores want items under $6
Come in different colors
Our last line of non-folding glasses was successful
Product tested well
My grandmother's reading glasses
Strong case so you don't break them
Exciting advertising planned
Stylish
Cheap
Everyone loses their reading glasses
For men or women

리스트는 어느 정도 길게 작성해야 하는지 규칙이 없다. 또 완벽한 문장으로 표현하지 않고 간결하게 함축된 단어들로 표현한다.

일단 리스트를 작성하면 수집된 아이디어에 대해 논의를 시작한다. 깊이 있게 논의할 아이디어와 삭제해야 할 아이디어를 구분하는 과정을 거친다. 이 과정에서 열거된 내용 중 몇 가지는 함께 묶기

Listing Sample ▼

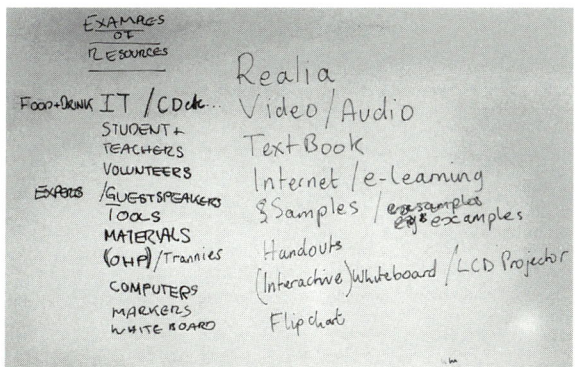

도 한다. 예를 들어 위에서 "Stylish", "Come in different colors", "For men or women", 이 세 가지는 제품의 스타일과 모양에 관한 내용으로 서로 연관성을 가지고 있다. 표현은 다르게 했지만 결론적으로 같은 의미이다. 이 표현들은 한 그룹으로 묶고, 똑같은 방식으로 묶인 또 다른 그룹과 연결하면서 하나의 핵심 주제에 근접할 수 있다. 그렇다면 리스트를 가지고 어떻게 그룹과 그룹 간의 관계를 보여줄 수 있을까?

동그라미를 치거나 화살표를 그리면서 하나의 그룹을 또 다른 그룹과 연결할 수 있을 것이다. 이 단계부터는 더 이상 리스팅 작업이 아니다. 이것이 바로 클러스터링(Clustering)이다.

클러스터링
CLUSTERING

클러스터링은 리스팅과 유사하다. 단지 리스팅에 비해 깔끔하게 정돈된 상태가 아니라 낙서처럼 보일 수 있다. 이는 인간의 사고 방식 패턴을 보여주는 것으로, 대부분의 경우 사람들은 일직선으로 연결되는 방향으로 생각을 하는 것이 아니라, 이쪽저쪽으로 튀고 분산되면서 불분명한 방향으로 생각을 한다. 클러스터링은 이를 잘 증명해 주는데, 화살표, 동그라미, 네모, 세모 등 여러 도형을 그려가면서 하나의 요소와 또 다른 요소 간의 관계를 그리는 발표자들의 행동을 보면 확인이 가능하다. 한마디로 클러스터링은 사고의 연관 관계를 잘 드러내 주는 프로세스이다.

클러스터링을 할 때에도 리스팅과 마찬가지로 그룹에 참석한 모두가 의견을 제시해야 한다. 어리석거나 관련이 없어 보이는 아이디어라고 섣부르게 판단해서 아이디어를 제외시킬 필요는 없다. 진행자가 시작 전에 이점을 분명하게 인식시키자. 자유롭게 말하고 쓰게 하며, 모든 사람들이 동등하게 자신의 생각을 표현할 수 있게 환경을 조성하자. 자유롭게 표현하다 보면 간혹 쓸모없는 아이디어나 프레젠테이션에서 보여주고 싶지 않은 아이디어도 나오게 마련이다. 설령 그렇다 할지라도 모든 사람들이 표현을 마칠 때까지는 'No'라고 하지 말고 나중에 작성된 아이디어들을 보고 평가할 때까지 기다리도록 하자.

이제 앞서 예를 들었던 접을 수 있는 돋보기 안경의 리스팅 결과를 가지고 클러스터링을 해보고 두 방법의 차이를 비교해 보자.

Clustering Sample 1 ▼

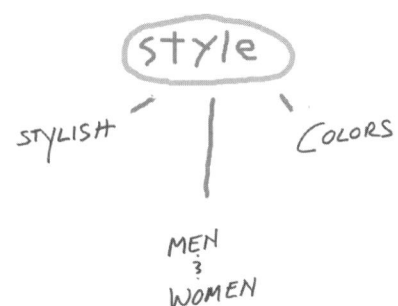

누군가 "stylish"란 말을 화이트 보드에 적는다. 다음 사람이 "Yes, that's right, and don't forget, they're unisex styles for men and women." 라고 말하고, 또 다른 사람이 "And they come in different colors." 라고 덧붙인다. 이제 "stylish"란 단어 옆에 "for men and women" 이라고 쓰고, 더불어 "different colors" 란 문구도 쓰게 된다. 그런 다음 진행자는 이 항목들이 모두 연관된 것이라고 판단해서 화살표나 줄로 그들을 연결할 것이다. 이렇게 해서 하나의 조그만 클러스터가 형성되고 여기에 아이디어들이 좀더 모이게 되면 클러스터는 자연스럽게 커지게 될 것이다. 그리고 항목들이 모두 스타일에 관한 것이기 때문에 클러스터의 제목을 "Style" 이라고 부를 수 있다.

정리해 보면, 여기서 만들어진 "Style" 이란 미니 클러스터링은 제품에 대한 특징과 이점을 보여준 아이디어 중 하나이고, 거기에 시장의 흐름, 기업의 역량, 지향하는 고객층, 제품 출고 및 방향 등과 같은 프레젠테이션의 다른 요소들이 또 하나의 아이디어 군(群)으로 나열될 수 있다. 이들 아이디어 군의 상호 관계를 연결하면서 클러스터링을 해 간다면 아마 화이트 보드가 다음과 같이 꽉 차게 될지 모른다.

CHAPTER 04 | The Process: Doing It Right | 97

Clustering Sample 2 ▼

Example of clustering for a presentation about "Folding Reading Glasses"

리스팅과 클러스터링을 진행하다 보면 독특한 아이디어를 얻게 될 때보다 식상하거나 유치한 아이디어로 그칠 때가 다반사다. 그렇지만 두 가지 방법의 목적은 모든 사람들로부터 아이디어를 끌어낸다는 것이다. 결국 결과에만 너무 치우치지 말고 목적과 과정을 중시하다 보면 반복된 진행 과정 속에서 분명 좋은 아이디어를 선택할 수 있을 것이다. 이것이 바로 성공하는 프레젠테이션을 만드는 배경이 된다.

질문하기
QUESTIONS

지금까지 살펴본 브레인스토밍 방법으로 좋은 아이디어를 얻게 되기를 희망하지만, 만약 여전히 좋은 아이디어가 나오지 않았다고 판단되면 역발상으로 제 삼자의 입장에서 질문을 해보자. Who? What? When? Where? Why? How? 처럼 6하 원칙에 따른 아주 기본적인 질문들을 가지고 생각을 구체화시켜 보자.

예를 들어 접을 수 있는 돋보기 안경을 주제로 삼았다면 다음과 같은 질문들을 해볼 수 있다.

- 누가 안경을 살 것인가? 누가 개발했나?
- 구매함으로써 얻는 이점이 뭔가?
- 출시는 언제인가? 투자가에게 언제 수익이 돌아가는가?
- 어느 시장으로 나가게 되나? 어디서 생산할 것인가?
- 어떤 이유로 고객이 그것을 필요로 하나? 어떤 점이 독특한가?
- 어떻게 사용하는가? 고객 한 명이 얼마나 많이 구매할 것인가?

- **Who** will buy the glasses? **Who** developed them?
- **What** are the benefits of investing in them?
- **When** will they be available? **When** will investors see a profit?
- **Where** will they be marketed? **Where** will they be manufactured?
- **Why** will customers want them? **Why** are they unique?
- **How** are they used? **How** many will each consumer buy?

실무진이라면 누구나 아는 질문을 왜 할까라고 받아들이지 말고 목표로 정한 방향이 맞는지를 객관적으로 판단하는 측면에서 거부감 없이 받아들이자.

제품에 대해 생각해 보아야 할 추가적인 다음과 같은 질문들도 기억해 두자.

- 목적이 무엇인가?/무엇을 할 수 있나?
- 어떤 점이 비슷한가?/어떤 점이 다른가?
- 핵심이 무엇인가?/어떤 변화를 일으킬 것인가?
- 사용자에게 어떤 이득을 줄 수 있는가?

- What is the purpose of it? What could be done whth it?
- What things are similar to it? What things are different?
- What is the essence of it? What changes will it generate?
- What good can it do for people who are using it?

주제에 대해서 충분히 논의하였다는 판단이 들 때까지 브레인스토밍 미팅은 방법을 달리하면서 여러 차례 실시해야 한다.

생각하기 / 말하기
Think about It / Talk about It

세 단계에 걸쳐 브레인스토밍을 끝내고 나면, 팀원 모두가 정리된 차트를 보면서 결과에 대해서 토론해 보자.

- 어떤 점이 놀라웠는가?
- 장래성이 있는 것이 뭔가?
- 절대 포함하길 원치 않는 것이 무엇인가?
- 어떤 점이 대상 청중에게 가장 큰 관심거리가 될 것인가?
- 좀더 조사하고 듣고픈 것이 있는가?

- What did you notice that surprised you?
- What seems promising?
- What would you definitely not want to include?
- What things would most interest the target audience?
- Is there anything you want to research & learn more about?

더불어 항상 만약에(what ifs)라는 가상 상황까지 함께 고려해 보자.

- 만약 현재 시장의 기회에 집중했다면?
- 만약 회사 이미지를 프레젠테이션의 중심에 놓고 계속 인용한다면?
- 만약 청중에게 제품을 만져 보게 한다면, 안경을 나눠 주고 누가 가장 빨리 펼치고 접고 다시 케이스에다 집어 넣을 수 있는지를 경쟁하게 하자.

- What if we focused on current market opportunities?
- What if we make our company image the center of the presentation and keep coming back to it?
- What if we let the audience handle the product: Pass out glasses and have a contest to see how fast they can open them up, then fold them and put them back in the case!"

CASE STUDY

브레인스토밍을 통해서 프레젠테이션의 여러 아이디어와 함께 핵심 주제를 얻을 수도 있다. 청중에게 보여주고자 하는 핵심 주제가 무엇이며, 무엇을 얻으려는 프레젠테이션인지를 되새기게 해준다. 그리고 정해진 목표를 청중의 니즈와 부합시킬 방법을 찾는 것이 프레젠테이션의 올바른 프로세스이다.

제시된 그룹 미팅을 통해 브레인스토밍을 어떻게 진행시키고 있는지 확인해 보자. 앞서 예를 든 돋보기 안경을 두고 진행한 미팅이다.

Team Member 1:	All right, now that we've considered all of these ideas, what do you think should be **the heart of our message**. What do we really want to **get across** to make this presentation sing? Let's try several different ideas. Anyone?
Team Member 2:	Well, really it's a **well balanced all around product.** Good quality. Good price. Does the job: you can read with the glasses. And they **last** a long time.
Team Member 1:	Okay. An all around product. Good. Any other ideas.
Team Member 3:	Maybe we should put our main focus on the international idea. People everywhere in the world need reading glasses after they **hit** a **certain age**, and these styles are universal. They won't need to be modified for different markets; they'll work anywhere.
Team Member 1:	All right, universal appeal. Great. Anyone else. What makes this product distinct?

Team Member 4:	That the glasses fold up. Maybe we should just go with the fold up idea. Have fun with it. Like somehow the slides are animated so they "unfold." The handouts unfold. And the visual is an origami image that folds out.
Team Member 2:	Yeah, we could talk about how computers used to fill the whole room, then there were desktops, but now everyone has laptops that unfold.
Team Member 4:	Right and flip phones that unfold.
Team Member 3:	That would work with the idea of actually passing out glasses to the audience and having a contest to see who could unfold and refold them the quickest.
Team Member 4:	Right, the theme would be something like, "Use our products and profits will unfold."
Team Member 1:	Or "Welcome to the unfolding world!"
Team Member 2:	Okay, this is a fun idea. It's all about folding and unfolding. Any other ideas?
Team Member 5:	Well I was thinking we could use the fold up idea, but make it part of three clear **selling points**: light weight, fold up, stylish.
Team Member 2:	Not just stylish, "young styles."
Team Member 3:	Right that's the thing: this is for older people who don't want

to seem older. They want to still look young.

Team Member 1: And **feel** young.

Team Member 5: Well, maybe that's the heart of it then. Something like this: Older people are different now. They don't want to feel old. These glasses are for a new generation of older people who want to seem young and feel young.

Team Member 4: I think that really is it. I mean, the fold up idea is good, we can use that, but this is really what's going to sell this product. There's a whole generation of people who are getting older and they want different kinds of products. Our product is for them.

Team Member 5: Right, so we stress that these glasses are **subtle** - they don't **draw attention to** the fact that your using reading glasses so

people don't think of you as old — and you can fold them up and **put** them **away**-which also means they don't draw attention — and the styles are cool and youthful, so you can feel young when you're wearing them. So it's all **built around** the idea of staying young.

Team Member 2: That's good. Then the theme could be something like "Reading glasses for an older generation that wants to stay young." No, that's not right, we can't call them "older" …

Team Member 1: How about, "READING GLASSES FOR A NEW GENERATION… OF YOUNG PEOPLE!"

Team Member 3: Yeah, that's great. It's fun! We could use that at the beginning of the presentation, then repeat it in the body, and then use it again to end on. We'll make up a nice theme slide with just that statement. And we could still use a lot of the ideas about everything folding up, but put them **in the context** of the youth thing.

Team Member 5: Right. Old people have big desktops. Young people have light laptops. Old people have big landline telephones. Young people have light flip phones. And people who *think young* have our light fold out glasses.

Team Member 1: Excellent. So are we all agreed? This is going to be the heart of our message: "READING GLASSES FOR A NEW GENERATION… OF YOUNG PEOPLE!"

Team Members: Yes. All right. Great.

Team Member 1/ 자, 이제 이 모든 아이디어들을 고려해 봤습니다. 우리가 전달해야 할 메시지의 핵심은 무엇이라고 생각하십니까? 프레젠테이션이 성공하려면 무엇을 전달해야 할까요? 몇 가지 다른 아이디어를 생각해 봅시다. 누구 있나요? **Team Member 2/** 전체적으로 잘 만든 제품이란 점입니다. 우수한 품질, 좋은 가격, 읽을 수 있는 기능을 제대로 구현하는 점. 수명이 오래 가는 점. **Team Member 1/** 좋아. 제품이 전체적으로 우수한 것. 좋습니다. 또 다른 아이디어? **Team Member 3/** 어쩌면 우리의 초점을 국제적인 사고에 맞게 맞추어야 합니다. 세상의 모든 사람들이 일정한 나이에 이르면 돋보기 안경이 필요합니다. 이 안경의 스타일은 보편적으로 모든 사람에게 맞습니다. 다른 시장에 맞추어 수정할 필요가 없습니다. 세계 어디에서나 맞으니까요. **Team Member 1/** 좋습니다. 모든 사람들에게 호감을 주는 점. 좋아요. 또 다른 사람. 무엇이 이 제품을 눈에 띄게 해줄까요? **Team Member 4/** 이 안경은 접을 수 있다는 것입니다. 어쩌면 그냥 접을 수 있다는 아이디어를 보여주면 어떨까요? 재미있게 보여주는 거죠. 슬라이드를 넘기는 애니메이션도 어떻게 해서, '펼치기'로 보일 수 있게 설정하고, 유인물을 펼쳤을 때도 안경의 이미지를 보여주는 종이 접기가 튀어나오도록 하는 거죠. **Team Member 2/** 맞아. 이렇게 말할 수 있겠네. 이전엔 컴퓨터가 방안을 꽉 채웠는데 그 다음엔 데스크 탑이 나타났고, 이제 모든 사람들이 펼쳐지는 노트북을 가지고 있다. **Team Member 4/** 그래. 펼쳐지는 플립 전화기들 **Team Member 3/** 그럼 이 아이디어를 가지고 청중들에게 안경을 나눠 주면서 누가 접고 펼치는 것을 가장 빨리하는지 겨루기도 해볼 수 있죠. **Team Member 4/** 그렇지. 그럼 주제는 "우리 제품을 이용하면 이익이 펼쳐질 것입니다." 란 식으로 표현하는 것이죠. **Team Member 3/** 아니면 "펼쳐진 세상으로 오세요." **Team Member 1/** 좋아. 그거 재미있는 아이디어네요. 접히고 접히지 않는 것에 관한 내용. 또 다른 아이디어? **Team Member 5/** 저도 접히는 아이디어를 사용할 수 있다고 생각했습니다. 그렇지만 이것은 세 가지의 세일즈 포인트 중 한 가지라고 봅니다. 가벼운 무게, 접히는 점, 멋진 디자인. **Team Member 2/** 그냥 디자인이 멋진 것이 아니라 '젊은 취향에 맞는 디자인' 이죠. **Team Member 3/** 맞아요. 바로 그 점입니다. 이 안경은 나이 든 것처럼 보이지 않길 원하는 나이 든 분들을 위한 제품입니다. 그들은 여전히 젊어 보이길 원하죠. **Team Member 1/** 그리고 젊게 느끼길 원하죠. **Team Member 5/** 그렇다면 어쩌면 이것이 핵심일 것 같네요. 나이 든 사람들이 이제는 다르다. 그들은 늙었다는 기분을 원치 않는다. 이 안경은 젊게 보이고 싶고 젊게 느끼고 싶은 새로운 노인층을 위한다라는 내용이 되겠네요. **Team Member 4/** 바로 그게 정답이라고 생각합니다. 그러니까, 접을 수 있다는 아이디어도 좋긴 하지만, 바로 이 점이 제품을 팔리게 해줄 것입니다. 모든 세대의 사람들이 나이 들기 시작하면 그들은 다른 종류의 제품을 원합니다. 우리 제품이 바로 그들을 위한 것이죠. **Team Member 5/** 그래요. 그러면 이 안경은 돋보기 안경으로 포착하기 어려운 점을 강조해서 나이 든 사람이라고 생각하지 않게 하는 미묘한 점을 강조해야 합니다. 그리고 안경을 접어서 놓아 둘 수 있는데, 이것 또한 눈길을 끌지 않을 수 있다는 의미입니다. 게다가 스타일 또한 좋고 젊어 보이죠. 그래서 안경을 쓰고 나갈 때도 젊게 느낄 수 있고 젊게 산다는 생각을 계속하는 거죠. **Team Member 2/** 그거 좋네요. 그러면 주제는 이렇게 될 수 있겠네요. "젊음을 지키길 원하는 노인층을 위한 돋보기 안경" 아니, 그렇게 하면 안되겠네. 그들을 '늙었다'고 부를 순 없지... **Team Member 1/** 그럼 이건 어때요. "새로운 젊은 세대를 위한 돋보기 안경" **Team Member 3/** 그래. 그게 좋겠네요. 재미있어요. 그 문구를 프레젠테이션 시작에 사용할 수 있겠어요. 그런 다음 본론에서 한번 반복하고 결론에서도 다시 한번 사용하죠. 슬라이드도 이 주제에 맞게 멋지게 만들어야 해요. 그리고 모든 접을 수 있는 것에 관한 아이디어를 사용하지만 젊다는것을 맥락으로 사용하는 거죠. **Team Member 5/** 맞아요. 나이 든 분들은 큰 데스크 탑 컴퓨터를 가지고 있지만 젊은 이들은 가벼운 노트북을 가지고 있다. 나이 든 사람들은 큰 유선 전화기를 사용하지만 젊은 이들은 가벼운 플립 전화기를 가지고 있다. 그리고 젊게 생각하는 사람은 가볍고 접히는 우리 회사의 안경을 가지고 있다. **Team Member 1/** 훌륭합니다. 그럼 모두 찬성하는 건가요? 이것을 우리가 전달할 메시지의 핵심으로 잡겠습니다. "새로운 젊은 세대를 위한 돋보기 안경" **Team Members/** 네, 좋습니다. 좋아요.

Useful Expression

- **the** heart **of our message:** 메시지의 핵심, 본질, 진수, 요점

    touch the heart of a subject 문제의 핵심을 건드리다.
- **get across:** ~호소하다. ~이해시키다. ~알게 하다
- **well balanced:** 균형이 잡힌
- **all around:** 전반적인, 전면에 걸친
- **last = continue:** 1. 계속되다, 지속하다 2. (손상되지 않고) 지탱되다, 견디다; (건강·힘 등이) 유지되다(out); (생명이) 지속되다; (사람이) 존속하다
- **hit:** 수량·수준·정도 따위에 이르다, 도달하다
- certain **age :** 어떤, 약간의, 어느 정도의 나이

    a certain person 어떤 사람

    a lady of a certain age 나이가 지긋한 여성

    to a certain extent 어느 정도(까지)
- **selling points:** 판매 할 때에 부각시킬 점
- **subtle:** 미묘한,포착하기 어려운,불가사의한, 미세한
- **draw attention to:** ~로 주의를 돌리게 하다, 이목을 끌다
- **put away:** ~을 치우다 간수하다
- **built around:** ~을 중심으로 만들어진
- **in the context :** ~의 맥락에서

주고받은 대화를 살펴보면 아주 유익한 미팅이란 것을 알 수 있다. 이유는 모두가 긍정적이기 때문이다. 어떤 사람도 "No, I don't like that idea.", "I'm against that", "That sounds bad."라고 말하지 않는다. 이런 표현들이 아이디어의 흐름을 깰 수 있기 때문이다. 대신 "Yes, and...", "That's a good idea, let's think of another one." 식으로 맞장구를 쳐주면서 제시된 아이디어를 계속 발전시켜 갔다. 모두가 제시된 아이디어에 대해 신중히 검토하고 있다. 물론 결론이 좋게 나오지 않을 수도 있지만 중요한 것은 그런 프로세스를 통해서 결론에 이른다면, 참석자들이 모두 결론을 분석할 수 있고 차후에 시행착오를 줄일 수 있게 된다. 따라서 미팅 진행자는 모든 사람들이 긍정적으로 안건을 바라볼 수 있게 미팅을 끌고 나가는 것이 중요하다.

만약 지금까지의 과정을 통해 핵심 주제를 선정했다면 성공적으로 프로세스를 이끈 경우다. 반면 그렇지 못한 경우도 있을 것이다. 그렇다고 잘못된 것은 아니며 또 급한 마음에 억지로 주제를 끼워 맞출 필요도 없다. 여전히 초기 프로세스를 진행 중이기 때문이다. 대신 지금까지의 기록을 잘 정리해서 이후 과정에서도 잊지 말고 고려하도록 하자. 간혹 추후에 다른 프로세스에서 활용이 되어서 핵심 주제를 찾는 열쇠가 되기도 한다.

결론적으로 말하자면 브레인스토밍에서 핵심 주제가 결정이 되기도 하지만, 이 프로세스에서 얻어야 하는 것은 성공적으로 프레젠테이션 할 때 필요한 많은 아이디어들이다. 이를 통해 당신이나 당신의 팀이 프레젠테이션을 긍정적으로 받아들이고, 새로운 원동력을 얻는 계기도 된다.

CHAPTER 04 | The Process: Doing It Right

 화이트 보딩?

White boarding

White boarding은 흔히 말하는 화이트 보드(white board)를 잘못 말한 게 아닌가 의심이 되는 합성어이다. 하지만 **White boarding**은 화이트 보드라는 사물을 가리키는 것이 아니라, 아이디어 회의에서 모든 사람들이 볼 수 있게 각자의 아이디어를 꺼내는 행위를 표현하는 말이다. 얼마만큼 좋은 아이디어가 나올 지는 그룹 미팅에서 진행자가 맡은 가장 중요한 임무라고 할 수 있다. 원활한 **White boarding**이 되려면 아이디어들이 충분히 모이기 전까지는 아이디어가 쏟아질 수 있게 아이디어의 좋고 나쁨을 가리지 말아야 한다.

대화를 통해서 실제 화이트 보딩을 하는 방법을 익혀 보자.

Julie   Joe, were you busy today? I called you several times but I couldn't reach you.

Joe   Oh, you did? Sorry, I haven't checked my messages yet. I had a long brainstorming session with my marketing team. We're developing ideas for our next round of promotional events.

Julie   So how did it go?

Joe   The meeting was very productive. Our team leader told everyone to feel free to suggest whatever came to mind. We were **white boarding** putting our ideas out for everyone to see. You should have seen it. People were blurting out all kinds of things.

Julie   That sounds iffy. When I'm in a meeting, I always think carefully before I speak. I don't want to say something I'll regret. If you come up with a bad idea, you know, people tend to look down on you or hold it against you.

Joe   That's the point though. When everyone is careful like that - playing it safe - the process moves very slowly. No one wants to speak first. No one wants to take a risk. No one wants to try a new idea, because they're afraid it'll get shot down. So the group ends up with the same

	approach they used last time. The result is stale. Nothing fresh or exciting ever happens.
Julie	I get your point, but I still wouldn't want to put out bad ideas at a meeting.
Joe	(LAUGHS) Of course we're not trying to come up with bad ideas, but during a **white boarding** session, ideas pop into your head, and you just say them. You don't stop to think about whether they're good or bad. You don't evaluate. You just throw an idea out there, and someone else throws out another idea. The ideas build on one another.
Julie	Even if they're not good ideas?
Joe	That's the point of **white boarding**. Some times, bad ideas lead to good ideas. For example, today we were looking for a concept for the fashion show. We were trying to stress that it's a casual show with fashions for all kinds of people: rich, poor, stylish or not so stylish. At one point Amy said, "Why don't I just dress my dog in one of the new fashions that would be different" She was half joking, and we all laughed. Of course it was a terrible idea.
Julie	I'll say.
Joe	But, then James said, "Hey, don't laugh, since Paris Hilton showed up with a Chihuahua, pets are very fashionable." And Evan said, "well, then, maybe our models should have pets when they walk down the runway!"
Julie	That seems like it might be fun!
Joe	Exactly. So we started kicking it around. One model would be like a rich lady with a poodle on a leash. Another would be like a working young lady with a cute Bull dog.
Julie	You could have a teenage model wearing a fluffy sweater and carrying a fluffy cat.
Joe	Ah ha! See, you're starting to **white boarding** too!

Julie   Well, it is kind of fun.

Joe   You get it now! As long as you know no one's going to criticize you, you can say whatever pops into your head, and it just might lead to a really hot idea.

Julie   You are very convincing, Joe. Maybe I'll try it at our next development meeting.

Joe   Go for it!

Julie   Joe, 오늘 바빴어? 몇 번 전화했었는데 연결이 안 되던데.

Joe   오, 그랬어? 미안, 메시지를 아직 확인 못했어. 마케팅 팀이랑 오랫동안 브레인스토밍 시간을 보냈거든. 다음 기간의 판매촉진 이벤트를 위한 아이디어를 찾고 있었어.

Julie   그래 미팅은 어땠어?

Joe   미팅은 아주 생산적이었어. 팀의 리더가 모든 사람들에게 마음속에 떠오르는 생각을 아주 편안하게 제안하라고 했거든. 모든 사람들이 보도록 아이디어를 꺼내 놓는 화이트 보딩을 했지. 네가 그걸 봤어야 했는데. 팀원들이 별별 아이디어를 다 늘어놓았어.

Julie   그게 좀 그렇다. 내가 미팅을 할 때에는 말하기 전에 항상 신중하게 생각하는데. 말해 놓고 후회할 수 있는 말을 하길 원치 않거든. 만약 나쁜 아이디어를 제안하면 너도 알다시피 사람들이 무시하는 경향이 있고 아니면 그것에 대해 반대하려고 들테니.

Joe   그렇지만 바로 그게 포인트야. 만약 모든 사람들이 안전한 쪽을 선호해서 주의를 기울이게 되면 프로세스가 아주 늦어지지. 어떤 사람도 먼저 말하길 원치 않을 것이고. 누구도 위험을 떠안고 싶어하지 않지. 또 누구도 새로운 아이디어를 시도하길 원치 않게 되는데, 왜냐하면 그것이 거부되는 것을 두려워하기 때문이지. 그래서 그룹 미팅은 결국 지난 번하고 같은 접근 방식을 택하게 되니까, 결과는 별 다른 게 없어. 참신하거나 흥미로운 것이 전혀 나오지 않지.

Julie   말하는 포인트를 알겠는데, 그래도 난 여전히 미팅에서 나쁜 아이디어를 꺼내는 건 원치 않아.

Joe   (웃음) 당연하지, 나쁜 아이디어를 떠 올리려고 노력하라는 것은 아니. 하지만 화이트 보딩을 하는 동안 머릿속에 아이디어가 떠오르면 그걸 그냥 말하는 거야. 아이디어가 좋은 지 나쁜 지를 생각하지 말고 평가도 하지 않는 거야. 그냥 아이디어를 내 놓고 다른 사람들도 또 다른 아이디어를 내 놓는 거지. 그렇게 하나씩 아이디어를 쌓는 거야.

Julie   아이디어가 좋지 않아도 말이니?

Joe   그게 바로 화이트 보딩의 포인트야. 때때로, 나쁜 아이디어가 좋은 아이디어를 이끌기도 하지. 예를 들면 오늘 우리는 패션쇼에 관한 컨셉을 찾고 있었는데, 부자든 가난하든 멋쟁이든 썩 그렇지 못하든 상관없이 모든 사람들에게 유행하는 캐주얼한 쇼라는 것을 강조하려고 시도했었어. 근데 어느 시점에 Amy가 "내 강아지에게 우리의 새로운 패션을 입혀 보는 건 어떨까? 그럼 달라 보일 텐데" 라고 했는데, 반 농담으로 한 말이었기에 모두 웃었지. 물론 그건 말도 안 되는 아이디어지.

Julie   그러게 말이야.

Joe   근데, 그때 James가 "가만 웃을 일이 아냐. Paris Hilton이 치와와를 데리고 나타난 후에 애완동물이 아주 유행하고 있어." 라고 말했고, 덩달아 Evan이 "그렇다면 아마도 우리 모델도 무대에서 걸을 때 애완동물을 데리고 나가야 하는 거 아냐" 라고 맞장구를 쳤지.

Julie   그거 재미있을 것 같은데!

Joe   당연하지. 그래서 우리는 그걸 가지고 활발하게 논의를 시작했지. 부유한 여성인 듯 보이는 모델은 푸들을 끌고 나타나고, 직장에 다니는 젊은 여성처럼 보이는 모델은 귀여운 불독을 데리고 나온다.

Julie   틴에이저는 솜털이 많은 스웨터를 입고 털이 북실북실한 고양이를 데리고 나온다고 하면 되겠네.

Joe   아해! 봐, 너도 화이트 보딩을 시작하고 있잖아.

Julie   음, 재미있는 것 같은데.

Joe   이제 아는구나! 누구도 비판하지 않는다는 것을 알고 있으면 머릿속에 떠오르는 무엇이든 말을 할 수가 있고, 그게 정말 좋은 아이디어를 이끌어 낼지도 몰라.

Julie   Joe, 넌 아주 설득력이 있어. 아마도 우리의 다음 개발 미팅에 그걸 한번 시도해 봐야겠어.

Joe   그렇게 해봐!

실패는 당신을 실망시키지만 시도하지 않는 것은 당신을 파멸시킨다.

— 베버리 실스

You may be disappointed if you fail, but you are doomed if you don't try. ✱ **Beverly Sills**

PERFECT PRESENTATION

CHAPTER 05

Structuring

1_The Story
2_Basic Case
3_Advanced Case

이제 프레젠테이션의 구조에 대해 알아볼 시간이다. 구조도 앞장에서 정리한 프레젠테이션의 이정표인 목적(Goal)과 니즈(Needs)를 바탕으로 만들 것이다. 구조를 만들 때에는 먼저 프레젠테이션에서 말할 내용 즉, 프레젠테이션 스토리(Story)가 브레인스토밍 과정을 통해서 자연스럽게 정리되었는지를 점검해야 한다. 그런 다음 그에 맞는 적합한 구조를 찾아야 하기 때문이다. 여기서부터가 본격적인 프레젠테이션 제작 프로세스이다.

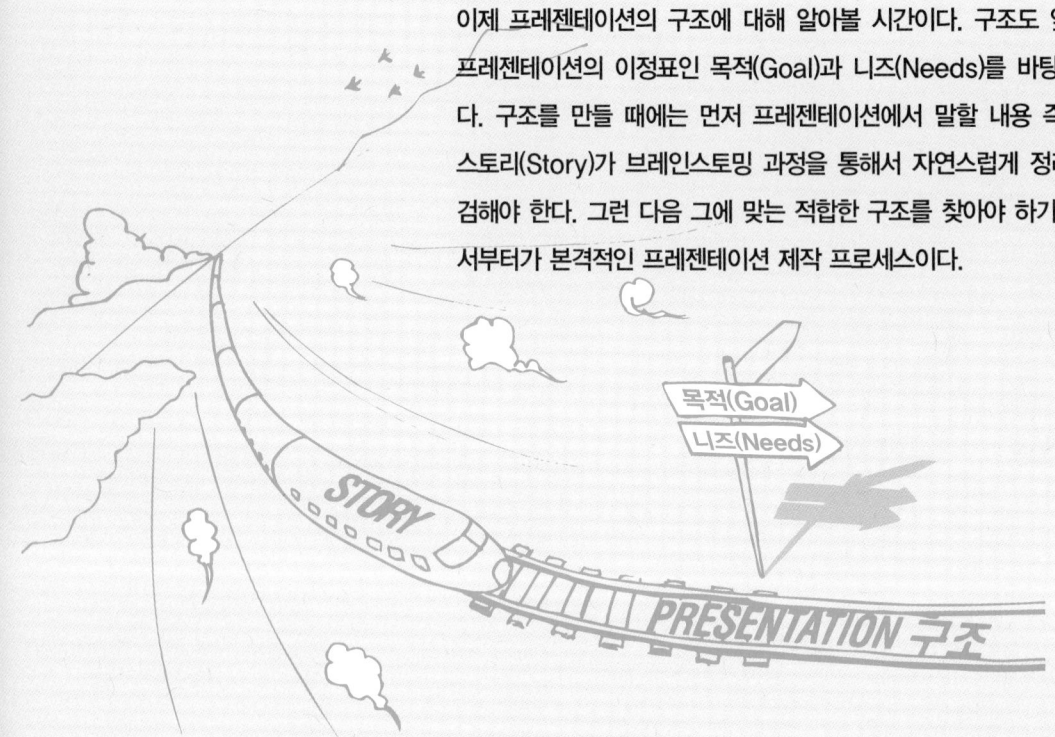

기본적인 프레젠테이션 구조는 리스팅이나 클러스터링과 같은 브레인스토밍 과정에서 이미 한두 번쯤 만들어 보았을 것이다. 예를 들어 브레인스토밍을 할 때 문제에 대한 해결책을 고민했다면 이것은 바로 프레젠테이션 구조 중 Problem/Solution에 해당하는 것이다. 고객과 유사한 상황에 대해 조사했다면 Case Study에 해당하는 것이고, 주제에 대한 현재까지의 진행 상태나 미래의 진행 상태에 대해 거론했다면 Time-based에 해당하는 것이다.

이처럼 주제를 전개하기에 적합한 구조에 대해 브레인스토밍 과정에서 이미 어느 정도 의견이 모아졌을지도 모른다. 주안점은 정해진 주제에 어떤 구조가 가장 적합할지를 찾는 것이다. 그러나 브레인스토밍 과정에서 핵심 주제를 정하지 못했다고 해도 너무 개의치 말자. 아직 초기 프로세스이기 때문에 구조를 찾아 가면서 동시에 핵심 주제를 찾아도 늦지 않다.

다행히 브레인스토밍 과정을 통해 핵심 주제를 찾았다면, 다양한 구조 속에서 어떻게 주제를 전개해 나갈지를 고민해야 한다. 주제에 적합한 상위 단계의 구조를 결정하고 하위 단계의 세부적인 구조를 통해 주제를 구체화시켜야 하는데, 종종 주제의 세부 내용이 정해진 구조 속에 들어갈 수 없는 경우가 발생하기도 한다. 이 경우엔 프레젠테이션의 효과를 극대화시키기 위해 가장 적합한 다른 구조를 응용하는 융통성을 가져야 한다.

브레인스토밍 과정은 아이디어들이 뒤범벅이 되고 모든 것이 혼돈스럽게 보일 정도로 열려 있고 수용하는 자세를 취한다. 그러나 구조를 정하는 과정은 그와 정반대로 정돈되고 제거되는 다분히 배타적인 경향을 취한다. 아이디어를 살릴 수 없는 구조는 과감히 버릴 줄 아는 규칙에 팀원 전체가 따라야 한다.

그렇다면 프레젠테이션에 맞는 구조는 어떻게 결정할까? 이것은 대개 발표자나 발표하는 팀의 스타일에 따라 결정되거나 제품과 서비스, 그리고 팔고자 하는 아이디어와 같이 대상물에 따라서, 또는 진입하려는 시점의 시장 분위기에 따라 달라질 수 있다. 결국 프레젠테이션의 주제와 준비하는 사람들의 느낌과 시각에 따라서 달라질 수 있다는 점을 이해하고 적합한 구조를 모색하는데 적극적인 자세를 가져야 한다.

구조를 짤 때마다 매번 완전히 새로운 아이디어를 내야 하는 것은 아니다. 이미 참고할 만한 유사한 사례가 많이 있다. 인류는 수천 년 전부터 다양한 종류의 프레젠테이션을 선보여 왔는데, 전쟁터에서 장군이 병사들에게 전략과 용기를 북돋아 주기 위해 했던 연설이나 목사님과 스님들이 실행해 온 종교적인 설교도 일종의 프레젠테이션이다. 따라서 프레젠테이션의 종류를 구분해서 기존의 일반적인 구조를 찾아 이용하면 된다. 거기에 준비하는 팀원들의 반짝이는 아이디어를 접목시킨다면 청중에게 좀더 참신한 느낌을 전달하는 프레젠테이션을 만들 수 있을 것이다.

무언가를 판다는 것은 살아가는 동안 어쩌면 가장 중요한 일이라고 해도 지나치지 않다. 물건만이 아니라 취직하기 위해 면접을 보는 것도 경쟁 속에서 나의 가치를 보여주고 파는 일종의 프레젠테이션이다. 어쩌면 프레젠테이션은 언제 어디에서나 무의식 중에 일어나고 있는 인간의 일상적 행동 중 한 부분일 것이다. 그렇다면 설득력 있는 프레젠테이션이 갖는 의미는 아주 크다. 그래서 그 비법에 관심을 갖게 되는 것이다. 그러나 마술처럼 항상 성공적으로 프레젠테이션을 이끌어 내는 특별한 구조라는 것은 없다. 발표자나 프레젠테이션의 대상, 청중과 같은 핵심 요소 외에도 환경이나 분위기, 시점과 같은 추가적인 사소한 요소에 따라서도 승패가 달라질 수 있기 때문이다. 결국 여러 정황을 잘 고려해 프레젠테이션의 구조를 선택해야 한다. 반드시 따라야 할 고정된 규칙이 없기 때문에 유사한 사례를 많이 비교해 보고 가장 자연스럽게 느껴지는 구조를 선택하는 것이 최선이다. 필요에 따라 두 개나 세 개 이상의 구조를 잘 섞어서 자유자재로 프레젠테이션을 만들 수 있다면 마술을 부린 것처럼 성공적인 프레젠테이션에 가까워질 수 있을 것이다.

다음 장인 6장에서는 프레젠테이션 구조를 만드는데 도움이 될 11개의 부가적인 모델들을 보여줄 것이다. 상기한 바와 같이 가장 적절하다고 판단되는 모델을 찾고 활용하는데 도움이 될 것이다.

단, 어떤 구조를 선택하든 상관없이 앞서 언급한 프레젠테이션의 두 가지 이정표는 항상 적용해야 한다.

❶ 발표자의 목적 – 프레젠테이션으로 얻고자 하는 것
❷ 청중의 니즈 – 청중이 필요로 하는 것

❶ Your Goal – what you want to accomplish with your presentation
❷ Their Needs – what your target audience needs

발표자의 목적(Goal)이 청중이 필요로 하는 것일 때 프레젠테이션의 성공 확률이 가장 높다는 것을 기억하자. 프레젠테이션의 목적은 판매를 위한 것이고, 그 대상은 상품뿐만 아니라 서비스 또는 아이디어이다. 그런데 종종 부각되는 또 다른 중요한 목적이 있다.

❸ 유대 관계 형성 – 프레젠테이션을 보여준 회사와 장기적인 유대 관계 형성

❸ Build up Relationship – To establish a long term relationship with the company you are presenting to

과연 어느 것이 더 중요할까? 그것은 환경에 따라 다르다. ❶번처럼 목적을 성취하려는 프레젠테이션과 ❸번처럼 결과는 바로 얻지 못하더라도 유대 관계 형성을 우선시하는 프레젠테이션이 있다. 물론 일반적이고 가장 이상적인 것은 세 가지를 동시에 추구하는 경우이다. ❷번에서처럼 상대방 회사가 필요로 하는 제품을 선보이고, 고객이 제품에 만족해서 구매가 이뤄진다면 ❶번의 목적이 성취된 것이고, 자연스럽게 ❸번에서 언급한 관계 형성도 이뤄진다. 이런 관점에서 본다면 ❷번의 고객 니즈가 프레젠테이션의 구조에서 가장 중요한 위치를 차지한다고 할 수 있다. 그러나 어느 누구도 고객이 무엇을 원하는지를 정확하게 알 수는 없다. 결국 2장에서 배운 것처럼 프레젠테이션에 참석할 청중을 사전에 조사하고 경험적인 측면으로 판단할 수밖에 없다.

정리해 보면 추구하는 목적과 니즈가 분명해지면 제 삼의 요소들은 자연히 따라온다고 보고 ❶번과 ❷번을 프레젠테이션의 구조를 짜는 이정표로 삼자. 그래서 어떤 구조를 선택하든 목적을 성취할 수 없다고 판단되면 과감히 버리는 것처럼, 반드시 두 가지를 동시에 충족시키는 프레젠테이션을 만들어야 결과가 좋고 뒷탈이 없다.

따라서 프레젠테이션 초기에 있는 제작 미팅시, 이정표의 중요성에 대해 팀원들이 모두 제대로 이해하고 프로젝트에 맞는 간결하면서도 명료한 이정표를 먼저 작성해 보자. 그리고 추후 프레젠테이션의 구조가 이정표대로 완성되고 있는지를 수시로 확인하도록 하자.

이정표 작성하기

발표자의 목적
"Sales Star" 소프트웨어를 GDCC에 판매하는 것과 미래에 다른 시스템들도 판매할 수 있게 문호를 개방하는 것

청중의 니즈
판매 시스템을 좀더 체계화시켜서 판매를 증대시키는 것. 새로운 시스템은 잠재 고객을 판매 가능성과 판매 실현까지의 소요 시간으로 분류하여야 함. 효과적이고 쉽게 구현할 수 있어야 함.

Sample Presentation Guideposts

Our Goal
To sell the "Sales Star" software system to GD Chocolate Company, and to open the door for sales of other systems in the future.

Their Needs
To increase sales by better organizing their sales system. The new system must categorize potential clients by likelihood of sale and lead time. It must be effective and easy to implement.

이제 프레젠테이션 구조를 짜는 세 가지 방법에 대해 알아보자.

❶ 스토리(형식)
앞에서 말한 프레젠테이션 스토리(프레젠테이션에서 말할 내용)와 다른 의미로 스토리 형식을 지칭한다.
❷ 기본 케이스
❸ 고급 케이스

❶ The Story
❷ The Basic Case
❸ The Advanced Case

그럼 각각의 방법에 대해 구체적으로 살펴보기로 하자.

스토리
The Story

우리 모두는 스토리가 무엇인지 알고 있다. 전형적인 스토리의 틀을 보면, 주인공이 모험에 나서게 되고 그들은 적을 만나거나 문제에 빠진다. 그리고 새로운 것을 발견하고 또 새로운 친구를 만난다. 놀랍고도 흥미로운 일의 연속이다. 격정적인 대립이 있고 비극적인 희생이 따른다. 그런 후 분위기가 반전되면서 극적인 해피엔딩을 끌어낸다. 명시한 스토리의 요소들은 거의 실제 생활에서 일어나는 일들을 반영한 것이다. 책과 영화에서는 이들 스토리가 좀더 극적이며 과장되고 상상력이 가미된 좀더 넓은 세상을 그려준다. 어쨌든 모든 스토리 요소가 우리에겐 친근하다. 한마디로 인간은 스토리를 좋아한다는 것이 사회적인 통념이다.

이 같은 스토리적인 요소가 프레젠테이션 주제에 관해 브레인스토밍을 할 동안 자주 거론될지 모른다. 예를 들어 프레젠테이션의 목적을 『David & Goliath』 스토리에 비유해 보자. 4천년 전의 동화 속의 주인공인 David는 작고 약한 소년으로, 거대하고 힘센 투사인 Goliath과 싸움을 하게 된다. 여기서 발표자의 회사는 아마도 David에 비유될 만한, 낮은 예산과 최저 자본금을 가진 신생 회사일지 모른다. 그러나 무모해 보이는 엄청난 열정으로 업계 시장을 잠식하고 있는 거대 기업에 선전포고를 한다. 그리고 차별화된 서비스 전략과 혁신적이며 번뜩이는 아이디어가 담긴 제품을 출시해, 대기업의 제품을 뛰어넘는 우수한 상품이란 평가를 받는다고 가정해 보자. 『David & Goliath』이란 스토리를 인용해 좀더 색다르게 청중의 관심을 끌어내면서 프레젠테이션 전개에 흥미를 불러 일으키고 있다. 또 스토리를 프레젠테이션의 기본 구조로 활용할 수 있다는 것도 알 수 있다.

▲ Finding Nemo

가족을 소재로 한 『Finding Nemo』 스토리의 경우를 보자. 가족 간에 헤어지게 되고 다시 만나는 스토리로 대가족이나 소가족 어떤 가정에서나 적용이 가능한 소재다. 부모와 자식을 떠올리면서 서로를 연결해 주는, 가슴이 따뜻해지는 부류의 스토리로 가족을 주제로 삼는 프로젝트에 적절하다. 만약 발표자의 회사에서 새로운 통신망으로 해외에 떨어져 있는 가족에게 저렴하고 선명한 통화 서비스를 제공한다는 것을 홍보하고 싶다면, 예시한 종류의 스토리를 프레젠테이션에 적용할 수 있다. 단순히 최신 통신망이나 통화 품질을 강조할 것이 아니라, 떨어져 있는 가족을 잃어버린 자녀처럼 설정하고 발표자의 회사에서 개발한 통신 서비스로 다시 만날 수 있다는 표현을 해보자. 딱딱한 비즈니스 용어 속에 Children, Parents, Family와 같은 단어들이 조화롭게 묻어나면서 프레젠테이션에서 설명하고자 하는 주제를 적절하게 드러내 보일 수 있을 것이다.

이 외에도 다양한 스토리가 비즈니스 프레젠테이션에 적용될 수 있다. 단지 평소 좋아하는 스토리를 가지고 프레젠테이션에 주입시킬 수 있을지를 판단하는 것이 관건이다. 그렇다면 어떻게 단순한 스토리를 프레젠테이션 구조에 적용시킬 수 있을지에 대해 알아보자.

아래 도표는 사실상 모든 스토리들의 기본 구성 요소들을 펼쳐 놓은 것이다.

▼ 스토리의 기본 구성 요소

▲ The Lord of the Rings
& Oceans Eleven

거의 모든 스토리에서 주인공은 한결같이 중요한 목적을 이루기 위해 노력한다. 그러나 목적을 이루기까지는 많은 시련들이 버티고 있다. 이런 전개 양상을 보이는 스토리에서는 목적이 도입부에 제시된다. 한 예로 범죄 영화인 『Oceans Eleven』의 내용을 보자. 주인공들은 라스베가스의 한 카지노를 상대로 강도 행각을 벌일 목적으로 뭉친다. 주인공들은 불가능할 것 같은 장애물에도 굴하지 않고 원하는 것을 얻기 위해 갖은 아이디어와 시도를 반복한다. 결국 부도덕한 행위임에도 불구하고 목적 달성이라는 묘한 성취감을 주면서 끝난다. 반대로 장애물로 스토리를 시작하기도 한다. 『Lord of the Rings』에서 Frodo는 평화로운 마을에서 행복한 삶을 살고 있었다. 그런데 Sauron이 나타나 반지를 훔치라고 협박하면서 스토리가 시작된다. 비즈니스 프레젠테이션에서도 이러한 두 가지 방식이 스토리를 전개할 때 사용된다. 우선 목적을 분명히 밝히는 사례를 보자.

 스토리 전개방식을 인용한 Type 1 : 목적을 도입부에 제시   EX_01

"People were happy with their cell phones. But we wanted to make them Happier! We wanted to build a phone that was so cool, and so personalized, that people would think of it as their friend. Their Best Friend."

"사람들은 휴대전화로 인해 행복해 했습니다. 그런데 저희는 좀더 사람들을 행복하게 해주고 싶었습니다. 사람들이 전화기를 친구로 여길 정도로, 아주 끝내 주고 특별한 전화기를 만들길 원했습니다. 그냥 친구가 아니라 제일 절친한 친구 말입니다."

이 내용은 어린이 동화인 『Lassie』, 『Black Beauty』, 『Babe』와 같이 주인공이 동물과 특별한 친구가 되는 스토리적인 요소를 끌어들여, 특별한 종류의 전화기를 만들겠다는 목적을 밝히고 있다.

반대로 『Lord of the Rings』에서처럼 장애물로 프레젠테이션 스토리를 전개하는 프레젠테이션 사례를 보자.

스토리 전개방식을 인용한 Type 2 : 문제점을 도입부에 제시 EX_02

"Everything was fine with the computer system in your business. Your network was solid. Your employees were using the internet to send emails. It was all good. Occasionally you got some unwanted emails — advertisements, pop ups, and such — but it was no big deal. But then you started getting more of it. And more and MORE. You found out it was called SPAM, and suddenly it's in your mailbox everyday, clogging up your system, like some monster. Currently your company is losing up to 100 hours a week just identifying and clearing out Spam. That costs you money and time. And it's endangering your business. Spam also brings with it, the computer virus. Such a virus can crash your system and shut down your operation. So how do you get rid of this monster?

You call us! WE ARE THE 'SPAM BUSTERS!'

OUR system can make YOUR system 98% spams free within 2 weeks of activation. It's called MAIL GUARD."

"비즈니스 현장에서 컴퓨터 시스템은 모두 괜찮았습니다. 네트워크 연결도 잘되어 있고 직원들은 인터넷을 이용해 이메일도 보내 왔습니다. 모두 다 좋았죠. 가끔씩 광고나 팝업과 같은 원치 않는 이메일을 받기도 했지만 큰 문제가 아니었습니다. 그런데 점차 많아지기 시작했습니다. 계속해서 더 많아졌죠. 그런 메일을 스팸이라고 부른다는 것을 알게 되었을 겁니다. 마치 괴물이 어디서나 나타나서 괴롭히는 것처럼 갑자기 매일같이 메일박스에 나타나서 시스템을 방해했습니다. 최근엔 회사가 주에 100시간까지 스팸을 구분하고 정리하는 데 소요하고 있습니다. 시간과 돈을 낭비하게 되는 거죠. 그리고 비즈니스를 위험에 빠뜨리고 있습니다. 스팸은 또한 컴퓨터 바이러스를 몰고 다니죠. 바이러스는 시스템을 파괴시키고 작업을 중단시킵니다. 그렇다면 어떻게 이 괴물을 제거할까요?

저희를 부르시면 됩니다. 바로 저희가 'SPAM BUSTERS!' 입니다.
저희 시스템은 2주간의 작동으로 스팸으로부터 98% 자유로워질 수 있습니다. 이것을 Mail Guard라고 부릅니다."

계속되는 설명에서는 어떤 시스템인지, 요구되는 메모리 용량은 얼마인지와 같은 기술적인 요구 사항들이 자세하게 나열될 것이다. 그러나 이 같은 설명은 청중에게 무료함을 줄 수 있기 때문에, 흥미를 유발시키는 스토리적인 요소를 끌어들여 주제를 새로운 느낌으로 받아들일 수 있게 해줄 필요가 있다.

다음과 같은 설정으로 좀더 자세히 다루어 보자.

- 발표자와 발표자의 회사가 주인공
- 스팸이 장애물
- 목표는 스팸으로부터 상대방 회사를 구해 주고 최대의 생산 효과를 가져오는 것
- 영웅은 발표자와 'Spam Buster' 시스템

■ The characters are YOU and THE COMPANY you are presenting to.

■ The obstacle is SPAM.

■ The goal is rescuing the company from SPAM and returning it to maximum productivity.

■ The Hero is YOU and your 'Spam Buster' system.

등장 인물과 장애물, 목적와 영웅을 설정하면서 청중이 발표자의 스토리에 관심을 가질 수 있게 하자. 스토리의 요소들을 빼내 표현을 달리하면서 프레젠테이션에 적용시켜 보자는 뜻이다. 즉, 장애물을 일컬을 때 굳이 'monster'란 말을 쓸 필요는 없다. 이는 단지 문학적인 예를 든 것일 뿐, 일반적인 비즈니스 용어를 사용해도 무난하다. 비즈니스 용어일지라도 발표자의 상상 속에서는 스토리 속의 한 요소를 대신하는 것이다. 여기서 유의할 점은 떠오르는 아이디어를 그냥 프레젠테이션에 적용시키지 말고, **Story Mode**로 바꾸어 표현하자. 이로써 스토리가 프레젠테이션 구조에 자연스럽게 스며들 수 있을 것이다.

표 Story Mode로 전환하는 법 ▶

	In a Standard Presentation 일반적인 프레젠테이션인 경우	In a Story 스토리 구조를 활용한 경우
1	Tell about your Company. 회사 소개	Show the HERO in action – what he does to solve problems. 영웅이 문제를 해결한다는 것을 제시
2	Tell the client's current situation and what you believe he needs. 고객의 현재 상황과 고객에게 필요하다고 판단되는 사실을 설명	Show the BAD GUY in action – how he is causing problems for the client, why he needs to be stopped. 악당이 고객에게 어떻게 문제를 야기시키고 있는지를 보여주고, 왜 악당을 멈추게 해야 하는지를 제시
3	Tell why your solution will solve the client's problem. 당신 회사의 제품으로 고객의 문제점을 해결할 수 있다는 이유를 설명	Lay out the PLAN – how the Hero will vanquish the Bad Guy and deliver a happy ending. 영웅이 악당을 어떻게 퇴치시키고 행복한 결말을 끌어낼 지에 대한 계획을 작성

 주인공의 역할을 보여주자. 어떤 문제점을 해결해야 하는가?

> Step 1 : 주인공의 역할 제시　　　　　　　　　　　　　　EX_03
>
> "Our company is intensely focused on protecting the information systems of our clients. Last year, we prevented over 100,000 unwanted hits on our largest client, Hyundai."

"저희 회사는 정보 시스템을 보호하는 일에 철저하게 집중하고 있습니다. 작년 한 해만 해도, 저희 회사의 가장 큰 고객인 현대의 경우에도 10만 건이 넘는 불필요한 히트를 막아 냈습니다."

 장애물에 대해 알려주자. 어떤 문제점이 발생하고, 왜 그런 문제점을 해결해야 하는지를 보여주자.

Step 2 : 장애물에 대한 실태 파악   EX_04

"In the last quarter your company profits fell by almost 8%. Worker productivity was sited as a major reason. Workers lost around three quarters of an hour per day on unsolicited e-mails. Spam is the cause. The cost of time lost to dealing with spam can run as high as $100,000 per day in some companies causing a 7% reduction in productivity and profits. This number is very close to the size of your current problem."

지난 분기 거의 8%에 달하는 순손실을 보았습니다. 노동생산성이 가장 큰 이유로 작용했습니다. 직원들은 불필요한 이메일로 인해 매일 45분 정도의 시간을 소비했습니다. 스팸이 원인입니다. 스팸으로 인해 생산성과 이익이 7%로 삭감된 일부 회사에서는 스팸을 처리하기 위해 소모한 시간을 비용으로 계산하면 매일 10만불에 이르기도 합니다. 이 수치는 현재 고객님 회사의 문제와 비슷한 규모입니다.

3 > 계획을 설명하자. 문제점을 어떻게 해결하고 좋은 결론을 도출해 낼지를 보여주자.

Step 3 : 해결 방안 제시   EX_05

"Our solution is simple and effective. We offer a filtering product called Mail Guard. Mail Guard allows you to set rules for what mail your system will accept and what mail it will not accept. Once you have set up these rules, Mail Guard works for you. It filters out up to 98% of unwanted mail. This drastically reduces the amount of time your workers will spend sorting and eliminating unwanted mail. Remember, Spam is your enemy, and with Mail Guard, that enemy cannot even get into your system. It is completely blocked out. As a result, worker productivity rises by an average of 5% during the first 3 months of using Mail Guard."

"저희의 해결책은 간단하고 효과적입니다. Mail Guard라고 하는 필터링 제품을 제공합니다. Mail Guard는 여러분의 시스템이 어떤 메일을 받아들이고 어떤 메일을 막아야 할 지에 대해 규칙을 정해 놓을 수 있습니다. 한 번 정해진 규칙대로 Mail Guard는 작동합니다. 98%까지 불필요한 메일들이 걸러집니다. 때문에 직원들이 메일을 분류하고 제거하는데 보내야 하는 시간이 현저하게 줄어들게 됩니다. 스팸은 여러분의 적입니다. 반면에 Mail Guard는 적이 여러분의 시스템에 얼씬도 할 수 없게 해줄 것임을 기억하십시오. 완벽하게 차단될 것입니다. 결과적으로, Mail Guard를 사용하면 첫 3개월 동안 노동생산성이 평균 5% 상승할 것입니다."

이렇게 설명한 뒤 이어지는 프레젠테이션의 결론에서는, 고객이 스팸 메일로부터 자유롭게 되면서 생산성이 올라간다는 것을 증명해 주게 될 것이다.

결론을 효과적으로 이끌어 줄 수 있는 슬라이드의 예 ▼

삼성, 대우, 맥도날드와 같은 대기업이 모두 발표자의 제품에 만족하고 있다는 것을 보여주면서 새로운 고객에게 똑같은 만족을 선사할 것을 약속한다. 여기에 스토리의 결말인 해피엔딩이 적용된다. 해피엔딩으로 만족스럽고 긍정적인 느낌을 청중이 가지게 된다면 목적을 실현할 수 있는 가장 이상적인 결과에 도달한 것이라고 볼 수 있다.

지금까지 살펴본 바와 같이 프레젠테이션의 구조에 스토리를 적용시키는 일은 어려운 일이 아니다. 만약 선악에 대한 주제를 부각시키고 싶다면, 요정이나 마법 이야기를 끌어들여 'Once upon a time'이라는 문학적인 문구로 프레젠테이션을 시작할 수도 있다. 그렇다고 스토리를 언제나 기본 구조로 사용해야 한다는 것은 아니다. 다만, 다른 어떤 구조를 선택해도 스토리 구조는 여전히 부분적으로 사용이 가능하다는 점만은 기억해 두자.

기본 케이스
Basic Case

청중에게 논리적으로 접근하는 가장 간단한 방법은 상품에 대한 케이스(Case, 사례) 즉, 상품이 가진 포인트를 잡아 제시하는 것이다. 발표자가 제시한 케이스는 청중의 마음을 설득해 제품을 구매하거나 좋은 인상을 가지도록 해준다. 그런 이유로 포인트를 제대로 잡는 방법에 대해 알아야 한다. 기초적인 단계로 '프레젠테이션에서 전달해야 할 가장 중요한 세 가지 사항이 무엇인가?' 라는 질문에 답을 찾는 것이다. 제품의 특징? 회사의 비전? 마켓의 기회? 새로운 기술? 계속 떠오르는 생각들 중 세 가지만 선택해 보자. 결정한 세 가지 포인트를 기본으로 하여 구조를 짜보자.

Chart 02 | 기본 케이스를 구현한 모델 (Next Page) ▶

차트를 보면서 하나씩 살펴보자. 서론(The Introduction)은 프레젠테이션의 목적을 설명하는 중요한 부분이어서 일단 명료하고 간결해야 한다. 다른 설명들을 끌어들여 원래의 기능을 잃지 않도록 유의하자. 청중에게 발표자인 당신이 소개하려고 하는 것이 무엇인지를 분명하게 보이고 청중이 무엇을 얻을 수 있을지를 설명하자.

그런 다음 포인트(The Points)를 어떻게 잡을 것인지를 결정하자. 브레인스토밍 과정에서 논의했던 내용 중, 목적 달성에 가장 도움이 될만한 내용을 추려내 포인트로 잡아 보자. 또 어떤 점이 청중의 니즈를 수용하는 것일까란 관점에서도 생각해 보자. 가격? 성능? 재정 보조? 신기술? 이처럼 보여주고 싶은 것이 계속 이어질지 모른다. 중요한 사실은 절대 프레젠테이션에서 이 모든 것을 다 말할 수는 없다는 것이다. 따라서 선택이 중요하다. 청중이 발표 내용을 듣고, "Yes! That's what we need!" 라는 생각을 가장 강하게 할 만한 포인트를 예상해 보고 발표자의 목적에 근접한 포인트를 선정해 최종 순

프레젠테이션 구조 짜기
기본 케이스를 구현한 모델

서론
발표자 자신과 팀원 그리고 회사 소개
프레젠테이션의 목적 제시

포인트 1 제시
프레젠테이션의 목적을 달성하기 위해 청중이 반드시 알아야 할 가장 중요한 사항

구체적이고 명료하게 설명
· 실례를 제공
· 포인트를 뒷받침할 사실들을 제공

포인트 2 제시
프레젠테이션의 목적을 달성하기 위해 청중이 반드시 알아야 할 다음으로 중요한 사항

설명
· 실례를 제공
· 포인트를 뒷받침할 사실들을 제공

포인트 3 제시
프레젠테이션의 목적을 달성하기 위해 청중이 반드시 알아야 할 그 다음으로 중요한 사항

설명
· 실례를 제공
· 포인트를 뒷받침할 사실들을 제공

결론

요약
· 가장 중요한 포인트를 반복
· 프레젠테이션의 전체적인 목적을 다시 언급
· 핵심이 되는 생각을 청중에게 한마디 남김

Introduction
Introduce yourself, your team, your company.
State the purpose of your presentation.

State Point 1
The most important thing your audience should know so that you can achieve the goal of your presentation.

Explain (spell it out — be specific & clear)
· Give Examples.
· Provide Facts to Support Your Point.

State Point 2
The next most important thing your audience should know so that you can achieve the goal of your presentation.

Explain
· Give Examples.
· Provide Facts to Support Your Point.

State Point 3
The next most important thing your audience should know so that you can achieve the goal of your presentation.

Explain
· Give Examples.
· Provide Facts to Support Your Point.

Conclusion
Sum Up
· Repeat the strongest points you made.
· Restate the overall purpose of your presentation.
· Leave your audience with your best thought.

위를 결정하자. 나머지 포인트들은 간단히 언급하는 정도로 넘어가도 괜찮다.

그러나 핵심 포인트를 언급할 때는 청중이 이해하지 못하고 넘어가지 않도록 명료하게 설명해야 한다. 예를 보면서 알아보자.

 서론 : 간단 명료한 회사이념 소개   EX_06

"Our company has a unique vision. We are not profit driven, we are process driven."

"저희 회사는 독창적인 비전을 가지고 있습니다. 이익 추구를 위해 나아가는 것이 아니라 프로세스를 위해 나아갑니다."

위 예제처럼 간단 명료하게 서두를 꺼낸 다음, 다음 단계로 넘어가자.

 본론 : 서론을 뒷받침하는 포인트 제시   EX_07

"Of course we want to make profits and we do, but that is a result of our process. First we identify the most critical needs among our Information Technology user community. Then, we use our expertise to devise ways to fulfill those needs. Third, we produce systems that can fulfill those needs on a mass basis. Fourth, we sell our products at a fair price to users who need them. We have found consistently that, if we fulfill people's needs, profits will follow naturally."

"물론 저희도 이익 추구를 바라고 또 그렇게 하고 있습니다. 그러나 이익은 과정의 결과로서 얻어지는 것입니다. 우선 정보 기술 사용자의 모임 속에서 대두된 가장 중요한 니즈를 식별하고, 전문적인 기술을 이용해 그 니즈를 충족시킬 수 있을 방법을 연구합니다. 그런 다음 그들의 니즈를 방대하게 채워 줄 수 있는 시스템을 구축합니다. 마지막으로 이 시스템을 필요로 하는 사용자들에게 합당한 가격으로 판매합니다. 만약 고객의 니즈를 충족시킬 수 있다면, 자연스럽게 이익이 따라올 것이란 것을 시종일관 인식하고 있습니다."

이 설명은 매우 중요한 내용을 담고 있지만, 다소 추상적인 개념이 포함되어 있다. 이럴 경우 좀더 구체적인 예를 제시해서 청중이 사실적으로 받아들일 수 있게 만들자.

본론 : 포인트를 구체화시키는 예제 1　　　　EX_08

"We found that most computer users could search the internet and find detailed and minute information from all over the world, yet, ironically, they were often unable to find information which they had misplaced on their own hard-drives. The search tools that were available were extremely weak. So we designed a 'Desktop Search Engine' that allowed the end user to take our world wide web search capacity, and apply it to his own hard-drive.

If the user couldn't find a file he had created about 'cats,' he could type the word 'cats'. into the Desktop Search Engine and come up with a list of every file on his computer that had that word in it. If he was searching for all his files relating to a certain company or business associate, he could type 'Danville Merchandisers' or 'Robert Sage' into his Desktop Search Engine and get a list that would allow him to find all of the files on that company or person.

We made this system available to our users, free of charge. As a result, we gained many more on-line users, and that, in turn, brought us more advertisers. The result was a dramatic increase in profits. This is an example of how our process driven system works. The process came first, the profits came later as a natural result of the process."

"저희는 대부분의 컴퓨터 사용자가 인터넷으로 자세하고 면밀하게 정보를 찾을 수 있다는 것을 알고 있습니다. 그럼에도 불구하고 아이러니컬하게 종종 개인의 하드드라이브 속에 잘못 위치하고 있는 정보는 찾을 수가 없었습니다. 검색 툴이 극도로 미약한 것입니다. 그래서 저희는 'Desktop Search Engine'을 설계했습니다. 이것은 사용자가 웹 검색은 물론 자체 하드드라이브에서도 동일한 검색 능력을 가질 수 있게 해줍니다.

만약 사용자가 'cats'에 대해 서술한 파일을 찾을 수가 없다면 데스크탑 검색 엔진에 'cats'을 입력합니다. 그러면 컴퓨터에 그 단어가 들어간 모든 파일들의 리스트가 뜰 것입니다. 만약 어떤 한 회사나 비즈니스 거래처에 연관된 모든 파일들을 찾고자 한다면 'Danville Merchandisers' 나 'Robert Sage'를 데스크탑 검색 엔진에 쳐보면 회사나 개인에 대한 파일들의 리스트를 얻게 될 것입니다.

저희는 이 시스템을 사용자에게 무상으로 제공합니다. 그 결과 더 많은 온라인 사용자를 얻게 되었고 더 많은 광고주를 끌 수 있었습니다. 이것으로 엄청나게 이익이 증대했습니다. 바로 이것이 프로세스를 중요시하는 시스템이 어떻게 작동하는지를 보여주는 한 예입니다. 프로세스가 우선이며 프로세스의 결과로 자연스럽게 이익이 이어서 따라오게 됩니다."

제시된 예로 인해 청중에게 추상적으로 받아들여지던 내용이 좀더 쉽게 이해되도록 한다. 그러나 이것조차 여전히 일반적인 예제이기 때문에 좀더 사실적인 이름이나 장소 그리고 사물들을 제시한다면 더 현실적으로 받아들일 것이다. 예를 보면서 확인하자.

 본론 : 포인트를 구체화시키는 예제 2   EX_09

"We were contacted by an end user named Ellen Chamberlain from Baltimore, Maryland, who told us that her son had a medical problem. The family was traveling in Mexico, and her son started showing troubling symptoms: labored breathing and chest pains. The doctor had told her that this might happen and had told her what medication to get if it did happen. She had put the information in a file on her lap top, but she couldn't find the file. She was really in a panic Then she tried using our Desktop Search Engine for the first time. She typed in 'Randy's Medicine' and immediately found the file. She was able to get the medicine and the boy was fine. Of course not every case is this dramatic, but it's clear that losing files can be a serious problem — and we've cracked it."

"메릴랜드 주 볼티모어에서 Ellen Chamberlain이라는 분이 연락을 해왔습니다. 그녀는 그녀의 아들이 병이 있다고 설명했습니다. 가족이 멕시코를 여행할 동안 아들에게 호흡 곤란과 가슴 통증이라는 문제의 증상이 나타나기 시작했습니다. 의사는 그녀에게 그럴 가능성이 있다고 설명하면서 만일 그럴 경우엔 무슨 약을 먹어야 할지를 일러주었습니다. 그녀는 그 정보를 노트북에 파일로 넣어 두었는데 그 파일을 찾을 수가 없었다고 합니다. 그녀는 얼굴이 하얗게 질려 버렸고 처음으로 데스크탑 검색 엔진을 이용해 파일 찾기를 시도했습니다. 그녀는 'Randy's Medicine'이란 문구를 입력하자마자 곧 파일을 찾게 됩니다. 약을 구입할 수 있었고 소년은 괜찮아졌습니다. 물론 모든 경우가 이처럼 극적이지는 않을 것입니다. 그러나 파일을 잃어버리는 심각한 문제를 야기할 수 있다는 것은 분명하고 저희가 그 점을 해결합니다."

이렇게 전개한다면 청중을 쉽게 그리고 확실하게 이해시킬 수 있다. 실제 사건을 바탕으로 말하고 있기 때문에 더 이상 추상적인 개념이나 복잡한 숫자의 개념이 아니다.

그렇지만 이 경우도 청중은 아주 드문 경우라고 보거나 자신과는 관련이 별로 많지 않다고 생각할 수도 있다. 이점을 방지하려면 통계와 자료가 필요하다. 통계는 가능한 넓은 범위에 걸쳐서 상황에 맞게 적용하여 작성하는 것이 좋다.

 본론 : 포인트를 구체화시키는 통계   EX_10

"The Nor Tech Institute did a survey in May, 2005 asking 500 end-users if they ever lost files. 80% reported that they had lost files on their own computers, and 90% reported that they were frustrated by the search function of their operating systems which they said were 'slow' and 'ineffective.'"

Nor Tech Institute는 2005년 5월 사용자 500명을 상대로 파일을 잃어버린 적이 있었는지에 대한 설문 조사를 했습니다. 응답자의 80%가 그들의 컴퓨터에서 파일을 잃어버렸었다고 답했습니다. 그리고 90%는 '느리다'와 '비효율적이다' 라는 운영시스템의 검색 기능 때문에 실망했었다고 합니다.

인용한 통계는 일부 특정한 소수의 문제가 아닌 일반적인 사람들의 문제라는 것을 인식하게 해준다. 따라서 객관적으로 보이게 하는데 유용하다. 하지만 통계는 구체적인 예와 함께 섞어 사용해야만 더욱 확실한 효과를 볼 수 있다. 다시 말해 위에서 보여준 'Ellen Chamberlain' 이라는 실제 사례와 'Nor Tech'의 통계를 함께 들려준다면, 청중에게 설득력이 강한 포인트를 제시할 수 있다.

하지만 실제 사례도 포인트에 맞는다고 생각하는 부분만 포함시켜야 한다. 쓸모없는 장황한 설명으로 시간을 낭비할 필요는 없다. 이점은 통계를 보여줄 때도 마찬가지다. 통계는 프레젠테이션의 결과에 좋은 영향을 주기도 하지만 반대로 악영향을 주기도 한다. 포인트로 들어갈 통계가 너무 많으면 오히려 신뢰를 잃게 된다. 한두 개의 통계와 자료를 가장 결정적인 순간에 보여주어야 한다는 것을 잊지 말자.

여기까지 포인트를 전개하는 방법에 대해 확인했다. 이제 포인트와 포인트 간에 자연스럽게 연결하는 방법에 대해 알아보자.

> 본론 : 다음 포인트로 전환하는 법　　　　　　　　　　EX_11
>
> "From our end user surveys which showed the frustrations of users searching for lost files, and, from the personal examples of people like Ellen Chamberlain, I think you can see why end-users have enthusiastically welcomed our Desktop Search Engine. The success of this Product is a result of our company's vision, and our process oriented approach. But what about future markets?"

"사용자의 설문조사에서 드러난 잃어버린 파일을 검색하는 것에 대한 사용자의 당혹스러움과 Ellen Chamberlain과 같은 개인적인 경험을 보면서, 왜 사용자가 데스크탑 검색 엔진을 열광적으로 반기는지를 알 수 있을 것이라 믿습니다. 이 상품의 성공은 바로 저희 회사의 비전과 프로세스 지향적인 접근 방식의 결과입니다. 그렇다면 미래의 시장은 어떨까요?"

발표자는 포인트를 정리한 후에 앞으로의 시장에 대해서 운을 띄운다. 이로써 자연스럽게 다음 포인트로 넘어가고 있다. 이 같은 연결어 구사 방법은 7장에서 좀더 자세히 다뤄본다. 지금까지의 과정을 정리해 보면 짧은 서론 후에 본론에서 중간중간 연결어로 이어진 세 가지 포인트를 제시하고 결론으로 진입한다. 결론은 프레젠테이션을 통해 제시된 핵심 포인트들을 정리하는 부분이다. 아래 세 가지 포인트를 프레젠테이션에서 제시하였다고 가정해 보자.

❶ 회사의 비전
❷ 다가올 시장의 기회
❸ 투자

❶ Company vision
❷ Upcoming market opportunities
❸ Investment

결론은 다음과 같이 할 수 있을 것이다.

> **결론 : 포인트 정리**　　　　　　　　　　EX_12
>
> "So, as you can see, our company's vision is based on a unique approach: identifying and fulfilling needs, and trusting that profits will follow.
>
> We're anticipating some outstanding opportunities in the market over the next 2 years especially in the areas of research tools and image enhancement. And by investing now, you'll actually become a part of our development team with input and feedback at every step of the new program. If all goes well, we'll look forward to working with you as our new partners in the launch of our Stage II program."

"보시는 바와 같이 저희 회사의 비전은 독창적인 접근 방식을 기본으로 합니다. 니즈를 식별하고 니즈를 만족시키면, 이익이 따라 올 것이라고 믿는 것입니다.

저희는 앞으로 2년 동안 특히 검색 툴과 이미지 향상 부문에서 시장의 획기적인 기회가 있을 것으로 기대를 걸고 있습니다. 그리고 지금 투자를 함으로써 여러분은 새로운 프로그램의 모든 단계에서 입력된 정보와 결과를 함께 하는 실질적인 개발팀의 일원이 될 것입니다. 만약 모든 것이 순조롭게 진행된다면 저희의 2단계 프로그램 착수의 새로운 파트너로서 여러분과 함께 일하게 될 것을 기대해 봅니다."

지금까지 살펴본 구조가 가장 보편적인 프레젠테이션의 구조이다. 요약하면 다음과 같은 네 가지 단계로 진행된다.

❶ 주제 소개
❷ 몇 개의 핵심 포인트 제시
❸ 사례와 사실을 근거로 각 포인트를 뒷받침
❹ 기억에 남을 만한 결론으로 마무리

❶ Introduce your topic
❷ Make several key points
❸ Support each point with examples and facts
❹ End with a memorable conclusion

구조에서 개별 요소들은 청중의 니즈와 발표자가 원하는 목적 달성을 이루게 하는데 있어서 실질적인 역할을 한다. 톱니바퀴가 맞물려 돌아가는 것처럼 개별 요소들도 앞뒤가 잘 맞게 연결되어야지 제 기능을 발휘할 수 있다.

CHAPTER 05 | Structuring

고급 케이스
Advanced Case

03

기본 구조에 익숙해지면 좀더 다양한 구조에 도전해 보자. 기본 케이스와 고급 케이스는 어떤 차이가 있을까?

기본 케이스처럼 고급 케이스도 서론부터 시작한다. 몇 가지 핵심 포인트들이 예제들과 함께 제시되고 결론을 맺는 식으로 큰 골격은 동일하다. 그러나 고급 케이스는 프레젠테이션이 좀더 강한 설득력을 지니기 위해 특징 있는 요소들이 추가된다. 이점이 장점이기도 하지만, 고급 케이스를 바탕으로 한 프레젠테이션은 좀더 많은 구체적인 상황을 보여주기 때문에 자칫 청중의 집중력을 잃게 할 수 있는 위험성도 배제할 수 없다. 또한 고급 케이스의 요소들은 너무 완벽한 전개 양상을 띠기 때문에 일반적인 프레젠테이션에서 구현하기엔 벅찰 수 있다는 문제점과 준비 과정에 너무 많은 시간이 필요하다는 문제점이 있다. 그러나 만약 상세한 프레젠테이션을 장시간에 걸쳐서 해야 할 경우에는 이 모델이 가장 이상적이다. 뿐만 아니라 간단한 프레젠테이션을 해야 할 경우라도 고급 케이스에서 구현한 특징적인 요소를 선별해서 사용한다면 가시적인 효과를 볼 수 있을 것이다.

Chart 03 | 고급 케이스를 구현한 모델 (Next Page) ▶

 It is not necessary to place the steps in this order; this is just one possible sequence. You may follow this sequence initially to help you think through your presentation, but then feel free to change the order and add and eliminate components to fit your needs. In other words, this is not a form that you must copy and follow; rather it is a jumping off point, a helpful way to approach your advanced presentation.

아래에서 보여줄 단계들은 반드시 이 순서대로 전개해야 하는 것은 아니다. 이것은 단순히 하나의 개연성 있는 순서일 뿐이다. 이 순서가 처음에는 프레젠테이션을 판단하는데 도움이 될지도 모른다. 그러나 나중에는 발표자의 필요에 따라 순서를 바꾸거나 구성 요소를 추가 또는 삭제하는 일을 자유롭게 해보자. 다시 말해 이 형태를 반드시 모방하고 따라 해야 하는 것은 아니다. 단지 수준 높은 프레젠테이션을 지향하기 위해 필요한 출발점쯤으로 받아들이자.

프레젠테이션 구조 짜기
고급 케이스를 구현한 모델

서론
주제 소개 / 공통점을 입증

필요 불가결한 니즈 확립

핵심 전제

배경

포인트 1 제시
설명, 예제, 보충

포인트 2 제시
설명, 예제, 보충

포인트 3 제시
설명, 예제, 보충

실현 가능성

대안과 반론

긴급을 요하는 상황

시각화

결론

Introduction
Introduce Subject / Establishing Common Ground.

Establishing Compelling Needs

Key Premises

Contexts

State Point 1
Explain, Examples, Supports

State Point 2
Explain, Examples, Supports

State Point 3
Explain, Examples, Supports

Feasibility

Alternatives & Counter-arguments

Urgency

Visualization

Conclusion

이제 고급 케이스의 개별 요소들을 하나씩 살펴보기로 하자.

주제 소개 / 공통점 입증
INTRODUCE SUBJECT / ESTABLISH COMMON GROUND

기본 케이스처럼 고급 케이스도 서론에서 주제를 소개하지만 다른 점이 있다면 청중과 발표자 간의 긴장감을 줄여 주기 위해 청중들에게 일반적으로 통할 수 있는 관심 소재를 가지고 인사말을 건넨다는 것이다.

서론 : 동감할 만한 소재를 바탕으로 인사말 건네기 예제 1   EX_13

"Like you, most small businesses are buried in red tape. All of us spend too many hours, dollars and resources looking for ways to cut through it."

"여러분의 경우처럼 대부분의 소규모 비즈니스가 형식적인 서류 절차 속에 묻혀 있습니다. 저희 모두는 이러한 관료적 형식주의를 지양하기 위해 많은 시간과 돈을 지출합니다."

예제 1은 소규모 자영업자들이 참석하는 프레젠테이션일 경우 적절한 인사말로 불필요한 관행으로 겪는 그들의 문제점을 거론하면서 이 문제를 함께 고민하고 해결할 방법을 찾고자 한다는 주제 소개이다.

서론 : 동감할 만한 소재를 바탕으로 인사말 건네기 예제 2   EX_14

"We're all under a lot of pressure to do our jobs quickly. But when you work too fast, you make mistakes. When I started this project, I was in such a rush, I sent my first report to the wrong department. It set me back 2 days."

"저희 모두는 주어진 일을 빨리 처리하기 위해 많은 압박감 속에 빠져 있습니다. 그러나 일을 너무 빨리 처리할 경우 실수를 하게 됩니다. 제가 이 프로젝트를 시작했을 때, 너무 서둘러서 첫 보고서를 다른 부서로 보내 버렸습니다. 그것을 되돌려 받기에 이틀이 걸렸습니다."

예제 2는 일반인 모두에게 적용되는 인사말로 청중과의 공감대를 형성할 수 있는 일상적인 일을 소재로 하여 딱딱한 형식적인 분위기를 편안하게 만들면서 주제를 소개하고 있다.

 서론 : 동감할 만한 소재를 바탕으로 인사말 건네기 예제 3   EX_15

> "I'm going to be talking about stress related problems and how they can affect job performance. Now some of you are thinking, 'I can handle stress, this doesn't apply to me.' But I deal with people every day who used to think they were immune to stress, and now they're fighting stress related illnesses. Stress has a way of catching up to you. No one is immune to stress. Stress affects every one in this room, including me. That's why we all need to be conscious of stress and know how to avoid stress related problems."

"저는 스트레스와 연관된 문제점과 그것이 일의 능률에 어떻게 영향을 줄 수 있을지에 대해 설명하려고 합니다. 여기 계시는 분들 중에는 '난 스트레스를 잘 견딜 수 있어. 나에게 적용되는 문제가 아니다'란 생각을 하시는 분이 있을 것입니다. 그러나 저는 매일 스트레스에 영향을 받지 않는다고 믿었던 사람들을 상대해왔습니다. 지금 그분들은 스트레스와 연관된 질병과 싸우고 있습니다. 스트레스는 결국엔 여러분을 꼼짝 못하게 할 것입니다. 어떤 사람도 스트레스로부터 자유로운 사람은 없습니다. 스트레스는 저를 비롯해 이 방에 계신 모든 분들에게 영향을 미칩니다. 이것이 바로 저희 모두가 스트레스의 문제점을 왜 인식할 필요가 있는지, 그리고 어떻게 스트레스와 연관된 문제를 피할 수 있을지를 알아야 하는 이유입니다."

예제 3에서는 발표 주제가 청중에게 무관한 사항이 아니라는 것을 예를 들면서 주제를 이끌어 낸다. 간혹 이 과정에서 발표자의 제안에 반대 의견을 표출하는 사람도 있을 수 있다. 이는 오히려 좋은 징조이다. 반대 의견을 가진 사람은 대개 옳고 그름을 확인하려고 하는 인간의 심리로 인해 어쨌든 발표 내용에 관심을 갖게 될 테니 발표자에게 당황스러운 일이 아니라 오히려 기회로 작용할 수 있다.

정리해 보면 주제만 소개하는 기본 케이스에 비해 고급 케이스에서는 서론에서부터 청중의 관심을 끌어내는 기법을 적용시키고 있다. 초기부터 청중의 생각에 파고들어 공감대를 이끌어 내고 있기 때문에 청중이 인식하지 못하는 사이에 발표 내용이 상당히 설득력을 가지게 된다.

필수 불가결한 니즈 확립
ESTABLISHING COMPELLING NEEDS

프레젠테이션의 목적이 큰 손실을 복구해 주는 보험 상품을 판매하고 서비스하는 것이라고 가정해 보자. 발표자의 소개를 듣고 회사의 결정권자는 좋은 아이디어라고 판단하지만 지금 당장 처리해야 하는 일은 아니라고 생각할 수도 있다.

이럴 경우, 만약 상대방의 생각을 바꾸지 않고는 계약을 성사시킬 수 없을 것이다. 따라서 발표자는 소개한 제안이 당장 불가피할 정도로 중요한 것이란 확신이 들게 해주어야 한다. 이것이 바로 Establishing compelling needs이다. 예를 보면서 이 기법에 대해 이해해 보자.

 필수 불가결하고 시급한 문제임을 설득하는 예제   EX_16

"If this company were hit by a disaster, without a disaster recovery plan, you could lose months of income and some of your clients would be lost permanently. The Gartner Group reported in 2004 Statement of Good Practices that 80% of companies that are hit by a major disaster take up to 3 years to return to the market position they held before the disaster. 5% of companies hit by a disaster go out of business.

Hopefully you will never be hit by a disaster, but if you are, our program would allow you to recover quickly with minimum loss – and if you are not hit by a disaster – a disaster recovery plan will reduce the cost of your business insurance premiums and increase your net market value today.

CONTINUE

> In the current business climate, your stock rating can be downgraded and potential investors lost without a recovery plan. On top of that your business insurance provider —in the wake of hurricanes like Katrina — will offer you lower levels of insurance protection and charge you higher premiums.
>
> Would you want to invest in a business that could be down for months — or go down permanently — without top notch insurance protection- if you were hit by a fire, hurricane, tornado, earthquake or flood?
>
> Disaster recovery plan is not just a good idea, it is an absolute necessity."

"만약 이 회사가 재해를 당했을 때, 재해 복구 플랜 없다면 몇 달 동안 수입을 잃을 수가 있고 고객 중 상당수를 잃을 수가 있습니다. Gartner Group의 2004년 Good Practices 보고서에 따르면 대규모의 재해를 겪은 회사들 중 80%는 재해를 겪은 후 정상으로 돌리기에 3년 정도까지 시간이 소요되고 5%의 회사들은 재해로 인해 결국 폐업을 한다고 합니다.

재해를 겪지 않기를 바라지만, 만약 재해를 겪게 된다면 저희 프로그램으로 최소의 손실만을 입고 빠르게 복구 될 것입니다. 설령 재해를 당하지 않았다 해도 재해 복구 플랜은 비즈니스 보험료를 줄일 수 있고, 오늘 바로 주식시장에서 비즈니스의 가치를 높이는 역할을 해줄 것입니다.

최근의 비즈니스 동향으로 본다면, 고객님의 회사의 주가 지수는 하향 곡선을 나타낼 수 있고 복구 플랜이 없다면 잠재 투자 고객을 잃을 수도 있습니다. 게다가 Katrina 같은 허리케인을 경험한 비즈니스 보험회사는 낮은 보상 범위에 높은 보험료를 요구할 것입니다. 화재, 허리케인, 토네이도, 지진, 홍수 같은 재해가 덮쳤을 때 최고의 보호장치가 될 보험이 가입되어 있지 않아서 몇 달간 문을 닫게 되거나 영원히 접게 될 비즈니스에 여러분이라면 투자하시겠습니까?

재해 복구 플랜은 단순히 좋은 아이디어가 아니라 절대적으로 필요한 것입니다."

이 같은 설명을 들은 상대방은 제시된 안건에 대해 필요성이 절실한 사안이라는 쪽으로 동요하게 될 것이다. 일단 상대방이 제시된 안건을 받아드릴 필요가 있다고 생각이 바뀌면, 발표 내용에 대해 더욱 관심을 가지고 듣게 된다. 바로 이 시점에서부터 발표자의 목적과 청중의 니즈가 만나게 된다.

여기까지 끌어당긴 후에는 통계와 같은 객관적인 자료들을 보여주면서 필요성을 더욱 확고히 자리 잡게 해야 한다.

필요성을 강화시켜 주는 통계 제시   EX_17

"According to a survey of 300 investment firms conducted by the Archer Market Research Group, three out of four respondents said they would not consider investing in a firm with no disaster recovery plan."

"Archer Market Research Group이 300개의 투자 회사를 대상으로 실시한 통계 조사에 따르면, 4개 중 3개 회사는 재해 복구 플랜이 없는 회사에 대해서는 투자를 고려하지 않을 것이라고 답했습니다."

개인적인 사례도 도움이 될 수 있다.

필요성을 강화시켜 주는 직접적인 경험 진술   EX_18

"After hurricane Katrina hit New Orleans, our client, Morris Tool & Dye Company, was up and running, filling orders and fully conducting business within one week. Their main competitor, Delta Tool & Dye, Inc. had no disaster recovery plan. They went out of business permanently. Additionally, their investors had to absorb long term debt that tied up potential investment capital."

"저희의 고객인 Morris Tool & Dye Company는 뉴올리언스의 허리케인 Katrina를 겪은 후 1주일 만에 주문을 받고 비즈니스를 정상적으로 돌렸습니다. 한편 경쟁회사였던 Delta Tool & Dye, Inc는 재해 복구 플랜을 가지고 있지 않았기에 영구히 폐업을 하고 말았습니다. 게다가 그들의 투자가들은 장기간 빚을 부담해야 했기 때문에 잠재성이 있는 곳에 투자할 자본금이 묶였습니다."

통계나 실제 경험한 개인적인 사례는 필요성을 설득하는 좋은 기법이다. 그러나 모든 종류의 프레젠테이션에서 필요성을 부각시켜야 하는 것은 아니다. 예를 들어 Party Planners, Inc.라는 파티를 주최하는 회사가 고객을 찾아가 크리스마스 파티가 반드시 필요하다고 주장하는 일은 설득력이 없다. 이 경우에는 파티 자체의 필요성을 부각시키기보다는 크리스마스 파티를 회사에서 열게 되면 직원들의 사기를 높일 것이라는 쪽으로 초점을 맞춰야 한다. 파티를 통해 직원들끼리 사적으로 친분을 쌓게 되고 이후 상호 협조가 원활해져 업무에 효율성을 높이며, 애사심이 고조된다는 등 인식하지 못했던 이익을 얻게 된다고 설명하자. 회사에 이득이 된다는 관점에서 관련자가 다시 한번 고려를 할 것이다. 이것이 바로 compelling desirability이다.

지금까지 살펴본 필요성을 부각시키는 기법은 프레젠테이션에 반드시 적용해야 하는 요소는 아니다. 하지만 성공적인 프레젠테이션들에서 보여지는 공통적인 요소 중 하나이다. 따라서 그룹 미팅을 통해 필요성을 부각시킬 것인지의 여부를 먼저 결정하고, 부각시킨다면 어떤 방식으로 적용할지에 대해 충분히 의논하도록 하자.

핵심 전제
KEY PREMISES

우선 전제(Premise)의 정의를 알아보자.

 Definition: A premise is a proposition upon which an argument is based.

정의: 전제란 논쟁의 근거가 되는 제안이다.

제시될 예를 보면서 전제의 개념에 대해 이해해 보자. 회사의 수익성을 높이기 위해 현대화를 추진해야 한다는 프레젠테이션을 준비한다고 가정해 보자. 아래와 같이 전제를 달 수 있을 것이다.

❶ 수익이 생기는 것은 좋은 일이다.
❷ 현대화가 수익을 이끈다.

❶ It is good to be profitable.
❷ Modernization leads to profitability.

❶ 번에서 거론한 전제는 상식적으로 이익을 싫어할 사람이 없기 때문에 모든 청중이 동의할 것이라고 예상할 수 있다. 따라서 논쟁의 대상이 아니다. 하나의 진실로 언급하고 넘어가면 된다.

❷ 번에서 제시한 전제는 어떤가? 발표자는 현대화가 좋다고 받아들이기 때문에 당연히 모든 사람들이 현대화를 지지할 것이라고 추측

할지 모른다. 그러나 정말 그럴까?

모든 청중이 현대화가 더 큰 수익을 가져다 줄 것이라고 믿을까란 사실에 대해 곰곰이 생각해 보자. 어쩌면 의문을 가질 필요도 없이 청중이 현대화를 원한다는 확신을 가질 수 있다. 그렇기 때문에 지금 이 자리에 발표자가 초대되었을 테니까. 따라서 이 경우엔 핵심 전제에 대해 추가적인 설명이나 설득이 필요 없다. 바로 어떻게 현대화를 실현시킬 것인지를 설명하면 된다.

하지만 청중이 현대화에 대해 정말 긍정적인 아이디어로 받아들이는지에 대해서 확신이 서지 않을 수도 있다. 아니면 일부 참석자가 현대화를 원치 않는다는 사실을 접할 수도 있다. 그들은 오랫동안 변화가 없는 기존의 방식대로 비즈니스를 운영해 왔기 때문에 변화를 두려워할지도 모른다. 이때는 현대화에 대해 말하기 전에 왜 현대화가 필요한지 설명할 필요가 있다.

전제가 당위성을 갖도록 해주는 진술   EX_19

"Some people think they don't need to worry about changes in the market. What they're doing now works, and they live by Murphy's Law, 'If it works, don't fix it.' But with that approach, you can get surprised by changes made by your competitors. Suddenly there's a new technology or new approach. Your competitors have it and you don't. You haven't kept up to date, you're losing market share, profits are dropping, and now it's too late to catch up.

This doesn't mean you have to follow every market trend — sometimes the tried-and-true way is the best — but every business should function on the premise that some modernization is necessary at some times. Now let's look at the current market conditions and see what kinds of modernization would help your company increase profits."

"어떤 사람들은 시장의 변화에 대해 걱정할 필요가 없다고 생각합니다. 지금 그들의 일 처리 방식이 제대로 돌아 간다면 그들은 머피의 법칙처럼 '작동하면 고치지 말자' 라는 방식대로 살게 됩니다. 그러나 그런 방식으로는 경쟁자의 변화로 인해 상당히 놀라게 될 수 있습니다. 어느날 갑자기 새로운 기술 또는 새로운 방식이 생기게 되고, 경쟁자는 현대화된 기술과 방식을 보유하고 있지만 여러분은 없는 것이 됩니다. 현대화하지 않으면 시장 점유율이 줄어들 것이고 이익도 줄어 따라잡기에 늦습니다.

이는 모든 마켓 트랜드를 따라야 한다는 의미는 아닙니다. 가끔은 유효성이 증명된 방식이 최상이기도 합니다. 그러나 모든 비즈니스는 현대화가 언젠가는 반드시 필요하다는 전제 하에 움직여야만 합니다. 그럼 현재 시장의 상황과 어떤 종류의 현대화가 회사의 이익을 확대시켜 줄 수 있는지에 대해 알아보기로 하죠"

요약하면 찬반의 논쟁이 될 수 있는 제안은 청중의 무관심을 관심으로 전환시킬 수 있는 기회가 되지만 청중이 계속되는 발표에 집중하게 하려면 제시한 전제가 당위성을 가지고 있어야 한다. 따라서 발표자는 이 기법을 구조에 넣기 전에 전제하려고 하는 내용에 대해서 깊이 있게 고민해 보아야 한다.

❶ 프레젠테이션에 깔려 있는 가설은 무엇인가?
❷ 청중은 이들 가설에 공감하는가?

❶ What are the underlying assumptions of my presentation?
❷ Does my audience share these assumptions?

위의 두 가지 질문에 확실하고 긍정적인 답변이 이루어질 때까지 제시하려는 전제에 대해 토론하고 시장 조사를 충실히 해야 한다. 청중에게 먹히지 않는 전제를 다는 것은 프레젠테이션의 결과를 원치 않는 방향으로 가게 하는 원인이 될 수 있다.

배경
CONTEXTS

사건의 앞뒤 정황을 보여주는 배경에 대한 설명은 청중에게 주제를 이해시키는데 적지 않게 도움이 된다.

 Definition: A context is the set of facts or circumstances that surrounds a situation or event.

정의 : 배경이란 주변 정황이나 사건에 관한 사실 또는 상황이다.

Defferent Forms of Contexts ▼

그렇다면 어떤 사실과 상황을 청중에게 설명해야 할까? 일단 주제를 전달하는데 핵심적인 정보가 될 배경들을 간단히 나열해 보자.

· 역사적 배경 – 과거에 무슨 일이 있었고, 미래에 어떤 일이 있을 것 같은가?
· 경제적 배경 – 시장 경제
· 지리적 배경 – 장소와 거리
· 문화적 배경 – 국제적인 사고
· 기술적/과학적인 배경 – 과학적인 사고
· 철학적 배경 – 아이디어, 콘셉트, 비전
· 그 외의 관련된 분야의 정보

- **Historical Context** - What happened in the past, what may happen in the future
- **Economic Context** - The money market
- **Geographic Context** - Location and distance
- **Cultural Context** - Thinking globally
- **Technical / Scientific Context** - Thinking technically
- **Philosophical Context** - Ideas, concepts, vision
- **Other relevant areas of knowledge**

Historical Context

역사에 대해 말해 보자. 회사가 여기까지 올 때까지 어떤 과정이 있었으며 상품과 서비스 또는 아이디어를 어떻게 발전시켰는지를 보여주자.

역사적 배경을 제시한 예제   EX_20

"When the transistor was first made available by Bell Laboratories, they suggested that it might be useful for hearing aids. No one was interested; there wasn't enough profit potential to justify the investment in development. But when Masaru Ibuka saw the transistor, he had a different idea.

Radios. That you could carry around in your pocket. It sound so simple today, but at the time, it was a revolutionary idea that changed the way we use technology.

Sony has always seen possibilities where others could not. Now we are exploring the possibilities of nano-technology, and we invite you to explore with us."

"처음 트랜지스터를 Bell Laboratories가 개발했을 때, 그들은 보청기로 사용하면 유용할지도 모른다는 제안을 했습니다. 그러나 이것에 관심을 가진 사람은 없었습니다. 개발을 위한 투자를 정당화시키기엔 잠재 수익이 충분하지 않았기 때문입니다. 그러나 Masaru Ibuka가 트랜지스터를 보았을 때 다른 아이디어를 가졌습니다. 호주머니에 들고 다닐 수 있는 라디오. 요즘엔 아주 단순하게 들리지만 그 당시에는 기존의 통용되던 과학 기술을 바꾸는 혁신적인 아이디어였습니다.

Sony는 언제나 다른 사람들이 찾을 수 없었던 가능성을 봅니다. 이제 저희는 나노 테크놀로지의 가능성을 탐구하고 있습니다. 그리고 이 작업에 여러분이 함께 참여하기를 청합니다."

예제를 보면 발표자는 회사의 역사를 통해 청중에게 신뢰를 높여 줄 구체적인 정보를 제시한다. 과거에 있었던 실제적인 사실을 통해 Sony가 높은 이익을 창출할 상품을 만들, 잠재력 있는 회사라고 소개한다.

배경을 보여줄 때는 분명하고 실질적인 점만을 뽑아서 사용해야 한다. 미국인들은 특히 실질적인 포인트만을 보고 듣기를 원한다. 처음 회사를 열 때 회사 명패를 어떻게 달았는지 얼마의 돈을 투자했는지와 같은 내용에는 의미를 부여하지 않는다.

객관적으로 회사에 대한 신용도를 증명할 수 있는 실적, 비전, 스타일, 역량 등을 제시해야 한다. 이것이 배경을 제대로 활용하는 방법이다. 제품의 역사를 소개할 때에도 마찬가지로 간단하면서도 주제와 직접적인 관련이 있는 포인트만 보여주어야 한다는 사실에 유념하자.

Economic Context

세계적인 경제 동향이나 국내 시장의 경제 동향이 지금 소개하는 프레젠테이션에 어떤 영향을 미치는지를 보여주자. 이자율의 변동, 원자재 값의 변동, 원유 값의 변동 등이 운송비를 포함한 생산 비용에 어떤 영향을 주고 결론적으로 프레젠테이션에서 소개한 상품에 어떤 영향을 미치는지 등이 예가 될 수 있다. 이런 설명에 중점을 둘 경우엔 불가피하게 전문적인 용어가 나오게 되는데, 청중에게 자칫 반감을 주지 않도록 사용 빈도에 대해서도 미리 고려하자.

Geographic Context

더운 지역에서 냉장 운송이 기술적으로 잘될 수 있는지? 장시간의 운송이 필요한 곳에서 좀더 빠르게 연결할 수 있는 방법은 없는지? 중간에 저장 창고나 하역이 가능한 지점이 있는지? 등과 같은 지역적인 문제를 거론하는 것이 지리적 배경이다.

Cultural Context

문화적인 차이와 결부된 문제점 극복에 대해서도 생각해 보자. McDonald사가 미국인의 입맛에 맞는 메뉴를 일본에서 어떻게 성공적으로 정착시켰는지를 조사하는 것이 문화적 차이에 대한 배경을 보여주는 한 예이다. 일본인의 입맛에 맞는 데리야키 버거나 라이스

볼과 같은 그 지역만의 새로운 메뉴 개발을 극복 사례로 들 수 있을 것이다.

또 어느 식당 체인회사에서 한국 숯불 요리식당을 미국에서 체인화 시키는 프레젠테이션을 보여준다고 가정해 보자. 미국인 청중은 인지도가 낮은 한국 음식이 미국에서 성공하기 힘들 것이라고 생각할 가능성이 높다. 문화적 차이가 확실한 타국에서 사업을 확장시키려고 할 때 부딪치는 보편적으로 예상 가능한 일이다. 이럴 경우 발표자는 문화적 차이를 극복할 수 있는 배경을 제시해야만 한다.

문화적 차이를 극복하는 배경을 제시한 예제 EX_21

"Our market research shows that people in American cities are becoming much more open to new kinds of foods. Even in the conservative Mid-West where most restaurants once served only mainstream American foods, now, one out of four restaurants is internationally themed, and most people surveyed report that they are looking for new food. In Columbus, Ohio, traditionally one of the most conservative cities in the United States, no less than fourteen new Asian restaurants, Korean, Thai, Vietnamese, Chinese and Japanese have opened since 2002."

"저희의 시장 조사를 보면 미국 도시에 거주하는 사람들은 새로운 종류의 음식에 대해 더 많이 거부감 없이 받아들이고 있습니다. 대부분의 식당에서 미국 음식만을 주류로 판매를 하는 보수적인 중서부 지역에서도 이제 식당 네 곳 중 한 곳에서 세계적인 메뉴를 선보이고 있고, 리서치에 참여한 대부분의 사람들은 새로운 음식을 원한다는 조사 결과가 나왔습니다. 오하이오 주에 위치한 콜럼버스는 전통적으로 미국 내에서도 가장 보수적인 도시들 중 하나지만 2002년 이후 한국, 타이, 베트남, 중국, 일본과 같은 새로운 아시아 레스토랑들이 14개 이상 오픈했습니다."

Technical / Scientific Context

기술적, 과학적인 배경은 어떤 기술적인 변화가 판매에 영향을 주었는지와 시장에 직격타를 가했는지를 보여주는 것이다.

1973년 우레탄 스케이트 바퀴의 개발은 스케이트 보드의 역사를 바꾸는 계기가 되었다. 많은 종류의 부수 액세서리까지 출시되어 스케이트 보드 판매가 시장에서 두드러진 확장세를 보였다. 비슷한 예로 최근에는 소프트웨어의 눈부신 기술 개발로 인해 아주 실감나고 현란한 그래픽이 들어간 비디오 게임과 다양한 기능의 게임 리모컨트롤, 게임 잡지, 온라인 게임까지 게임 시장의 매출이 급상승하고 있다. 고화질의 HD TV 개발도 새롭게 TV를 구입하고자 하는 소비자들을 끌어당기고 있다. 그 외에도 휴대폰 회사들이 유행을 따라잡기 힘들 정도로 빠른 속도로 새로운 기능과 디자인을 갖춘 신제품을 출시하고 있어 소비자가 계속 새로운 전화기를 구매하도록 유도하고 있다.

기술적이고 과학적인 배경에 대해 설명할 때는 상품을 개발하는 기술자에게 교육을 하는 말투가 아니라 사용자에게 제품을 소개하는 말투로 간략한 포인트만 뽑아내 줘야 한다. 반복하지만 기술적인 용어가 많이 들어갈수록 청중에겐 쓸데없는 과시만 될 뿐이다.

Philosophical - Context

Trader Joe's Markets (유기농 제품을 파는 미국의 마켓 체인점)의 기업 이념은 치즈와 빵, 와인을 기본으로 해서 유기농으로 만든 질 좋은 식품을 합리적인 가격에 공급하는 것이다. 일반 다른 마켓에서 파는 제품보다 저렴하지만 질이 좋아, 단골 고객이 많은 마켓으로 유명하다.

미국의 대표적인 건설회사 중 하나로 이라크의 재건설 계약을 이룬 Bechtel의 기업 이념은 세계 최우수 토목 기술, 건설, 관리 감독을 지향한다는 것이다. 직원 모두가 회사에 자부심을 가지고, 고객과 제휴 업체와 더불어 성장하며, 책임과 신뢰를 바탕으로 하는 기업이라고 오랜 기간 홍보하고 있다.

주어진 두 가지 예를 보면서 어떤 식으로 회사의 이념을 소개해야 할지에 대해 판단해 보자. 회사의 이념을 소개할 때에는 철학적인 개념이 강해 추상적이고 숨겨진 의미를 깊이 유추하도록 하는 것은 바람직하지 않다. 반대로 너무 일반적인 진술도 피해야 한다. 'We're a great company.', 'We always try to make excellent products.', 'We give great service.' 와 같은 진술은 모든 회사가 사용할 수 있는 말로 차별성이 없다. 따라서 회사의 특징을 분명히 들어내는 것이 중요하다.

신생 회사이지만 젊고 창의력이 넘치는 회사로 개발에 주력하는 회사인지, 아니면 오래되고 견실한 회사로 전문적인 분야에만 주력하는 회사인지를 분명하게 구분해 주어야 한다. 또 다른 관점으로 해외 개발에 참여해 제품의 수입과 수출을 도모하려는 회사인지 아니면 지역에 자리 잡고 지역 커뮤니티와 유대 관계를 돈독하게 하려는 회사인지를 분명히 하자. 이 외에도 특정 집단이나 단체를 대상으로 하는 회사이거나 아니면 특정한 시기에 마켓에서 니즈가 절실한 것을 발 빠르게 대체하는 회사인 것처럼 뭔가 뚜렷한 회사의 성격을 제시하자. 이로써 적어도 청중이 프레젠테이션 장소를 떠날 때에는 회사에 대해 머릿속에 분명한 이미지 하나를 새길 수 있다. 그리고 나중에라도 청중이 어떤 니즈가 생길 때 발표자의 회사를 바로 떠올리게 하는 방법이다.

Other Relevant Areas of Knowledge

청중이나 경쟁 회사가 어떤 생각을 하는지에 대해 유추해서 뭔가를 설명할 때는 심리적인 배경(Psychological Context)을 끌어들여 보여줄 수 있다. 또는 법이나 정세의 변화를 배경(Political or Legal Context)으로 제시해서 달라질 시장의 변화라든지 상품에 미칠 수 있는 영향들을 보여줄 수 있다. 그 외에도 단기간의 교육적인 프로그램이 어떻게 회사에 영향을 줄 수 있는지와 같은 교육적인 배경(Educational Context)도 있다.

정리해 보면 비즈니스 업무는 항상 전후 관계의 정황이나 배경들이 다양하게 존재한다는 것을 알 수 있다. 배경은 프레젠테이션 구조에 반드시 포함시켜야 하는 요소는 아니지만 정말 필요하다고 판단되면 전략적으로 활용해 보는 것도 짜임새 있는 프레젠테이션을 만드는 기법이 될 수 있다.

본론
MAIN POINTS

프레젠테이션의 구조는 초보 단계일 경우에는 3 또는 4단계가 가장 권할 만하고 대부분 최대 7단계로 구분한다. 더 많아지면 청중에게 지겨움을 줄 수 있고, 기억하는 것에도 한계가 있다고 전문가들은 지적한다. 반면에 고급 단계의 프레젠테이션에서는 10단계로 구조를 짜기도 하는데, 이것이 성공적이려면 각 단계가 짧으면서도 핵심을 찌르는 내용만 담고 있어야 한다. 이제, 고급 단계인 10단계의 구조 중 본론으로 들어가 포인트를 세 가지로 나누어 설명하는 방법에 대해 알아보자.

포인트를 보여주는 방법은 기본 케이스에서의 방법과 유사하다. 단지 더 구체적이고 상세하다는 점이 다를 뿐이다. 기본 케이스를 바탕으로 고급 케이스의 각 포인트를 아래와 같은 규칙으로 적용해 보자.

❶ 명확한 표현
❷ 단계별 설명
❸ 통계와 예제로 포인트 진술을 뒷받침
❹ 포인트 정리
❺ 다음 포인트로 연결

❶ State it clearly
❷ Explain it, step by step
❸ Support it with Statistic and Examples
❹ Sum up the point
❺ Transition to the next point

포인트를 잘 활용하려면 결과를 먼저 고려해 보아야 한다. 예를 들어 캄보디아 지방에 통신망을 세워 편리함을 구축하자는 목적으로 프레젠테이션을 한다면 시스템 가설로 인해 얻게 되는 긍정적인 측면과 가설되지 않을 때의 부정적인 측면을 동시에 가정해 보아야 한다.

먼저 예측 가능한 긍정적인 결과는,

It will reduce poverty and the health problems that come with poverty; it will contribute to the economic strength of the country, and help unite the Cambodian people.

빈곤과 그로 인해 나타난 건강 문제를 줄일 수 있을 것이다. 나라의 경제를 부강하게 하는데 기여할 것이고 캄보디아 국민들을 단합시키는데 도움이 될 것이다.

반대로 부정적인 결과는,

Poverty will increase, people will continue to suffer from poverty related health problems. Some will die. Some will lose the ability to lead productive lives. Cambodia will continue to languish economically and families will continue to be separated, as the gap widens between city people and country people.

빈곤이 심화될 것이고 국민들은 빈곤과 그로 인해 발생한 건강 문제로 계속 고통을 받을 것이다. 그들 중 일부는 죽게 될 것이고 일부는 생산적인 삶을 이끌어 갈 능력을 잃게 될 것이다. 캄보디아는 도시인들과 시골 서민들의 삶의 차이가 커지면서 계속해서 경제적으로 쇠약하게 될 것이고 가족도 잃게 될 것이다.

이 같이 긍정적인 결과와 부정적인 결과를 항상 먼저 함께 고려해야지 찬반의 논쟁이 될 수 있는 주제에 대해 포인트를 설득력이 강하게 끌고 갈 수가 있다.

실현 가능성
FEASIBILITY

프레젠테이션은 기본적으로 실현 가능한 일에 대해 보여주는 것이다. 그래서 청중에게 발표자가 제안하는 내용이 실현 가능하다는 사실을 제대로 보여주어야 한다.

Definition: Feasibility is the quality of being doable. Something that is feasible is something that can actually be done.

In Business, something that is feasible can be done

within the time and cost constraints facing those trying to do it.

정의 : 실현 가능성은 행할 수 있는 정도를 보여주는 질적 요소에 해당된다. 무엇인가가 가능하다는 것은 실제로 어떤 것이 될 수 있다는 것이다. 비즈니스에 있어서 실현 가능하다는 것은 뭔가를 실현시키는 과정에서 직면하는 한정된 시간과 비용 범위 내에서 이루어질 수 있다는 것이다.

실현 가능성은 특히 새로운 시스템과 혁신적인 서비스를 제안할 경우엔 청중에게 질문을 받을 개연성이 높은 부분이다. 따라서 앞서 예상되는 질문들을 떠올려 보아야 한다.

· 이것을 하기 위한 확실한 방법은 있나?
· 이것을 성취하기 위한 신뢰할 만한 계획은 있나?
· 예산은 충분한가?
· 시간은 충분한가?
· 인원은 충분한가?
· 의욕은 충분한가?

- Is there a sound method for doing this?
- Is there a sound plan to accomplish this?
- A committed budget?
- Enough time?
- Enough personnel?
- Enough will?

발표자의 제안이 아무리 뛰어나도 청중은 실현 가능성에 대해 의문을 가지거나 부정적으로 판단하면 제안을 받아들이지 않으려는 자세를 취한다.

사례를 살펴보자. 애니메이션 스튜디오의 관계자들이 청중으로 참석하고 새로운 작품을 위한 애니메이션 부서 만들기를 제안한다고 가정하자. 모든 사람들이 좋은 아이디어라고 받아들이지만 추가적인 작업을 해낼 애니메이션 작가가 충분하지 않아서 실현이 가능 할 것이라곤 받아들이지 않는다. 바로 이때 실현 가능성을 보여주기 위한 논리적인 설명이 필요하다.

 실현 가능성을 제시하는 예제   EX_22

"We have sources of funding, interested distributors, and lots of good projects to develop, but as everyone knows, we

> don't currently have enough animators to staff a new division. However, I think we can solve that problem by setting up an additional studio in Bangkok.
>
> Our research indicates that there are a lot of promising artists in Thailand who we could train for this work. Within a year of start up, we believe we could have at least thirty new animators at a level of artistry to develop our projects. That would be enough to begin the production phase on schedule. Additionally, we can train a stable of still younger animators who would be available for future projects when volume and demand rises again."

저희는 자본과 관심 있는 배급업자, 그리고 개발해야 할 여러 좋은 프로젝트를 가지고 있습니다. 그러나 모든 사람들이 알다시피 현재는 새로운 부서에서 일할 애니메이션 작가들이 충분하지 않습니다. 그렇지만 저는 이 문제를 방콕에 추가로 스튜디오를 세우면 해결할 수 있다고 봅니다.

조사에 따르면 태국에는 이 분야의 일을 배워 온 장래성 있는 작가들이 있습니다. 시작하고 일년 이내에 적어도 30명의 새로운 작가들이 프로젝트를 개발할 만큼의 예술적인 수준에 도달할 것으로 믿고 있습니다. 그 정도면 일정에 맞게 제작을 착수하기에 충분합니다. 게다가, 향후에 프로젝트의 규모가 커지고 수요가 다시 늘어날 때 일할 수 있을 젊은 작가들을 지속적으로 훈련시킬 수 있습니다."

이 정도로 말을 꺼낸 후 구체적인 통계나 설명을 뒷받침하는 예제를 보여주며, 실현 가능성에 대해 긍정적으로 생각할 수 있도록 만들어야 한다.

 실현 가능성을 통계로 뒷받침한 예제   EX_23

> "According to our research, Thai universities turn out over 800 art graduates a year. Only twenty-five percent currently get work in the arts, and 75% say they'd be very interested in working in animation."

저희의 조사에 따르면, 타이 대학은 일년에 800명이 넘는 아트 전공자들을 배출시키고 있습니다. 그 중 25%의 인원만 현재 아트 분야에서 일하고 있고 75%는 애니메이션 분야에서 일하는 것에 관심이 많다고 했습니다."

실현 가능성을 사례로 뒷받침한 예제   EX_24

> "We visited the fine arts department at Srinakharinwirot University in Bangkok. They've got a bachelors and a masters program, and a lot of very bright enthusiastic young artists. One student, a senior named Sompong, had done some superhero character designs that we thought were pretty amazing. Here, let me pass them around... and there were many other students at the same level."

"저희는 방콕에 있는 Srinakharinwirot 대학 예술학부에 방문했습니다. 그 대학에는 학부 과정과 석사 과정 프로그램이 있었고 똑똑하고 열정적인 젊은 예술가들이 많았습니다. Sompong이란 이름의 4학년에 재학 중인 한 학생은 몇 가지 영웅의 인물을 구사한 디자인을 만들었는데 꽤나 놀랍게 느껴졌습니다. 여기 디자인들을 돌려서 봐주시길 바랍니다. 그리고 비슷한 수준의 다른 학생들도 많이 있었습니다."

설명 도중에 작품의 샘플을 돌려 보거나 슬라이드를 함께 보면서 거론한 제안이 실현 가능성이 높다는 것을 구체적으로 증명해 보이자. 보고 확인시켜 줌으로써 청중에게 준비가 되고 잘 짜여진 계획이란 인상을 깊이 새겨 주자. 강조하지만 '가능하다'란 긍정적인 마음을 심어 주는 일은 프레젠테이션 결과에 아주 커다란 영향을 미칠 것이다.

반론
COUNTERARGUMENTS

프레젠테이션을 구상할 때에는 발표자의 의견에 반대 의견을 가질 만한 사람들에 대해 예측해 보아야 한다. 동의하지 않을 이유가 무엇일지를 추측하고 그 점을 설득시킬 수 있을 반론을 미리 준비해 두어야 한다.

 Definition: Counterargument means something that challenges previous reasoning: a fact or opinion that challenges the reasoning behind somebody's position and shows that there are grounds for taking an opposite view.

정의 : 반론이란 지금까지의 논리에 이의를 제기하는 것이다. 누군가의 견해에 가려진 논리에 이의를 제기하는 사실이나 의견으로 반대 의견을 취하는 근거를 제시하는 것이다.

한 미국 회사가 한국에 지사를 설립하려고 한다. 이를 컨설팅하는 회사에서는 미국 회사에 오피스 건물을 살 것을 제안하고 있다고 가정해 보자. 프레젠테이션의 목적은 부산의 해운대 바닷가 근처에 있는 건물을 소개하는 것이다. 바닷가 근처라는 지역적인 장점과 건물의 이미지를 보여주면 청중이 발표자의 제안에 관심을 가질 것이라고 예상하지만, 동시에 비싼 매입가에 대한 반론 또한 만만치 않을 것이다. 예상되는 반론을 어떻게 헤쳐 나갈 것인지 생각해 보자.

반론을 무마시키는 예제   EX_25

"Of course this property is expensive; you could purchase a much cheaper building in central Busan. But, though this property costs more, it sits in an area where property is rising in value faster than other property in Busan. According to the Busan Daily, property in the financial district of Busan has gone up 8% over the past 5 years, but beach property has gone up 17% and promises to rise even faster over the next decade.

So if you think of this as the purchase of a building, it's expensive, but if you think of it as a real estate investment, it has immense potential for profitability. You'll get a much better return on your investment, and while your money is growing, you'll be enjoying working at a very attractive beach area."

"물론 그 건물은 비쌉니다. 부산 중심가의 빌딩이 훨씬 더 저렴할 수가 있습니다. 그러나 이 건물이 더 비싸더라도, 이 건물은 부산에 있는 다른 지역의 건물보다 건물의 가치가 더 빨리 오르는 곳에 위치하고 있습니다. 부산일보에 따르면 부산의 금융 지역 안의 건물은 지난 5년간 8% 올랐습니다. 그러나 바닷가 근처의 건물은 17% 올랐고 앞으로 10년 이상 더욱 빠르게 오를 것으로 전망하고 있습니다. 따라서 건물의 매입 원가를 생각한다면 비쌉니다. 그러나 부동산 투자로 생각한다면 막대한 잠재 수익이 있습니다. 투자에 대해 훨씬 나은 보상을 받게 될 것이고 수익이 오르는 동안 아주 멋진 바닷가 근처에서 즐기면서 일하게 될 것입니다."

제안에 대해 청중의 반론이 뚜렷하게 예상될 때에는 청중보다 한발 앞서 그들의 생각에 대해 미리 시원한 답변을 주는 것도 청중을 집중시키게 하는 좋은 방법이다. 이때는 다른 구조를 이용하지 않아도 짧지만 설득력이 강한 프레젠테이션을 할 수 있다.

대안
ALTERNATIVES

발표자의 제안에 대해 청중은 직접적인 반대론을 가지기보다는, 또 다른 대안을 떠올릴 수도 있다. 예를 들어 상기 거론한 바닷가 건물 매입이라는 제안에 대해 청중은 언덕이나 강가 또는 철도역 주변과 같은 다른 지역을 생각할 수도 있다. 이 경우도 마찬가지로 예측되는 대안에 대해서 미리 설득력 있는 논제를 펼친다면 발표자의 제안이 최상이라는 판단을 할 수 있게 되고, 자연히 발표자의 제안이 받아드려질 가능성이 높아진다.

 예측되는 대안에 맞서는 예제   EX_26

"Of course there are other areas of the Busan where we could look for a building. The foothills are very nice, but the traffic flow in the area is not good for business commuters. Our research indicates that our employees would add 30 minutes to their commute every day and we could expect significant delays on all daily deliveries.

The commercial area by the river will be nice in a few years, but the city has just approved a major reconstruction effort. For the next two years, you'd be doing business in the middle of a construction zone.

The train station area is convenient for cargo, but it's an older area; the buildings are run down and the streets aren't safe. It's not a good area to bring clients.

> Compared to these other areas, Haewon-dae Beach is nicer and more convenient – and, again, land value at the beach is increasing twice as fast any of these other areas."

"물론 부산의 다른 지역에서 빌딩을 찾을 수도 있습니다. 언덕에 위치하는 것도 아주 좋습니다. 그러나 그 지역의 교통 흐름은 출퇴근하는 통근자들에게는 아주 나쁩니다. 조사에 의하면 직원들은 매일 출퇴근에 30분 이상 더 소비하게 될 것이고 모든 납품이 현저하게 늦어지는 상황을 예상할 수 있습니다.

강변의 상업 지역은 몇 년 후에는 좋아질 것입니다. 그러나 시에서는 얼마 전 대규모의 재개발 계획에 승인을 했습니다. 앞으로 2년간은 공사 지역 한 가운데서 비즈니스를 하게 될 것입니다.

기차역 주변도 운송면에서는 편리합니다. 그러나 오래된 지역이라 빌딩은 낡았고 거리는 안전하지가 못합니다. 고객을 데리고 오기엔 좋지 않겠죠. 이들 지역과 비교한다면 해운대 바닷가는 훨씬 더 나은 환경이고 편리합니다. 다시 말하지만 바닷가의 토지 가치가 다른 지역보다 두 배 빨리 오르고 있습니다."

이처럼 조목조목 풀어 간다면 다른 대안보다 왜 발표자의 제안이 더 나은지를 제대로 보여줄 수 있다. 요약하면 반론과 대안에 대해 제압할 수 있는 강한 논리를 세워 둔다면 어떤 방법을 사용하는 것보다 설득력이 강한 프레젠테이션이 될 수 있다.

긴급한 요구
URGENCY

지금까지 설명한 기법들로 부드러운 진행을 이끌어 왔다면 프레젠테이션의 목적을 성취하기 위한 마지막 중요한 고비를 실현해야 한다. '긴급한 요구(Urgency)'가 바로 그것이다. 발표를 들은 청중은 발표자의 제안에 관심을 가지고 좋은 안건이란 생각을 하면서도 '나중에'란 단어를 먼저 들고 나올지도 모른다. "나중에 생각해 보겠다."란 말은 발표자에게 가장 맥이 빠지는 말이다. 지금 결정하고 처리해야 하는 일로 만드는 것이 발표자의 마지막 의무이다. 그럼 어떻게 지금 당장이라는 행동 시점을 부각시킬 수 있을지 사례를 보면서 생각해 보자.

 Definition: Urgency means need for immediate or speedy action or attention.

정의 :   긴급한 요구란 즉시 또는 빠른 행동이나 주의를 필요로 한다는 것을 의미한다.

중국에서 선글라스를 판매하고 있는 미국 회사에 마케팅을 끌어 올릴 방법에 대해 프레젠테이션 한다고 가정해 보자. 다음 시즌에는 중국의 한 유명 영화배우의 싸인회를 겸한 마케팅 캠페인을 주최하자는 것이 프레젠테이션의 목적이다. 발표자는 영화배우 Steven Chow를 새롭게 출시된 선글라스 제품의 공식적인 광고 모델로 추천한다. 체계적으로 잘 계획된 마케팅 전략으로 평가해 준 결정권자는 발표자에게 아직 시간적 여유가 있으니 차후에 긍정적으로 검토하겠다는 답변을 한다. 발표자는 어떤 추가적인 설명으로 지금 결정해야 한다는 쪽으로 상황을 변화시킬 수 있을까?

 긴급을 요하는 상황이라고 설득하는 예제 EX_27

"We've spoken with Steven Chow's company. He's already a spokesman for two other brands and they don't want him to get over-exposed. If he takes offers from one or two more companies, they'll close the door and we'll be locked out. So we'd really like to move on this quickly and get Steven's endorsement now."

"Steven Chow의 회사와 대화를 나눴는데 그는 벌써 두 가지의 다른 브랜드의 상품 광고를 하고 있고 회사 측에서는 그가 너무 많은 광고에 노출되는 것을 원치 않고 있습니다. 만약 앞으로 한두 개의 다른 회사로부터 제안을 받게 되면 그들은 더 이상 제안을 받아들이지 않을 것입니다. 그렇게 되면 저희 쪽에서는 기회를 놓치게 될 것입니다. 따라서 빠르게 움직여 Steven의 싸인을 지금 받아 내야 합니다."

긴급함을 보여주는 것은 모든 프레젠테이션에 적용되는 것은 아니다. 어떤 경우는 청중에게 빠른 답변을 강요하는 것처럼 보일 수 있어 오히려 부정적인 결과를 나을 수도 있다. 정말 시기를 놓치면 안 될 긴급을 요하는 정당한 이유가 있을 경우에만 프레젠테이션의 구성 요소로 포함시켜야 한다.

시각화
VISUALIZATION

시장에 처음 소개되는 새로운 무엇인가를 제안하고 있다고 가정해 보자. 어떤 점을 부각시켜야 발표자의 아이디어와 서비스 또는 상품을 청중에게 호감이 가도록 할까? 그리고 제안이 어떻게 청중에게 어떤 변화를 줄 수 있을까? 청중의 생활에서 어떤 점이 달라지게 될까? 이와 같은 질문들에 대해 답변을 주는 것이 바로 시각화 작업이다. 청중의 머릿속에서 발표자의 설명이 그림을 보듯이 분명해져야 한다.

인간은 변화에 대해서 약간의 거부감이나 두려움을 가지고 있다. 그렇기에 새로운 것에 대해 제안할 때에는 최대한 청중이 편안하게 느낄 수 있도록 하는 것이 중요하다. 청중이 변화를 긍정적으로 받아들일 수 있게 다양한 시각적인 자료들을 준비하자. 청중이 "Yes, that will be better. Let's do it."이란 반응을 보일 수 있게 만드는 것은 프레젠테이션에선 빠져서는 안 될 중요한 기술이다.

사례를 보면서 이해해 보자.

시각화하여 보여주는 예제　　　　　　　　　　　EX_28

"By initiating the distribution processes we are recommending here today, our speed to market will increase every month. I can see a day when our products will reach our customers in half the time they do today. For those of you in the production area, you will be able to produce more products. For those of you in sales, you will be able to sell more products. Increasing distribution speed means that life is better for producers, seller and consumers. That positively affects the bottom line."

"오늘 여기 초기 유통 프로세스를 진행하면서 저희는 제안하고 싶습니다. 마켓에 도달하는 저희의 배송 속도는 매달 빨라질 것입니다. 저희의 제품이 고객에게 도달하는 시간이 오늘의 반으로 줄어드는 그날을 볼 수 있을 것입니다. 생산 분야에 있는 분들은 더 많은 제품을 생산할 수 있을 것입니다. 판매하는 분들은 더 많이 제품을 팔 수 있을 것입니다. 유통 속도를 향상시키는 것은 생산자, 판매자, 소비자의 삶이 더 나아지는 것입니다. 그것은 반드시 수익에 영향을 주게 됩니다."

결론을 지을 때는 기본 케이스나 고급 케이스, 동일하게 전혀 다른 새로운 주제나 분야에 대해서는 언급하지 말아야 한다.

대신 다음과 같이 포인트를 정리해 주어야 한다.

- 쟁점을 재언급
- 주요 포인트를 재강조
- 성취하고자 하는 점을 재설명
- 청중으로 하여금 프레젠테이션이 사실적이고, 중요하며 가치가 있다고 느끼며 떠나도록 만듦

- recap your argument
- re-emphasize your main points
- re-state what you hope to achieve
- leave the listener with a final sense that what you have presented is true, important, and valuable

결론
CONCLUSION

지금까지 기본 프레젠테이션과 고급 프레젠테이션의 케이스를 비교하면서 성공적인 프레젠테이션 구조를 짜는 방법을 살펴보았다. 이제 프레젠테이션의 구조를 짜는 요소나 기법에 대해서는 모두 점검을 해본 것이다. 여기서 배운 요소들을 하나씩 떠올리면서 프레젠테이션을 준비한다면 가장 뛰어난 발표가 될 수 있게 해줄 기법들으로 프레젠테이션을 구상할 수 있을 것이다. 이것이 바탕이 될 때 발표에 대한 자신감을 가지게 된다.

구조나 프레젠테이션 스토리를 짜는 동안 적절한 설득 방법이 떠오르지 않으면 살펴본 많은 예제들을 보면서 아이디어를 내보자. 예제에 제시된 표현법을 발표자에게 맞는 환경으로 바꾸어 활용하는 것도 좋은 방법이다. 단, 프레젠테이션의 목적과 주제를 분명히 파악해서 단계단계를 신중히 연결해 나가야 한다.

다음 장에서는 기본 케이스와 고급 케이스, 두 가지 방법을 바탕으로 좀더 세련되게 청중에게 접근하는 방법을 배워 본다. 지금까지와 마찬가지로 다양한 예제들을 보여줌으로써 어떤 상황에서도 능수능란하게 프레젠테이션을 구사하는 능력을 키우게 해 줄 것이다. 청중의 흥미를 유도하는 기법들을 이용해서, 짧고 간결한 프레젠테이션들을 만들어 보고 연습해 간다면 언제나 준비되어 있는 발표자만이 할 수 있는 독특한 프레젠테이션을 할 수 있을 것이다.

162 | PERFECT PRESENTATIONS

 real talk 05 빨간 테이프에 파묻히다? 바퀴를 다시 만들 필요가 없다?

Buried in red tape
Don't have to reinvent the wheel

Red tape은 관료주의나 형식주의를 의미하는 것으로, 원래는 정부나 관공서의 부서가 규칙이나 규정된 말씨 등에 지나치게 까다로운, 관료적인 것을 상징하는 것에서 비롯되었지만, 요즘에는 비즈니스 현장에서 목격되는 대기업이나 회사들의 번거로운 형식과 절차를 의미하기도 한다. Bureaucracy라는 단어와 같은 의미이며 참고로 red라는 색깔을 빗대게 된 이유는 영국 관공서에서 공문서를 묶는 데 빨간 끈을 사용했기 때문이다. **Buried in red tape**은 형식적인 절차에 파묻혀 있다는 뜻으로 까다로운 행정절차나 수속을 거쳐야 하는 것을 의미한다. 참고로 get involved in red tape의 형식주의에 사로 잡히다는 구문과 cut red tape의 형식주의를 지양하다라는 구문도 외워 두면 요긴하게 사용할 수 있다. **Don't have to reinvent the wheel**은 기존에 이미 있는 뭔가를 노력을 들여 처음부터 다시 할 필요가 없고 또 효과도 없다는 것을 강조하는 속담으로 시간을 낭비하지 말자는 의미가 내포되어 있다. 대신 기존에 있는 것을 바탕으로 좀 더 발전시켜 나가자는 측면에서 이 속담을 쓰기도 한다. 신문이나 교육 도서 또는 세미나와 연설문에서 이 속담을 자주 접할 수 있을 것이다.

그럼 비즈니스 현장에서는 어떻게 두 구문이 활용되는지 알아보자.

Julie Joe, do you have any aspirin?

Joe Hold on, let me check my desk. Why? What's wrong?

Julie Oh, I have a huge headache. My clients are stressing me out. When you deal with large corporations like this, there's so much bureaucracy and paper work, you tend to **get buried in red tape**. It's difficult to get anything done quickly. And these clients want a solution by the end of this week. I have to develop a data recovery system from scratch, which normally takes weeks.

Joe	Well, you **don't have to reinvent the wheel**. Our company already has a system in place that's quick and very efficient. I'll email the documentation to you; it's very easy to implement. Remember, sometimes the tried and true way is the best. Just use our model as a jumping off point, then adapt it to the client's needs. It will save your time and headaches.
Julie	That's a great idea. That would make my job so much easier, and I could finish this project ahead of schedule.
Joe	Good. And take care of yourself, Julie; don't let your projects stress you out so much. You're not superwoman. Stress has a way of catching up to you in the long run. Here they are, I found the aspirins.
Julie	Thanks for your great idea and advice. I'll look for your email. And thanks for the aspirin.

Julie	Joe, 아스피린 있어?
Joe	잠깐만, 책상 좀 보고. 근데 왜? 어디 아파?
Julie	응, 골치가 엄청 아파. 고객들이 스트레스를 주네. 이렇게 큰 기업들과 일을 할 때는 너무 많은 번잡한 절차와 서류로 형식과 절차에 파묻히기 쉬워져. 뭘 빨리 처리하기가 어려운데, 고객은 이번 주말까지 해결되길 원해. 난 데이터 복구 시스템을 처음부터 개발해야 하는데, 보통 몇 주는 걸리거든.
Joe	완전히 처음부터 개발할 필요는 없어. 우리 회사가 기존의 시스템을 이미 가지고 있어서 그걸 사용하면 빠르고 아주 효과적이야. 그 서류를 이메일해 줄게. 사용하기 아주 쉬워. 때로는 신뢰할 수 있는 기존의 방식이 최선이란 걸 기억해. 우리의 모델을 사용해서 거기서부터 시작해. 그런 다음 고객의 니즈에 따라 그걸 조정해. 시간도 절약되고 골치도 아프지 않을 거야.
Julie	좋은 생각이야. 내 일을 훨씬 쉽게 해 주고, 프로젝트를 일정보다 앞당겨서 마칠 수도 있겠다.
Joe	다행이네. 그리고 항상 네 자신을 돌봐야 해. 프로젝트로 스트레스 너무 받지 마. 넌 슈퍼우먼이 아니야. 시간이 갈수록 스트레스가 너를 괴롭히게 될 거야. 여기 아스피린을 찾았다.
Julie	좋은 아이디어와 충고 고마워. 메일 기다릴게. 그리고 아스피린도 고마워.

행복은 우리가 가진 재주를 의미 있는 목적에 테스트할 때 찾아 온다

— 존 스토스셀

Happiness comes when we test our skills towards some meaningful purpose. ✻**John Stosssel**

PERFECT PRESENTATIONS

CHAPTER 06

Models Models Models

1_Visual Metaphor
2_Time-based
3_Place-based
4_Questions-based
5_Unit-based
6_Features & Benefits
7_Problem & Solution
8_Opportunity & Action
9_Contrast & Compare
10_Numbers-based
11_Case Study
12_Which Structure Should You Choose?
GIVE IT A TRY: Planning the Presentation

5장을 통해 프레젠테이션의 구조를 짜는 방법을 알아보았다. 이제 그 구조를 좀더 세련되게 다듬어 보기로 하자.

앞으로 제시될 11개의 모델들은 프레젠테이션을 제작할 때 짧은 시간 내 효과적인 구상을 하게 해주는 유용한 기법이 될 것이다. 그렇다고 11개 모델들을 완벽하게 마스터할 필요는 없다. 단지 필요할 때 예시된 모델을 적재적소에 사용할 수 있게 친숙해질 필요는 있다.

❶ 시각적 비유
❷ 시간에 기초한 모델
❸ 장소에 기초한 모델
❹ 질문에 기초한 모델
❺ 단락에 기초한 모델
❻ 특징과 이익
❼ 문제점과 해결책
❽ 기회와 행동
❾ 대조와 비교
❿ 숫자에 기초한 모델
⓫ 케이스 스터디

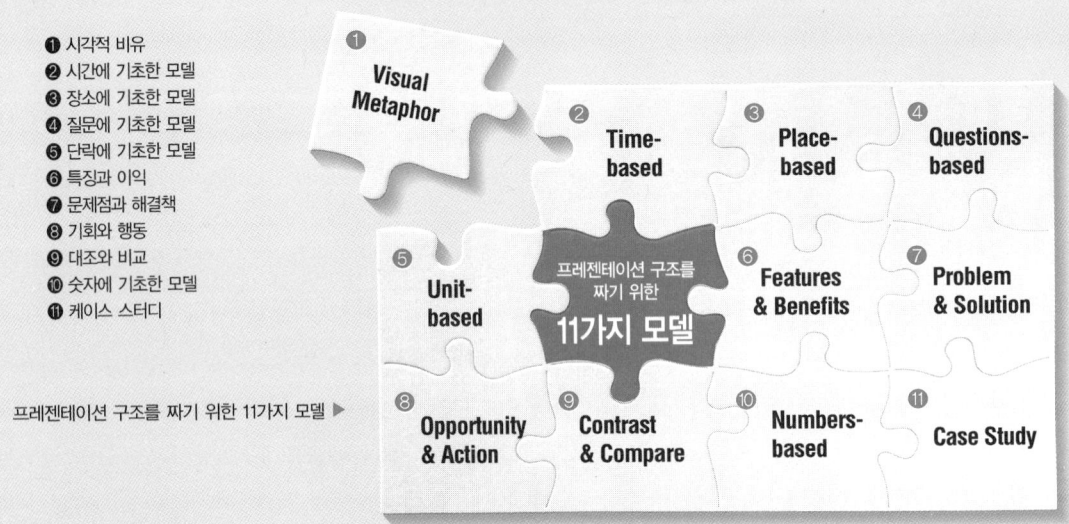

▶ 프레젠테이션 구조를 짜기 위한 11가지 모델

1장에서 언급한 프레젠테이션 기본 구조를 다시 한번 되새겨 보면 아래와 같다.

사실, 모든 프레젠테이션은 이들 4가지 기본 요소를 가지고 있다. 순서도 일정하게 서론은 항상 처음이고 결론과 Q&A는 항상 본론 다음에 온다. 요소 간의 연결은 전개를 부드럽게 해주는 연결어(Transition)로 이루어진다. 연결어에 대해서는 7장에서 설명할 것이다.

이번 장에서 설명하게 될 모델들은 4가지 요소 중에서 본론에 변화를 줄 수 있는 방법들이다. 주제에 관한 핵심 정보를 담고 있는 본론은 프레젠테이션 준비의 90%에 해당한다고 해도 과언이 아니다. 본론에서 활용하게 될 개별 모델의 특징과 활용 방법을 잘 익혀 두도록 하자.

시각적 비유
Visual Metaphor

01

우리가 무엇을 확인하고 싶을 때에는 본능적으로 "일단 한번 보자."란 말을 하게 된다. 인간이 가진 오감 중에서 가장 믿음이 가는 감각이 눈으로 보는 것이다. "보는 것이 믿는 것이다."란 속담이 왜 있겠는가? "일단 들어 보자.", "일단 만져 보자."가 아니라 눈으로 보고 확인하기를 원한다. 시각적 비유는 이런 이유로 빠져서는 안 될 프레젠테이션의 한 기법이다. 무형으로 존재하는 비즈니스 제안을 시각화하여 유형화시키는 작업이 바로 시각적 비유이다. 어려운 무형의 제안을 시각화된 자료를 통해 쉽게 이해할 수 있게 만드는 것이다.

예를 들어 살펴보자.

 시각적 비유를 통해 제안을 구체화시키는 예제 1   EX_29

"A good house must have a solid foundation, strong walls, and a water-tight roof. We think about our company in the same way: Our foundation is our technical expertise. Our walls are our skill at designing new, innovative projects. And our roof is the reputation we have for honesty and integrity."

좋은 집은 견고한 토대와 강한 벽, 물이 새지 않는 지붕을 가지고 있어야만 합니다. 회사도 마찬가지입니다. 저희는 회사도 같은 견지에서 생각합니다. 저희 회사의 바탕은 전문 기술진이며 새로운 디자인과 혁신적인 프로젝트를 지닌 저희의 기술이 저희의 벽입니다. 그리고 정직과 성실로 쌓여진 명성이 바로 저희의 지붕입니다."

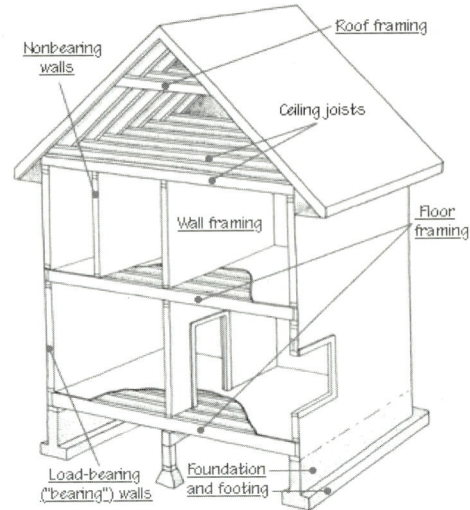

Image 6-1 집의 구조를 활용한 이미지 ▶

슬라이드에서 보여지게 될 세 가지 중요한 키워드는 토대(foundation), 벽(walls), 지붕(roof)이 될 것이고, 집의 구조를 보여주는 시각적인 이미지가 프레젠테이션의 포인트를 대신해 주는 시각화 자료가 된다.

Image 6-1에서 보여준 입체 형태의 이미지 외에도 과녁이나 피라미드 형태도 있다.

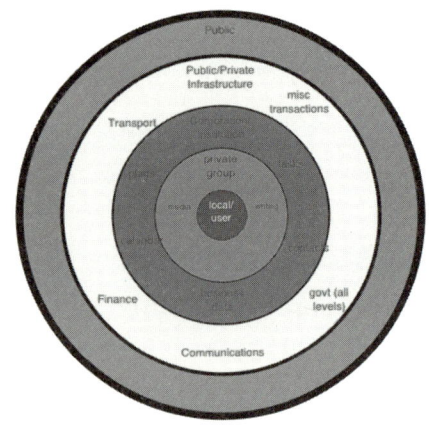

Image 6-2 과녁 중심에서 멀어질수록 비중이 낮은 포인트 ▲

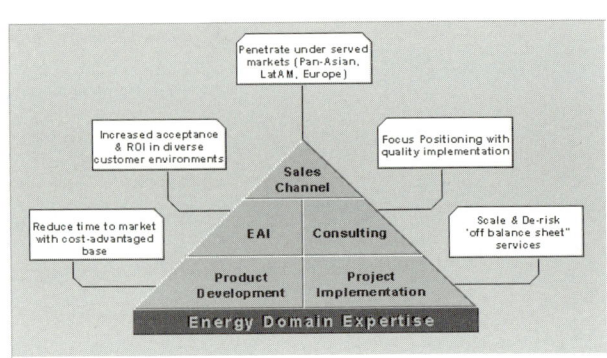

Image 6-3 역할 비중과 관계들을 표시할 때 사용하는 방법 ▲

강물의 흐름, 나뭇가지, 층계 모양 등도 또 다른 방식의 사용 빈도가 높은 시각적 비유이다. 만약 회사를 나무에 비유한다면, 강하고 유연성이 있으며 성장하고 있는 의미를 담고 있을 것이다. 강물에 비유했다면 조그만 물줄기가 모여 큰 바다로 이르듯이 강한 세력이 합쳐지고 있음을 표현한 것이고, 층계를 사용했다면 단계별로 차근차근 상승하고 있는 것을 의미하면서 발전 과정을 비유한 것이다.

살펴본 바와 같이 시각적인 이미지를 통해 말로 표현하기엔 완벽하지 않거나 부족한 부분을 효과적으로 표현할 수 있는 방법이 바로 시각적 비유이다. 이러한 편리함 때문에 이미 다양한 종류의 시각적 비유를 나타내는 이미지들이 사용되고 있다. 자주 사용하는 것일수록 청중에게 내용을 이해시키기 쉽다는 장점과 반복되는 식상함 때문에 오히려 집중력을 떨어뜨릴 수 있다는 단점이 함께 공존한다. 따라서 차별적이면서 고유한 이미지를 만들어 보는 것도 권할 만하다.

 시각적 비유를 통해 제안을 구체화시키는 예제 2 EX_30

"After an initial jolt, it lets you sail gently toward your goal. It protects you. And it only requires one yank to activate."

"낙하산을 펼치면, 초기 심한 요동이 있은 후에 목적지를 향해 부드럽게 날게 해줄 것입니다. 낙하산을 작동시키기 위해서는 한번 세게 잡아 당기는 것만 필요합니다."

여기서 만들어질 네 가지 시각적인 비유는 다음과 같이 전개될 것이다.

❶ 초기 심한 요동
❷ 목적을 향해 항해
❸ 보호
❹ 안전하고 만족스런 결과

❶ The jolt
❷ Sailing toward your goal
❸ Protection
❹ Safe and happy result

충격과 고통 속에서도 간단한 시도를 통해 안전하게 목적지를 향해 다가갈 수 있다는 좋은 결과를 시각화시키는 예제이다. 이 같은 비유를 할 때 앞장에서 배운 개인적인 경험을 덧붙이는 것도 설득력을 높이는 하나의 방법이다. 정리하면 시각적 비유는 프레젠테이션의 세련된 기법 중의 하나로 콘셉트의 이해를 돕고 요약해 주는 역할을 한다.

시간에 기초한 모델
Time-based

프레젠테이션의 본론을 전개할 때 시간대별로 어떤 일이 전개되었는지를 설명하는 방식이 바로 시간에 기초한 모델이다. 시간에 기초하여 전개할 때는 주로 역사적인 시점을 바탕으로 과거에서 현재까지의 변화 과정을 보여주는 회고나 보고서 형태로 서술한다. 이 모델을 기업의 프레젠테이션에 사용한다면 과거의 서비스 방식에서 현재의 새로운 서비스 모델로 성장하기까지의 과정을 설명하고, 더욱 건전한 기업의 이미지를 구축한 결과를 보여주면서 마무리할 수 있다.

과거에서 현재로 이어지는 시간의 흐름에 따라 프레젠테이션을 진행하기도 하지만, 이 책에서 사용했던 것처럼 현재에서부터 회상하듯이 과거를 되짚어 보는 진행을 하기도 한다. 시간에 기초하여 전개하다 보면 자연스럽게 스토리 형태로 흘러간다. 주인공이 어려움을 극복하기 위해 고통 속에서 부단한 노력을 하게 되고 극적인 반전으로 해피엔딩을 이루게 된다는 스토리 전개가 프레젠테이션을 흥미롭게 끌고 간다. 이 같은 스토리가 비즈니스 프레젠테이션에 자연스럽게 전개될 수 있으려면 시간의 흐름을 일목요연하게 정리한 표를 작성하는 일이 필요하다.

프로젝트를 진행하면서 발생한 굵직굵직한 일부터 시작해서 단계별로 진행한 일들을 적어 본 후에는 실제 프레젠테이션에서 사용하게 될 사건을 분류해야 한다. 핵심적인 사건이 정해진 다음에는 우선 순

| Models Models Models | **171**

위를 정해야 하는데, 이 과정에서는 추가적으로 삭제하고 변경하는 수정 작업이 필요하다.

시간대별 핵심 사건 작성 요령 ▶

March 4	Initial planning and scoping meetings
March 16	Definition of the project
March 21	Project team formed
April 1	Preliminary IT system plan drafted
April 22	System blueprints completed
June 10	Production testing begins
July 15	Version 1.0 ready for release
July 31	Distribution of version 1.0 completed

시간대별 핵심 사건 수정 요령 ▶

~~March 4~~	~~Initial Planning and Scoping Meetings~~	Cut
March 16	Definition of the Project (Include Planning and scoping)	keep -priority
~~March 21~~	~~Teams formed~~	Cut
~~April 1~~	Preliminary IT System Plan Drafted (Move to April 12)	Change
April 22	System Blueprints completed	Keep
June 10	Production Testing Begins	Keep
~~July 15~~	Version 1.0 ready for release (Move to July 20)	Change
July 31	Distribution of Version 1.0 completed	keep -priority

시간에 기초하여 프레젠테이션을 진행할 경우에는 본론에서 내세울 포인트마다 사건이나 배경, 사람들이 달라질 수 있다. 그런 이유로 다음과 같은 세 가지가 따라 붙게 된다.

❶ 배경 설정
❷ 관련인 소개
❸ 사건 소개

❶ Set the scene
❷ Introduce the people
❸ Tell what happened

Setting the Scene

We met at an off-site facility in Carmel Valley, a kind of retreat, where we felt comfortable speaking informally.

우리는 카멜 벨리에 있는 사무실이 아닌 외부에서 만났다. 그곳은 마치 아지트처럼 발언을 자유롭게 하도록 해주는 편안한 곳이었다.

Introducing the people

Our project coordinator, Jane Takayama, led the discussions. The IT and development people were there including myself and Dave Wynn who later became team leaders.

프로젝트 코디네이터 제인 타카야마가 토론을 이끌었다. 나를 비롯한 나중에 팀의 주장이 된 데이브 윈과 IT 개발자들이 함께 토론에 참여했다.

Telling what happened

We discussed the test results and agreed that our system was too complex for the end user. We set a new goal: to give our system the simplest, most friendly user-interface of any system on the market.

우리는 테스트 결과에 대해 토론했고 저희 시스템이 소비자가 사용하기엔 너무 복잡하다는 데 동의했다. 우리 시스템을 시중에 나와 있는 어떤 시스템의 사용자 인터페이스보다 가장 간단하면서도 친근하게 만든다는 새로운 목표를 설정했다.

세 가지 요소를 바탕으로 설명할 내용을 적어 본 후에는 불필요한 요소가 있는지 다시 한번 검토를 해야 한다. 사람들에 대해 언급할 필요가 없을 수도 있고 배경이나 장소에 대해서도 설명할 필요가 없을지도 모르기 때문이다. 항상 이점을 염두에 두고 자문해 보자. 언제 어디서 누가라는 설명이 빠지면 청중이 이해하는 데 혼란을 빚을 가능성이 있는가? 이것을 판단 기준으로 삼고 빼거나 남겨 두도록 하자. 하지만 핵심 사건에 대해서는 절대 삭제를 하면 안 된다. 시간에 기초한 모델에선 어떤 일이 일어났는지가 프레젠테이션 전개의 중심이 되기 때문이다. 또한 하나의 사건을 설명한 후 또 다른 사건으로 넘어갈 때에는 시간의 흐름을 부드럽게 해줄 전이적 요소인 연결어가 필요하다.

Transition : By early April, we had developed a set of possible solutions and we began to draft our system blueprints.
4월 초까지 우리는 가능한 해결 방안을 발전시켰고 우리 시스템의 청사진을 작성하기 시작했습니다.

연결어와 함께 또 다른 시간대에 진행된 새로운 사건을 소개할 때에는 앞서 언급한 것과 같이 장소와 사람들이 달라지지 않았다면 어떤 사건이 진행되었는지만 설명하면 된다. 이는 매 사건마다 동일하게 적용된다.

시간에 기초하여 사건 전개를 마무리한 후에는 모든 사건들을 묶어 주는 핵심이 되는 하나의 포인트가 있는지를 고려해 보아야 한다. 한 예로 기술적인 문제로 인해 생산에 지장을 주고 회사에 위기를 준 사건에 신속하게 대처해 전체적인 시스템 변경 없이 생산에 가속도를 내도록 했다는 사례를 제시한 후에는 핵심 주제를 전달해 줄 포인트를 다음과 같은 짧은 말로 대신할 수 있다.

"Turning lemons into lemonade."

레몬의 신맛 때문에 불만족스러웠던 사람들에게 레몬이 들어가 있지만 달콤한 맛이 나는 레모네이드로 만들면서 만족함을 준다는 뜻이다. 여기서 레모네이드는 발표자가 내세운 특징적인 기술이 될 수 있다.

끝으로 어떤 사건을 전개하든지 포인트를 분명히 드러내기 위해서는 속도 조절이 중요하다. 즉, 프레젠테이션 스토리가 절정에 이를 때는 박차를 가해 군더더기 없이 전개한다면 포인트를 더욱 선명하게 해줄 것이다. 이 기술이야 말로 프레젠테이션을 맛깔나게 해준다.

장소에 기초한 모델
Place-based

03

장소에 기초하여 진행하는 프레젠테이션은 말 그대로 장소의 움직임에 따라 내용이 전개되는 것이다. 대표적인 예로 FedEx나 DHL 같은 운송회사에서 운송 서비스를 설명할 때 장소에 따라 달라지는 특이 사항을 거론할 수 있는 가장 적절한 방법이다. 이때는 아래와 같이 장소별로 프레젠테이션의 섹션이 나눠질 것이다.

❶ 고객이 패키지를 보내는 장소
❷ 지역에 위치한 분류 운송센터
❸ 배급 창고
❹ 고객이 패키지를 받을 장소

❶ The location where the customers send packages
❷ Local sorting and shipping centers
❸ Distribution warehouses
❹ Locations where customers receive packages

또 다른 예를 보자. 만약 애니메이션 회사에서 새로운 프로젝트를 진행한다면 다음과 같은 단계별 진행을 계획하게 될 것이다.

List 01 일반적인 사건을 중심으로 작성한 단계별 계획안 ▶

01	Concept
02	Executive decision to implement the project
03	Script
04	Character designs & backgrounds
05	Story boarding
06	2-D Animation
07	3-D Animation
08	Post production
09	Broadcasting
10	Consumer reception & response

이처럼 사건을 분류해도 나쁘진 않지만 좀더 흥미롭고 다채롭게 보여주기 위해서 이들 요소를 장소별로 분류해 어디서 진행할 것인지에 초점을 맞추어 사건을 전개할 수도 있다.

List 02 장소를 중심으로 작성한 단계별 계획안 ▶

01	Rio, Brazil: Concept based on Brazilian Soccer
02	Madrid, Spain: Executive implementation
03	Los Angeles, USA: Script
04	Tokyo, Japan: Character designs, backgrounds, story boards
05	Seoul, Korea: 2-D Animation
06	Beijing China: 2-D Animation
07	Mumbai, India: 3-D Animation
08	London, UK: Original postproduction
09	Global: Broadcasting, consumer reception & response

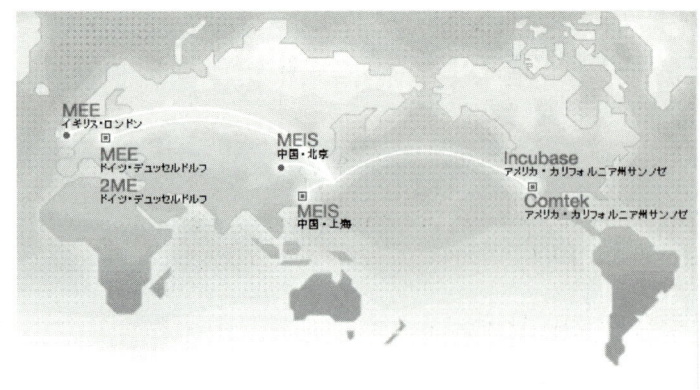

이 같은 구조는 글로벌 비즈니스 조직을 강조하고 싶을 때 특히 도움이 된다. 청중에게 각 분야의 최고의 능력을 지닌 사람들과 자원이 가장 풍부한 곳에서 애니메이션을 제작하기 때문에 최상의 결과를 보장한다고 강조할 수 있다.

Chart 04 | 장소에 기초한 모델(Next Page) ▶

질문에 기초한 모델
Questions-based

질문을 기초로 하는 기법이 어쩌면 프레젠테이션의 본론을 짜는 가장 쉬운 방법이라 할 수 있다. 이 방법은 청중이 가진 의문점을 풀어주면서 핵심 주제에 접근하는 것이다.

What will my audience be wondering about?
청중은 무엇을 궁금해할까?

What questions will they have in their minds?
청중은 어떤 점에 의문을 가질까?

청중의 입장에서 생각해 보는 방법인 질문을 기초로 하는 모델은 청중에게 가장 편안하게 받아들여질 가능성이 높다. 예를 보면서 이해해 보자.

프레젠테이션 구조 다듬기
장소에 기초한 모델

서론
회사의 프로젝트가 세계적인 규모로 진행된다는 점을 강조하면서 서론 제시하기

포인트 1 제시
리스트 2에서 보여준 8군데 지역을 옮겨가면서 설명하기

포인트 2 제시
리스트 2에서 9번째 내용인 전 세계 곳곳에서 하는 대대적인 광고안에 대해 논의하기

결론
주요 포인트를 정리하면서 결론을 맺고 다시 한번 글로벌 조직이 가지는 이점을 강조하기

Introduction
Start with an introduction stressing the international nature of your company's projects.

State Point 1
Move through the eight locations previously listed in List 2.

State Point 2
Discuss point nine in List 2: broadcasting to locations all around the globe.

Conclusion
End with a conclusion summarizing your main points, and again stressing the advantages of your international orientation.

질문에 기초한 프레젠테이션 전개 예제　　　　　　　　　　　　　EX_31

"As you know, we're here to discuss installing and implementing a new communications system within your corporate network. Now you're probably asking yourself several questions about this:

Why did we select this system?
How will it benefit us?
Why can't we just do it in house instead of outsourcing it?
How much effort will it take to get it up and running?
Will we see real results?

I'm going to take these questions one at a time, and then when I'm finished, you'll have the opportunity to ask any questions you still have.

First, 'Why did we select this system?' We researched the products in this market carefully. This system is faster, cheaper, and more flexible than the system you have now."

"아시다시피, 저희는 이 자리를 통해 고객님의 회사 네트워크 내에서 새로운 통신 시스템을 설치하고 사용하는 것에 대해 의논하려고 합니다. 아마도 지금 여러분들은 이에 대해 몇 가지 의문점들을 가지게 될 것입니다.

우리는 왜 이 시스템을 선택했나?
어떤 이득이 있을 것인가?
외부에 의뢰를 맡기는 대신 왜 직접 할 수는 없는가?
시스템을 설치하고 운영하는 데 얼마나 많은 노력이 필요한가?
결과는 확실한가?

이러한 질문들에 대해 하나씩 설명해 드리려고 합니다. 제 발표가 끝났을 때에도 여전히 질문이 있다면 질문을 받겠습니다.

먼저 왜 이 시스템을 선택했나? 저희는 마켓에 있는 제품들을 아주 신중하게 조사했습니다. 이 시스템은 현재 회사에서 보유하고 있는 시스템보다 빠르고 저렴하며 훨씬 유동적인 시스템입니다."

Chart 05 | 질문에 기초한 모델 (Next Page) ▶

청중이 가질만 한 의문들을 미리 언급하면서 시작한다면 모든 포인트가 청중에게 유용하기 때문에 청중이 집중하면서 경청을 하게 된다. 결국 질문에 대한 답변만으로도 청중이 만족할 수 있는 프레젠테이션을 할 수 있는 것이다.

프레젠테이션 구조 다듬기
질문에 기초한 모델

서론
청중이 제품과 서비스 또는 아이디어에 대해 가지게 될 질문들을 제시

첫 번째 질문을 반복하고 답변
청중이 충분히 만족할 정보를 제공

두 번째 질문을 반복하고 답변
청중이 충분히 만족할 정보를 제공

세 번째 질문을 반복하고 답변
청중이 충분히 만족할 정보를 제공

서론에서 던진 모든 질문들에 답변을 줄 때까지 지속

결론

Introduction
Ask a set of questions which reflects the questions your audience has about your product, service, or idea.

Repeat the first question and answer it
Give enough information to satisfy the audience.

Repeat the second question and answer it
Give enough information to satisfy the audience.

Repeat the third question and answer it
Give enough information to satisfy the audience.

Continue until you've covered all the questions that you asked at the beginning.

Conclusion

질문에 기초한 구조를 선택한다면 다음과 같은 초기 슬라이드가 필요할 것이다.

서론에서 제시할 슬라이드 ▶

1. Why did we select this system?
2. How will it benefit us?
3. Why can't we just do it in house instead of outsourcing it?
4. How much trouble will it be to get it up and running?
5. Will we see real results?

본론에 들어 가서는 서론에 제시한 질문들을 하나씩 풀어 간다.

본론에서 제시할 슬라이드 ▼

1. Why did we select this system ?

OF ALL THE PRODUCTS IN THIS MARKET, IT'S FASTER, CHEAPER, AND MORE FLEXIBLE.

2. How will it benefit us?

IT WILL PROVIDE FASTER AND MORE RELIABLE COMMUNICATIONS AND REDUCE MAINTENANCE COSTS.

3. Why can't we just do it in house instead of outsourcing it?

THE SERVICE CONTRACT THAT COMES WITH THE INSTALLATION PACKAGE MAKES LONG TERM MAINTENANCE LESS EXPENSIVE.

4. How much trouble will it be to get it up and running?

ZERO. WE WILL TRAIN YOU ON THE NEW SYSTEM AS YOU WORK.

5. Will we see real results?

YOU WILL SAVE 20% OF YOUR COMMUNICATION TIME.
(What are you going to do with all that Extra time on your hands?)

질문에 기초한 프레젠테이션을 전개할 때에는 한 가지 중요한 원칙이 있다. 발표자의 느낌이 아니라 청중이 가질 질문에 대해 객관적으로 예상되는 확실한 근거가 있어야 한다. 때문에 충분한 사전 조사나 통계 없이 어림잡아 진행한다면 절대 성공적인 프레젠테이션이 될 수 없다.

단락에 기초한 모델
Unit-based

단락은 의미상이나 문법적으로 독립적이고도 완전한 요소이다. 프레젠테이션은 이런 단락이 모여 구성된 조합체라고 볼 수 있다. 즉 하나의 단락이 미니 프레젠테이션이라 할 수 있고 모든 단락은 독립적인 의미를 가진다. 그래서 개별 단락은 순서의 변경이나 삭제, 추가 등이 자유로울 수 있다. 단락에 기초한 모델은 바로 이 같은 유연성이 가장 큰 장점으로 프레젠테이션 구조에 반영된다.

하지만, 단락을 근거로 하는 모델은 순서를 바꾸거나 단락을 생략하는 것도 가능하지만 처음부터 끝까지 하나의 일관된 논리적인 흐름을 만들기엔 부족하다. 그럼 어떻게 단락을 기초로 해서 프레젠테이션을 만들 수 있을까? 예를 보면서 확인하자.

다양한 서비스를 동시에 제공하는 회사에서 프레젠테이션을 할 때 발표자는 다음과 같은 차이가 분명한 네 가지 서비스라고 소개한다.

① 투자 서비스
② 보험 서비스
③ 회계 서비스
④ 부동산 서비스

① Investment Services
② Insurance Services
③ Accounting Services
④ Real Estate Services

각 서비스 부서는 독립적으로 특별하게 연결된 것이 없다. 따라서 발표자가 어떤 서비스를 먼저 소개하든 별로 문제될 바가 없다. 한 서비스가 다른 서비스를 이끌어 가는 연결이 될 만한 것이 없어 순서는 여기서 큰 의미가 없는 것이다. 이것이 바로 단락별로 접근하는 방법이다. 이때는 4개의 서비스 부서가 있듯이 단락도 4개로 나누어 프레젠테이션을 제작할 수 있다. 단, 발표 순서는 청중에 따라 달라진다. 청중이 재무 관련 업종에 종사하는 사람이라면 투자 서비스를 먼저 권할 것이고, 부동산을 사고 파는 데 관심이 집중되어 있다면 부동산 서비스를 제일 먼저 설명하게 될 것이다.

만약 정해진 시간이 여의치 않을 경우에는 참가한 청중에게 중요하지 않다고 생각되는 단락은 생략해도 된다. 이처럼 단락을 기준으로 구조를 만들 때에는 많은 유연성이 주어진다. 그러나 청중에게 별 관심이 가지 않는 단락을 설명하게 될 때에는 집중력이 떨어지게 되고 결론적으로 인상 깊은 프레젠테이션이 되기가 힘들다.

이런 경우엔 앞서 배운 시각적 비유나 스토리 또는 각 단락을 논리적으로 연결시킬 수 있을 모델을 함께 적용시켜 보자. 단락에 기초한 모델에 다른 요소들을 활용한다면 분명 다채로움을 줄 수 있을 것이다.

특징과 이득
Features & Benefits

특징과 이득은 제품에 관해 프레젠테이션을 할 때 가장 많이 사용하는 접근 기법이다. 3장에서 이미 이 모델을 잘못 사용했을 때 어떤 실수를 범하게 되는지에 대해 확인한 바가 있다. 반면 제대로 기법을 이해하고 사용한다면 아주 유용하고 논리적인 프레젠테이션을 만들 수 있다.

특징과 이득을 모델로 할 때에는 장시간 자세한 정보를 나열하는 데 집중하지 말고 청중에게 직접적으로 이득이 되는 점을 고르는 데 집중해야 한다.

Chart 06 | 특징과 이득에 기초한 모델 (Next page)▶

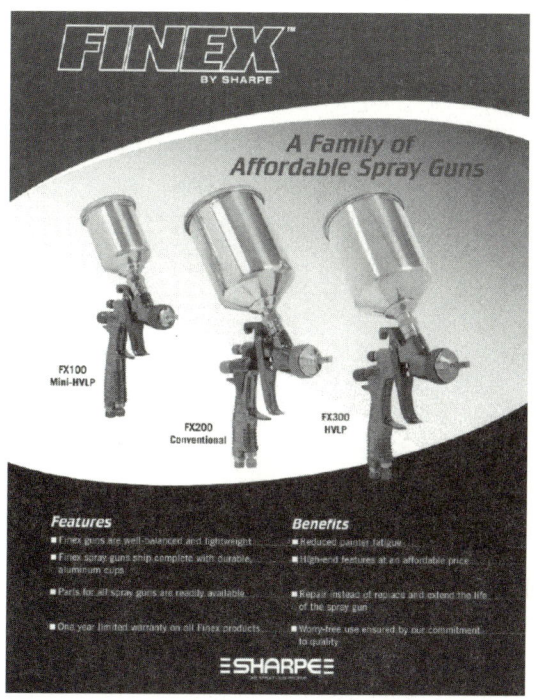

프레젠테이션 구조 다듬기
특징과 이득에 기초한 모델

서론
· 전반적인 제품의 목적

첫 번째 특징
· 무엇인가?
· 어떻게 작동하는가?
· 사용자에게 어떤 이득을 주는가?

두 번째 특징
· 무엇인가?
· 어떻게 작동하는가?
· 사용자에게 어떤 이득을 주는가?

세 번째 특징
· 무엇인가?
· 어떻게 작동하는가?
· 사용자에게 어떤 이득을 주는가?

말하고자 하는 특징들을 모두 설명할 때까지 이 방식을 지속
가격, 보증, 운송 등의 제품 구매에 관한 주요 정보를 제공

결론
발표자가 강조하는 이득은 청중의 니즈가 있는 이득이어야 함을 유념

Introduction
· Overall purpose of product.

First feature
· What is it?
· How does it work?
· How does it benefit the user?

Second feature
· What is it?
· How does it work?
· How does it benefit the user?

Third feature
· What is it?
· How does it work?
· How does it benefit the user?

Continue this pattern for as many features as you want to cover.
Provide any key information about purchasing the product such as pricing, guarantees, shipping, etc.

Conclusion
Remember: The benefits you stress should be benefits that your audience needs.

문제점과 해결책
Problem & Solution

07

이 모델은 왜 청중이 프레젠테이션을 보러 왔을까를 먼저 생각해 본 다음 사용해야 한다. 만약 청중에게 문제가 있거나 새로운 해결책이 필요해 시간을 할애하고 있다는 판단이 선다면 문제점과 해결책이 반드시 프레젠테이션에 포함되어야 한다. 슬라이드 첫 장에서부터 명확하게 문제점을 드러내 보이고 동시에 해결책을 분명히 보여주는 방식으로 프레젠테이션을 끌고 가자.

Tip: In some cases, you may not want to use the word: 'Problem.' A company that has a very serious problem may be sensitive about discussing it. For example, they may not want to be reminding graphically of how badly their competitors are out performing them. In that case, consider using more neutral terms like 'Issue,' 'Obstacle' or 'Challenge.' In place of solutions, you might then use 'Actions' or 'Programs' This is not usually necessary, but in sensitive situations, use your judgment.

어떤 경우엔 '문제' 란 단어를 사용하는 것이 꺼려질지 모른다. 회사가 아주 심각한 문제에 빠져 있을 때에는 문제를 논의하는 것에 민감해질 수 있기 때문이다. 예를 들어, 경쟁 업체가 얼마만큼 심각하게 그들을 뛰어넘고 있는지를 생생하게 되새기는 것은 바라는 바가 아닐 것이다. 이럴 땐 좀더 부드러운 용어인 'Issue' 'Obstacle' 아니면 'Challenge' 란 단어를 대신 사용해 보자. 그렇다면 해결책도 'Actions' 이나 'Programs' 같은 단어로 대체해 보자. 꼭 해야 하는 것은 아니지만 발표자의 판단에 따라 민감한 상황에 요령 있게 사용해 보자.

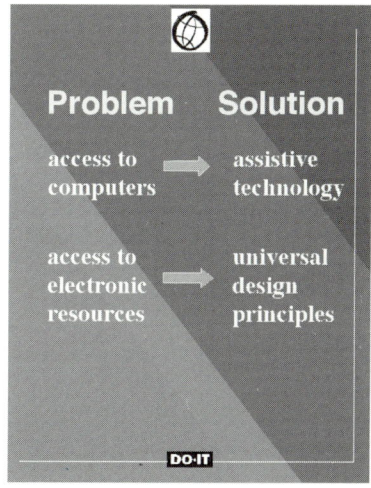

상황을 보여주고 해결책을 보여줄 때에도 5장에서 배운 스토리 형식을 끌어들여 보자. 발표자의 제안으로 문제를 해결할 수 있음을 구수하게 풀어간다면 청중이 빨려 들어가듯이 공감하게 될 것이다.

Chart 07 | 문제점과 해결책에 기초한 모델 (Next page) ▶

프레젠테이션 구조 다듬기

문제점과 해결책에 기초한 모델

CHART 07

서론
청중의 문제를 제시

문제를 해결해야 하는 이유를 자세히 설명
· 문제를 해결하지 않았을 때 어떤 부정적인 결과가 있는가?
　　ⓐ 단기간의 결과
　　ⓑ 장기간의 결과

· 문제를 해결하면 청중이 어떤 이득을 얻는가?
　　ⓐ 즉시 나타나는 이득
　　ⓑ 장기간의 이득

복잡한 상황 설명
· 문제점이 눈에 띄게 더 악화되고 있는가?
· 문제가 악화되는 상황을 청중이 해결하기까지 정해진 시간에 대한 제한이 있는가?
· 이 문제점이 또 다른 문제를 야기시키는가?

해결책 설명
· 제품, 서비스 또는 아이디어 소개
· 문제를 어떻게 해결할지 구체적으로 설명
· 문제가 해결되었을 때 상황이 어떻게 나아질지를 설명
· 해결 방법을 어떻게 시행할 것인지를 설명
· 진행할 전략이 가능성 있음을 지적

결론

Introduction
· State your understanding of your audience's problem

Explain in detail why the problem must be solved
· What are the negative consequences if the problem is not solved?
　　ⓐ Short term consequences
　　ⓑ Long Term consequences

· What are the benefits to the audience if the problem is solved?
　　ⓐ Immediate benefits
　　ⓑ Long Term benefits

Explain any complications
· Is the problem getting progressively worse?
· Is the progression of the problem limiting the amount of time the audience has to solve it?
· Does this problem cause other problems?

Tell the solution
· Introduce your product, service or idea
· Tell specifically how it solves the problem
· Describe how the situation will be improved once the problem is solved
· Describe how you will go about implementing your solution
· Point out that your implementation strategy is feasible

Conclusion

문제의 종류에 따라 해결책을 제시하는 접근 기법도 다양하게 사용된다. 예를 들어 그 동안의 여러 과정을 통해 현재의 해결책에 도달했다는 어떤 발자취를 보여주길 원한다면 시간에 기초한 모델과 함께 적용해서 보여주자. 이와 같이 다양한 모델들을 적절하게 섞을 수 있을 때 좀더 독창적이고 효과적인 프레젠테이션이 만들어진다.

기회와 행동
Opportunity & Action

08

바로 앞서 설명한 문제점과 해결책이 부정적인 상황에 초점을 맞춰 접근해 가는 방식이라면 기회와 행동은 긍정적인 상황에 초점을 맞춰 접근하는 방식이다.

기회와 행동에 기초한 프레젠테이션 전개 예제 1　　　　　　EX_32

"Today you can use your telephone at home or in the office. That's fine. But what if you could also take it with you and use it anywhere: in your car, at a restaurant, or while walking down the street?"

"오늘날 여러분은 집에서나 사무실에서 전화를 사용할 수 있습니다. 그런데 만약 전화를 차에서나, 식당에서 아니면 길을 걷고 있을 때와 같이 어디나 가지고 다니면서 사용할 수 있다면 어떨까요?"

휴대폰이 보편화되기 전까지는 당연한 일상이었기에 발표자의 말에 청중은 의아해 할 것이다. 일상의 긍정적인 변화를 예고하는 일은 청중에게 새로운 기회로 받아들여진다. 이것이 바로 기회와 행동을 모델로 하는 기법이다. 청중에게 기회를 설명하고 기회를 잡을 수 있는 행동을 유도하는 것이다. 비슷한 경우로 부동산에 관한 프레젠테이션을 한다고 가정해 보자.

기회와 행동에 기초한 프레젠테이션 전개 예제 2   EX_33

"During the real estate boom of the past few years, tens of thousands of people bought homes with variable interest rates. Over the coming years, as interest rates go up many of these people will be unable to make their payments. Their homes will go into foreclosure and banks will sell them at low rates. This will create substantial opportunities for companies that can purchase foreclosures, fix them up, and quickly re-sell them at a profit."

"지난 수년의 부동산 붐이 일었을 동안, 수만의 사람들이 다양한 이자율에 따라 집을 구입했습니다. 하지만 다가올 수년간 이자율은 상승하고 있어 많은 사람들이 할부금을 내지 못하게 될 것입니다. 그들의 집들은 경매 처분을 받게 될 것이고 은행은 낮은 이자율로 집을 팔게 될 것입니다. 이로 인해서 많은 회사들이 경매 처분이 된 집을 구입할 수 있게 되어 그 집을 수리한 후 빠르게 되팔아 이득을 챙기는 엄청난 기회가 생길 것입니다."

발표자는 부동산 시장에 기회가 다가옴을 설명하고 있다. 즉, 청중에게 문제가 되고 있는 사안을 다른 측면에서 기회로 볼 수 있게 해준다.

이 모델의 프레젠테이션은 두 가지의 핵심 부분으로 분류된다.

❶ 기회를 설명
❷ 제품과 서비스 또는 아이디어가 기회를 통해 어떻게 청중에게 수익을 가져다 줄지 설명

❶ Describing the opportunity
❷ Explaining how your product, service, or idea allows the audience to take action to profit from that opportunity

Chart 08 | 기회와 행동에 기초한 모델 ▶

프레젠테이션 구조 다듬기

기회와 행동에 기초한 모델

서론

기회를 제시
중요한 이유를 설명
ⓐ 만약 직접적인 행동으로 이어졌을 때 얻어지는 긍정적인 결과는 무엇인가?

발생할 수 있는 문제점 설명
ⓐ 기회를 포착하는 데 시간의 제한이 있는가?
ⓑ 다른 기회로 연결되는가?

해결책 설명
· 제품 서비스 아이디어 소개
· 기회를 효과적으로 이용할 수 있는 방법을 명확히 설명
· 기회를 이용해서 얻어지는 이득을 설명
· 기회를 활용하는 것이 실행 가능한 일이란 것을 증명

결론

Introduction

State the opportunity
· Tell why it is substantial.

  ⓐ What are the positive consequences if it is exploited through direct action?

· Explain possible complications.

  ⓐ Is there a limited amount of time to take action on this opportunity?
  ⓑ Does it lead to other opportunities?

Tell the solution
· Introduce your product, service or idea.

· Tell specifically how it effectively takes advantage of the opportunity.

· Describe the benefits of exploiting the opportunity.

· Demonstrate that taking action to exploit this opportunity is practical and doable.

Conclusion

대조와 비교
Contrast & Compare

대조는 서로 다른 점을 보여주는 것이고 비교는 서로 유사한 점을 보여주는 것이다. 따라서 이 모델은 어떤 특정한 상황에서만 사용하는 것이 현명하다. 그 예로 어떤 한 제품이 현재 시장을 장악하고 있을 때, 그에 견줄 만한 새로운 제품을 가지고 한 부분 한 부분 대조해 보면서, 왜 새로운 제품이 더 우수한지를 설명할 경우에 유용한 기법이다. 실례를 들어 보자.

마이크로 프로세스를 개발한 회사에서 현재 시장을 거의 독점하고 있는 인텔과 비교해 프레젠테이션을 한다고 가정하자. 발표자는 인텔의 칩을 보여주면서 제품을 하나씩 뜯어서 비교한다. 아마도 이럴 경우엔 다음과 같은 프레젠테이션 구조가 완성될 것이다.

Chart 09 | 대조와 비교에 기초한 모델 ▶

Use the Contrast and Compare Model with caution. Unless your case is very strong, you risk turning your presentation into an advertisement for the competition. Make sure that you know what you are selling.

대조와 비교 모델은 유의해서 사용해야 한다. 발표자의 제안이 아주 설득력이 강한 경우가 아니라면 경쟁자를 광고해 주는 프레젠테이션이 될 위험 부담을 가진다. 무엇을 팔려고 하는지를 분명히 알고 이 모델을 사용하도록 하자.

프레젠테이션 구조 다듬기

대조와 비교에 기초한 모델

서론
발표자의 제품이 현재 시장을 점유하고 있는 인텔 프로세스와 경쟁을 하고 있다는 것을 솔직하게 제시

첫 번째 특징을 비교(예: 구조)
- 구조의 유사점과 차이점을 설명
- 발표자가 소개한 제품의 특징이 더 경쟁력이 있고 더 우수하다는 이유를 설명
- 제품의 특징이 청중에게 어떤 이득이 되는지를 설명

두 번째 특징을 비교(예: 저장 메모리)
- 저장 메모리의 유사점과 차이점을 설명
- 발표자가 소개한 제품의 특징이 더 경쟁력이 있고 더 우수하다는 이유를 설명
- 제품의 특징이 청중에게 어떤 이득이 되는지를 설명

세 번째 특징을 비교(예: 클록 속도)
- 클록 속도의 유사점과 차이점을 설명
- 발표자가 소개한 제품의 특징이 더 경쟁력이 있고 더 우수하다는 이유를 설명
- 제품의 특징이 청중에게 어떤 이득이 되는지를 설명

말하고 싶은 모든 특징들에 대해 설명을 계속

판매 가격, 서비스, 보증과 같은 다른 구성 요소 비교
- 같은 점이 무엇인지 설명
- 차이점이 무엇인지 설명
- 가격, 서비스, 보증 등이 경쟁력이 있거나 더 나은 이유를 설명
- 이 제품의 특징이 청중에게 어떤 이득이 되는지를 설명

결론
전체적으로 왜 경쟁 상품보다 더 나은 구입인지를 설명 (예: 인텔 칩)

Introduction
State frankly that your product is in competition with the industry leader. (e.g. the Intel processor that now dominates the market.)

Compare the first feature (e.g. the architecture)
- Explain the similarities and differences in the architecture.
- Explain why your feature is more competitive or better.
- Explain how this will benefit the audience.

Compare the second feature. (e.g. the Cache)
- Explain the similarities and differences in the Cache.
- Explain why your feature is more competitive or better.
- Explain how this will benefit the audience.

Compare the third feature. (e.g. the Clock Speed)
- Explain the similarities and differences in the Clock Speed.
- Tell why your feature is more competitive or better.
- Tell how it will benefit the audience.

Continue until you've discusssed all the features you want to cover.

Compare other components of the sale such as Pricing, Service, and Guarantee
- Tell what is the same
- Tell what is different
- Tell why your pricing, service, guarantee, etc. are competitive or better
- Tell how this will benefit the audience

Conclusion
Tell why, overall, it is better to purchase your product than the competitive product. (e.g. the Intel chip)

중간에 한눈에 비교할 수 있는 표를 보여준다면 더 효과적으로 메시지를 전달할 수 있다.

두 제품을 직접적으로 비교해 주는 표 ▼

	INTEL(r) Pentium(r) M Processor	NEW CHIP Chi Processor
Processor Number	1280	Z-415
Architecture	90-nm process technology	130-nm process technology
L2 Cache	2MB	3MB
Clock Speed	2.26 GHz	3.36 GHz
Front Side Bus	533 MHz	666 MHz
Chipset	Mobile Intel(r) 915PM Express Chipset, Mobile Intel(r) 915GM Express Chipset	New Chip (r) 987 Chipset, New Chip (r) X11 Chipset,
Price	$1,235,99	$ 999.99
Service	Intel Standard	New Chip "Comprehensive Service Plan"
Guarantee	3 years	5 years

숫자에 기초한 모델
Numbers-based

숫자에 기초한 기법은 어떤 프레젠테이션이든지 기본적인 것이다.

There are **six things** you should know about this project.
이 프로젝트에 관해 여섯 가지를 아셔야 합니다.

This concept is based on **three** ground-breaking **ideas.**
이 콘셉트는 혁신적인 세 가지의 아이디어를 기본으로 합니다.

CHAPTER 06 | Models Models Models   193

There are **four reasons** why our service has become the leader in its field.

왜 저희가 제공하는 서비스가 이 분야의 리더가 되어왔는지를 보여줄 네 가지 이유가 있습니다.

Once we've implemented the program, it will impact the operation in **five** distinct **ways**.

저희가 프로그램을 실행하게 되면, 다섯 가지의 독특한 방법으로 작동에 영향을 줄 것입니다.

Chart 10 | 숫자에 기초한 모델 (Next Page) ▶

이 기법의 가장 큰 장점은 간단명료하다는 것과 청중이 발표자의 발표 흐름을 쉽게 이해하며 정해진 숫자를 목표로 받아들이고 끝까지 집중한다는 청중의 심리를 유도할 수 있다. 반면 아주 흥미로운 구조가 아니라는 단점도 안고 있다. 이점을 보안하기 위해서 약간의 신선한 유머를 가미해 보자.

 숫자에 기초한 프레젠테이션 전개 예제   EX_34

"What are the five things you DON'T want to happen when you put in a new floor?

① Slippery (You fall on your face and your kids laugh at you.)

② Yellow Tinge (It looks like it's been there a hundred years even though you just put it in last fall.)

③ Peeling up at the edges (You stomp, you hammer, you sit on it – nothing keeps it down.)

④ Bad Color (Like that rococo green sweater you wore on your first date with your wife – she almost cancelled the date when she saw you.)

⑤ Empty Cupboards (The kitchen cupboards are empty because the floor cost so much there's no money left for food!)

CONTINUE ▼

프레젠테이션 구조 다듬기
숫자에 기초한 모델

서론
숫자 개념 지정
(다섯 가지 포인트 또는 여섯 가지 이유 또는 네 가지 아이디어 등)

포인트 1 제시
설명

포인트 2 제시
설명

포인트 3 제시
설명

초기에 제시한 숫자의 포인트를 모두 설명할 때까지 계속 연결

결론

Introduction

Number statement (The five points, six reasons, or four ideas, etc.)

State Point 1

Explain it.

State Point 2

Explain it.

State Point 3

Explain it.

Continue until you've covered all of the points that you numbered at the beginning

Conclusion

> Our new Evershine Floors avoid all of these problems.
>
> First: You'll never slip on our new 'No Slip' surface because it's microscopically textured."

"새로운 마루를 깔았을 때 절대 벌어지지 않길 바라는 다섯 가지가 무엇일까요?

① 미끄러지는 것 (얼굴을 바닥에 박게 되면서 애들까지 비웃을 것이다.)
② 노랗게 탈색되는 것 (작년 가을에 깐 것이 백년이 지난 것처럼 보인다.)
③ 가장자리가 들뜨는 것 (발로 눌러도 보고 망치로 두드려 보고, 깔고 앉아 있어 보아도 소용이 없다.)
④ 나쁜 색상 (첫 데이트 때 너무 튀는 녹색 칼라 스웨트를 입고 나와 지금의 아내가 당신을 보았을 때 데이트를 거절하려고까지 했던 색상이다.)
⑤ 찬장이 빈다. (마루가 너무 비싸 음식 살 돈이 없어 부엌의 찬장이 빈다.)

저희의 신제품 에버샤인 마루는 이런 모든 문제들을 피할 수 있습니다.

첫째, 저희의 새로운 '미끄럼 방지' 표면 처리 때문에 절대 미끄러지지 않을 것입니다. 왜냐하면 표면이 아주 미세하게 질감 처리되어 있습니다."

포인트를 보여줄 때에는 다섯 가지가 넘지 않도록 하는 것이 좋다. 부득이 다섯 가지 이상을 보여주어야 할 경우엔 각 포인트들이 짧으면서도 재치있는 내용으로 쉽게 넘어갈 수 있도록 해야 한다. 그리고 청중에게 끝까지 주목을 끌려면, 제일 마지막 포인트를 특별하게 만드는 것도 하나의 방법이다. 끝까지 경청해 준 청중에게 하나의 보상이 될 만한 아이디어나 제의를 해보자.

케이스 스터디
Case Study

11

주변을 살펴보면 말만 번지르르 하고 행동을 보여주지 않는 사람들이 종종 있다. 그땐 자연스럽게 **"Don't just tell about it, show it!"** 이란 말이 튀어 나온다. 프레젠테이션은 뭔가를 보여주려고 하는 것이기 때문에 특히 이점이 민감한 부분이고 케이스 스터디가 이점을 잘 보완해 주는 기법이다. 제품이나 아이디어, 서비스를 실제 어디

❶ 비용 관리
❷ 시간 관리
❸ 정보 관리
❹ 인사 관리

서 사용하고 있는지에 대한 케이스(사례)를 분명히 보여주어야 한다.

실례를 들어 보자. 발표자는 비즈니스를 분석해 이익을 효과적으로 증대시키는 방법을 상담하는 컨설팅 회사에 근무하고 있다고 가정해 보자. 새로운 고객에게 프레젠테이션을 하게 될 때 발표자는 일반적으로 다음과 같은 네 가지 측면에서 컨설팅 서비스를 설명할 것이다.

❶ Cost management
❷ Time management
❸ Information management
❹ Personnel

대체로 추상적인 개념을 소개할 경우에는 청중에게 직접적으로 와 닿지 않는 면이 많기 때문에 구체적으로 예를 들면서 설명하는 것이 낫다.

  케이스 스터디에 기초한 프레젠테이션 전개 예제   EX_35

"Last year we were called into the Whitney Shoelace Company. Whitney's customer base was fairly stable, but their profits had been declining over the three previous years. They asked us to find out why. We started by analyzing their cost management."

"작년에 Whitney Shoelace 회사로부터 전화를 받았습니다. 휘트니의 고객 구성은 꽤 안정적이지만 지난 3년간 계속 이익이 감소하고 있었습니다. 그래서 저희에게 그 이유를 밝혀줄 것을 요청했습니다. 저희는 먼저 경비 관리에 대한 분석부터 시작했습니다."

발표자는 분석을 통해서 어떤 사실을 알게 되었으며 어떤 변화를 시도해 마침내 어떤 결과에 도달했는지를 계속 설명할 것이다. 이 설명으로 추상적인 주제가 눈에 보이듯이 실제로 재현되게 되고 청중에게 결론을 강요하지 않아도 스스로 어떤 판단과 결정을 할 수 있게 만들어 준다. 바로 이 같은 긍정적인 결론을 가장 세련되게 보여주는 방법이 케이스 스터디 모델이다.

이 모델도 거의 스토리 전개 방식을 띠고 있는데 인물보다는 사건 중심으로 진행된다. 사건도 실제 있었던 일을 바탕으로 하기 때문에 청중에게 더욱 흥미진진한 일이 된다.

Chart 11 | 케이스 스터디에 기초한 모델 (Next page) ▶

어떤 구조를 선택해야 하는가?
Which Structure Should You Choose?

12

과연 어떤 구조를 선택하는 것이 최상인가? 이 질문엔 정답이 없다. 주제에 따라 어떤 점을 강조하고 싶은지, 발표자가 어떤 스타일이 편한지, 시간적인 여유가 얼마만큼 있는지 등 여러 요인들이 선택에 영향을 줄 수 있다. 단지 하나의 모델을 사용해서 구조를 만드는 것보단 몇 가지를 병용하는 것이 낫고 제품이나 서비스, 또는 아이디어를 두드러지게 하는 가장 자연스런 모델을 선택해야 한다.

그렇다면 자연스런 모델을 찾는 좋은 방법은 없을까? 이 해답을 찾길 원한다면 앞서 배운 브레인스토밍 과정을 다시 권하고 싶다. 아이디어들을 쏟아 내면서 발견한 공통점은 없었는가? 프로세스를 따라가면서 마음 깊은 곳에서 정리된 기법은 무엇이었는가? 보통의 경우에는 이런 고민 없이, 시간에 기초한 모델을 사용하거나, 유사한 경우를 성공적으로 해결한 케이스를 보여주는 모델을 사용하는 것과 같이 쉽게 어떤 모델을 적용할 지에 대해 방향을 잡을 수 있다. 그러나 브레인스토밍 과정을 다시 한번 반복하다 보면 잊고 있었던 포인트나 사용 가능한 포인트들을 건지게 될지 모른다. 이런 측면에서 구조를 짤 때 브레인스토밍 과정을 여러 번 반복해 보길 권한다.

프레젠테이션 구조 다듬기
케이스 스터디에 기초한 모델

서론

· 발표자의 회사(혹은 팀)가 무엇을 하는지를 설명

· 케이스 스터디 설정
   ⓐ 어떤 회사였는지 설명
   ⓑ 의논할 필요가 있었던 문제가 무엇이었나?
   ⓒ 다른 관련 있는 배경 정보

실행했던 첫 번째 서비스에 관해 설명 (여기서는 경비 관리 분석)
   ⓐ 무엇을 분석했나?
   ⓑ 무엇을 발견했나?
   ⓒ 어떤 변화를 주었는가?
   ⓓ 어떻게 회사를 개선시켰나?

실행했던 두 번째 서비스에 관해 설명 (여기서는 시간 관리 분석)
   ⓐ 무엇을 분석했나?
   ⓑ 무엇을 발견했나?
   ⓒ 어떤 변화를 주었는가?
   ⓓ 어떻게 회사를 개선시켰나?

실행했던 세 번째 서비스에 관해 설명 (여기서는 정보 관리 분석)
   ⓐ 무엇을 분석했나?
   ⓑ 무엇을 발견했나?
   ⓒ 어떤 변화를 주었는가?
   ⓓ 어떻게 회사를 개선시켰나?

Introduction

· Tell what your company (or team) does.

· Set up the case study.

   ⓐ Tell which company was.
   ⓑ What issues they needed addressed.
   ⓒ Any other relevant background information.

Tell about the first service you performed
(in this case analyzing cost management)

   ⓐ What did you analyze?
   ⓑ What did you discover?
   ⓒ What changes did you make?
   ⓓ How did they improve the company?

Tell about the second service you performed
(in this case analyzing time management)

   ⓐ What did you analyze?
   ⓑ What did you discover?
   ⓒ What changes did you make?
   ⓓ How did they improve the company?

Tell about the third service you performed
(in this case analyzing information management)

   ⓐ What did you analyze?
   ⓑ What did you discover?
   ⓒ What changes did you make?
   ⓓ How did they improve the company?

CHAPTER 06 | Models Models Models

케이스 스터디에 기초한 모델

CHART 11

실행했던 네 번째 서비스에 관해 설명 (여기서는 구성원 분석)
ⓐ 무엇을 분석했나?
ⓑ 무엇을 발견했나?
ⓒ 어떤 변화를 주었는가?
ⓓ 어떻게 회사를 개선시켰나?

변화를 통해 전체적으로 회사가 어떤 이익을 얻게 되었는지 설명
· 현재 참석한 청중에게 유사한 프로세스를 어떻게 적용할 수 있을지와 그들에게 어떻게 도움이 될지를 설명

결론

Tell about the fourth service you performed
(in this case analyzing personnel)

ⓐ What did you analyze?
ⓑ What did you discover?
ⓒ What changes did you make?
ⓓ How did they improve the company?

Tell how the company benefited over-all from the changes you made

· Tell how you might apply a similar process for the current audience and how it might help them

Conclusion

GIVE IT A TRY

제시된 예제를 가지고 실제 프레젠테이션을 만들어 보자. 스토리를 기본 구조로 선택하고 문제점과 해결책을 기본 모델로 선택해서 기본 프레젠테이션을 만들어 보자.

An American company called the Northern Printer Company has been a successful company for 10 years. They have sold an average of 300,000 printers per year for 10 years. Last year, however, the Northern Printer Company sold only 200,000 printers. The company's Marketing Department conducted a study of their customers to find out why they were selling fewer printers.

미국 노던 프린터 회사는 10년 동안 매년 평균 30만대의 프린터를 판매할 정도로 성공 가두를 달리고 있었다. 그런데 작년에는 20만대의 프린터만 팔았다. 회사의 마케팅 부서에서는 왜 프린터가 적게 팔리는지에 대해 고객 조사를 시행했다.

They found two serious problems.

두 가지 심각한 문제가 발견되었다.

First, the customers were not happy with the speed of their printers. Their printers were printing only 25 pages per minute while their prime competitor, the Southern Printer Company had a competitively priced printer that printed 30 pages per minute. This meant that the computer chip that drove their printer was too slow.

첫째, 고객들은 프린터의 속도에 대해 만족하지 않았다. 노던의 제품은 분당 25페이지만을 인쇄해 낸 반면에, 주 경쟁사인 서던 프린터 회사 제품은 비슷한 가격대이지만 분당 30페이지를 인쇄해 냈다. 결국 이러한 결과를 보면, 노던의 제품은 컴퓨터 칩이 너무 느리게 작동한다는 것을 의미했다.

Second, customers complained that their printers were too heavy. Their competitors made a printer that weighed just 4 pounds. Their printer weighed 6 pounds. That meant that it was harder to move and took longer to set up.

둘째, 고객들은 프린터가 너무 무거운 점에 불만을 가지고 있었다. 경쟁 회사에서는 4파운드의 무게인 반면에 그들의 프린터는 무게가 6파운드나 된다. 운반하기도 힘들고 설치하는 데에도 더 많은 시간이 소요된다.

The Northern Printer Company realized that they had serious problems. They looked around for help. They contacted a Company in Asia called

GIVE IT A TRY

Singapore Solutions and spoke to a sales rep named Tsai Hui. Tsai Hui told the President of the Northern Printer Company that Singapore Solutions could help. They had just developed a cost effective Printer Chip that increased the number of copies that a printer could turn out. Tsai Hui said that they could increase the speed of a printer by 20%. He also said that they had a new type of plastic that would make the frame of a printer lighter to carry and easier to set up. He claimed that they could reduce the weight of a printer by 2 pounds.

노던 프린터 회사는 심각한 문제가 있음을 인식했고 도움이 될 만한 것을 찾아 나섰다. 그들은 아시안 회사인 싱가폴 솔루션에 전화를 걸어, 영업직원인 Tsai Hui와 대화를 나눴다. Tsai Hui는 최근 개발된 비용 절감이 가능한 프린터 칩으로 인쇄를 더 많이 할 수 있고 속도도 20% 증가시킬 수 있어서 노던 프린터 회사에 도움이 될 수 있다고 노던의 사장에게 설명했다. 게다가 새로운 타입의 플라스틱을 프린터의 프레임으로 사용하면 2파운드의 무게를 줄여 운반하기에도 가볍고 설치도 간편하다고 말했다.

The President of the Northern Printer Company told Tsai Hui that he and his fellow executives would like to see a presentation explaining how the products worked and how these products could help their company.

노던 프린터 사장은 본인과 임원들이 함께 제품이 어떻게 작동하고 그들 회사에 어떤 도움이 될 수 있는지를 프레젠테이션으로 보길 원한다고 Tsai Hui에게 말했다.

Use these facts to put together a presentation. Imagine that you are on Tsai Hui's team and you are asked to help design the presentation. How would you do it?

이 사실들을 바탕으로 프레젠테이션을 만들어 보자. 당신은 Tsai Hui의 팀원이고 프레젠테이션의 슬라이드 디자인을 도와 달라는 요청을 받았다고 가정해 보자. 어떻게 만들 것인가?

Choose a model that allows you to have the most effective introduction, body, and conclusion.

서론, 본론, 결론을 가장 효과적으로 표현해 줄 모델을 선택해 보라.

For this exercise, you do not need to write out every word of your presentation, but you should state each point and then state what kinds of facts and examples you would use to support them. Also tell the main ideas you would

GIVE IT A TRY

include in the introduction and conclusion.

이렇게 연습할 경우에는, 프레젠테이션에서 표현하고 싶은 모든 말을 적을 필요까지는 없지만, 핵심 포인트를 제시해야만 하고 어떤 사실과 예제를 사용해서 포인트를 뒷받침할 것인지도 함께 제시해야만 한다. 또한 서론과 결론에서 보여줄 핵심 아이디어에 대해서도 설명해 보자.

Introduction:

_____
_____
_____
_____
_____

Body:

_____
_____
_____
_____
_____
_____
_____
_____

Conclusion: (recap your main points and leave the audience with your most important ideas. Leave them satisfied and positive.)

결론에서는 핵심 포인트를 다시 한번 요약해 주고 청중에게 핵심 아이디어가 남도록 하라. 청중이 만족스럽고 긍정적인 생각을 가지게 해주자.

_____
_____
_____

 케이크 걷기? 틈새를 잘라 내다?

Cakewalk
Carve out a niche (market)

Cakewalk는 탭댄스의 일종으로 경연 대회에서 우승을 하면 케이크를 상품으로 준 데서 유래한 말로, It's a piece of cake나 It's a cakewalk는 모두 누워서 떡먹기란 우리 속담과 같다. **Carve out a niche**는 틈새 시장을 개척하다는 의미로 갈수록 심화되는 경쟁으로 인해 비즈니스 현장에서 사용 빈도가 아주 높아지고 있다.

이들 구문이 대화 중 어떻게 활용되는지 눈여겨보자.

Joe   Good morning Julie, how are you on this fine day?

Julie   I guess I'm okay considering that we're in the middle of developing one of the most difficult product concepts I've ever worked on. But what can I say? We have our marching orders, so we have no choice but to do the impossible.

Joe   Yeah, I heard about your project. I'm sure it's no **cakewalk**, but your team is making progress, that's what counts.

Julie   Thanks. The problem is, the market is very saturated right now, and we're trying to **carve out a niche**.

Joe   I'm sure you'll find a way to do it. So how's your new team?

Julie   Good. We have a creative exec who has lots of solid ideas, and two financial experts who know how to raise the capital and allocate the funds. There's also a rep from corporate headquarters.

Joe	What does he bring to the table?
Julie	Management skills. And he really understands the new mission the front office has laid out. They're taking a two pronged approach. First, develop mainstream products for mainstream customers, and second, look for niche markets and develop specialized products to service them. It's challenging.
Joe	Challenge is good.
Julie	I'll get back to you on that. (LAUGHS)
Joe	Hang in there.
Julie	Right.

Joe	좋은 아침, Julie, 상쾌한 날인데 기분 어때?
Julie	내가 경험했던 것에 비추어 가장 어려운 제품 콘셉트 중 하나를 진행하고 있다는 것을 생각하면 괜찮은 편이야. 그렇지만 어쩌겠어? 지시가 내려졌고 불가능한 것이라도 해야 하는 상황인걸.
Joe	맞아, 너의 프로젝트에 관해 들었어. 쉽진 않을 것이란 건 분명하지만, 너의 팀이 나아지고 있으니까 그게 중요하지.
Julie	고마워. 문제는 마켓이 현재 아주 포화 상태란 거야. 그래서 우리는 새로운 틈새 시장을 개척하고 있어.
Joe	그것을 이루어 낼 방법을 찾을 거라 믿어. 너의 새로운 팀은 어떠니?
Julie	좋아. 확실한 아이디어를 가진 창의력 있는 경영진이 있고 자금을 분배하고 자본금의 규모를 늘릴 방법을 아는 두 명의 재정 전문가가 있어. 또 본사에서 온 대리인도 있어.
Joe	그 사람은 뭘 하는데?
Julie	관리 기술. 그리고 그는 본사가 계획한 새로운 계획에 대해 잘 이해하고 있어. 두 개의 다른 방식을 채택하고 있는데, 첫째는 주류 층을 위한 주류 제품을 개발하는 것이고 두 번째는 틈새 시장을 찾아서 그에 맞는 특별한 제품을 개발하는 거지. 한마디로 도전이야.
Joe	도전은 좋은 거야.
Julie	그건 나중 판단해 보고 얘기해 줄게. (웃음)
Joe	포기하지마.
Julie	알았어.

사람들은 배울 필요가 있는 무엇인가를 익히고 나서 그것이
능수능란해질 때까지 연습함으로써 성공을 이룬다.
— 브레인 트래시

People create their own success by learning what they need to learn and then by practicing it until they become proficient at it. ✽Brian Tracy

PERFECT PRESENTATIONS

CHAPTER 07

Universals: Introductions, Transitions, Conclusions

1_The Introductions
2_Transitions
3_The Conclusions

6장에서는 서론, 본론, 결론이라는 3대 핵심 구조 중 본론을 세련되게 하는 방법에 대해서 검토해 보았다. 이제 나머지 구조들을 어떻게 만들지와 이들을 매끄럽게 연결하는 방법에 대해 살펴보도록 한다.

본론을 중심으로 서론은 언제나 앞에 위치하고 결론으로 마무리한다는 기본 구조 속에, 이들이 한 단계씩 넘어갈 때에는 연결어가 필요하다는 불변의 원칙을 기억해 두자.

· 서론
· 연결어
· 결론

- Introductions
- Transitions
- Conclusions

서론
The Introductions

01

기본 셋업 SET UP

· 회사
· 프레젠터
· 개별 팀원 소개

서론을 진행하는 기본 기법부터 살펴보자.

 청중에게 프레젠터가 누구인지를 소개

- Your company
- Yourself
- Each member of your team

 프레젠터를 소개하는 예제   EX_36

"Hello, I'm John Pak from Anapji Media. I'm the head of our product development team. This is Lee, Aei-Young our sales representative. And Kang Che-U, our systems specialist."

"안녕하십니까? Anapji Media에서 나온 John Pak입니다. 저는 제품 개발 팀의 책임자입니다. 여기 있는 Lee Aei-Young 씨는 영업 사원입니다. Kang Che-U 씨는 시스템 전문가입니다."

❷ 무엇을 소개할 것인지와 무엇을 보여주려고 하는지를 제시

- Introduce the topic of the presentation.
- Tell how many speakers there will be and what each speaker will cover.
- Tell how long the presentation will last.
- Tell what your presentation will accomplish.
- Tell the audience if you will have any handouts or if you will just show slides.
- Ask the audience to hold their questions until after the speakers have finished.

· 주제 소개
· 몇 명의 프레젠터가 발표할 것인지와 각 프레젠터가 설명하게 될 내용이 무엇인지를 제시
· 어느 정도 시간으로 진행될 것인지를 제시
· 프레젠테이션의 목적이 무엇인지를 제시
· 설명을 보충할 유인물이 있다든지 아니면 슬라이드로 보여줄 것이 있다면 청중에게 제시
· 질문은 발표가 끝난 다음까지 기다려 달라고 청중에게 요청

인사말을 통해서 무엇을 보게 될 것이고 확인하게 될 것인지를 분명하게 제시하면서 청중의 시간을 낭비하지 않는 프레젠테이션이 될 것임을 알려주자. 청중은 프레젠터의 자세가 적극적이고 청중의 니즈를 고려한 주제이기를 기대하면서 자연스럽게 분위기에 빠져 들게 된다. 이것이 청중과 프레젠터가 호흡을 맞추는 첫 번째 단계가 되고, 청중은 프레젠테이션을 긍정적인 자세로 경청하게 된다.

발표 후 받는 질문들을 다룰 때는 유연한 자세를 보이자. 예상치 못했던 질문과 비평에 당황하거나 놀랄 필요가 없다. 또한 이 시간을 청중에게 모든 것을 허락하는 시간으로 끌고 가지 말자. 이 발표는 프레젠터가 계획한 발표다. 즉, 주체가 프레젠터이며 프레젠터의 계획대로 진행되어야 한다.

이런 행동이 청중에게 무례하게 느껴지는 게 아니라, 오히려 프레젠터나 회사를 전문가나 유능한 회사로 청중이 느끼게 해주는 기준이 된다. 청중은 보고 확인하기 위해 참석했으며, 프레젠터는 프레젠테이션의 기본 형식을 지키며 발표에 임하는 것으로 프레젠테이션은

쌍방 간의 조화로운 커뮤니케이션을 이루게 된다.

서론을 진행하는 예제 EX_37

"Today, we'll be presenting a new Export System called 'Export Plus.' I'll be giving you an overview of the system, that'll take about 15 minutes, then Mr. Kang will cover the system requirements and specifications; he'll speak for about five minutes; and Ms. Lee will complete the presentation with five minutes on how the actual sales work takes place. By the end of the presentation, we hope you will understand this system and see how it could be used by your Import Export division.

Now, here are some handouts which should help you to follow the presentation and fill in some of the gaps. We're looking forward to taking your questions at the Q and A period after the presentation, so please hold your questions until then."

"오늘 이 자리를 빌어 새로운 수출 업무 시스템인 'Export Plus'를 보여드리려고 합니다. 대략 15분 정도에 걸쳐 시스템의 개요를 보여드리겠습니다. 그런 다음 Mr. Kang이 약 5분간 요구 사항이나 기종에 대한 설명을 할 것입니다. 끝으로 Ms. Lee는 5분간 실제 판매가 어떻게 일어나는지를 설명하고 프레젠테이션을 마무리할 것입니다. 프레젠테이션이 끝나고 나면 여러분들께서 이 시스템에 대해 이해하시고, 귀사의 수출입 부서에서 어떻게 시스템이 사용 가능한지를 판단하실 수 있기를 희망합니다.

그럼 여기에 프레젠테이션의 이해를 돕고 이해의 격차를 메워 줄 몇 가지 유인물들을 보시길 바랍니다. 질문은 발표를 마친 후에 받겠습니다. 그때까지 기다려 주시길 바랍니다."

프레젠테이션 시작하기
LAUNCHING INTO YOUR PRESENTATION

서론은 청중의 집중력이 가장 강한 시점이다. 서론에서 어떻게 프레젠터가 주제를 재미있게 요리하냐에 따라서 본론에까지 집중력을 유지시킬 수 있을지가 좌우된다.

그렇다면 청중의 집중력을 높일 수 있는 몇 가지 방법을 살펴보자.

- 일화
- 정의
- 통계
- 인용
- 격언
- 재담
- 질문
- 비교

- Anecdote
- Definition
- Statistic
- Quotation
- Old saying
- Joke
- Question
- Comparison

Thematic Statement

제시된 방법들은 분위기를 부드럽게 하고 프레젠터에게 관심을 끌게 하는 아주 유용한 방법들이다 그러나 서론에서 가장 중요시되어야 할 부분은 역시 강하고 분명한 '핵심 주제 제시' 이다. 한마디로 프레젠테이션을 정의할 수 있어야 한다.

앞서 언급한 것과 같이 주제는 초기 단계인 브레인스토밍을 통해서 결정되는 것이 가장 이상적이다. 하지만 초기 단계에서 결정할 수 없었다 해도 여러 가지 다른 구조를 시도한 후 최종 결정을 내리면 된다. 핵심 주제를 분명하게 제시하는 일이 바로 서론에서 해야 할 가장 중요한 일이다.

핵심 주제 제시 예제 1　　　　　　　　　　　　　　EX_38

"I'm sure you've heard a lot about the current developments in Biotechnology. They say Biotech is going to redefine the future. And they're right. We know, because AT ALTECH BIO-LABS, WE'RE LIVING IN THE FUTURE NOW. Every day we're working with technologies that even three years ago seemed like science fiction. And the things we're discovering are amazing. I want to share some of those things with you today, and I want to invite you to JOIN US — IN THE FUTURE."

"여기에 계시는 여러분들은 최근 생명 공학의 발전에 대해 많은 소식을 접했을 것이라 확신합니다. 생명 공학은 미래를 새롭게 정의하게 될 것이라고 합니다. 저희는 그들의 생각이 옳다는 것을 압니다. ALTECH BIOLABS에서는 지금 미래의 삶을 살고 있기 때문입니다. 3년 전만 해도 공상 과학인 듯한 과학 기술이 매일 저희에게 일어나고 있습니다. 저는 저희가 발견한 엄청난 과학 기술들을 오늘 이 자리를 통해 여러분들과 함께 나누고자 합니다. 저희와 함께 여러분도 미래로 갈 것을 제안합니다."

여기까지 듣게 되면 청중은 자연스레 '어떤 발전이 이뤄진 걸까?' 란 의문이 들게 된다. 짧지만 분명하고 강한 핵심 주제를 제시해 청중에게 손을 잡고 함께 가보자는 식의 전개로 본론에 흥미를 갖도록 상황을 유도했다.

주제를 제시할 때에는 두 개 정도의 표현 문구를 선정할 수 있다. 이 문구는 프레젠테이션의 핵심 문구가 될 것이며 결론에서 다시 한번 강조하게 되고, 질문을 받고 난 후 프레젠테이션을 마칠 때 최종적으로 언급하게 되는 중요한 역할을 맡을 것이다.

앞서 본 문장에서는 아래의 두 가지 문구가 그에 해당된다.

AT ALTECH BIOLABS, WE'RE LIVING IN THE FUTURE.
ALTECH BIOLABS에서는 지금 미래의 삶을 살고 있습니다.

NOW JOIN US – IN THE FUTURE.
저희와 함께 여러분도 미래로 갈 것을 제안합니다.

또 다른 예를 보자.

 핵심 주제 제시 예제 2 EX_39

"Two months ago we received samples of your full line of products. We could see instantly why they're so successful in your local markets. It's also clear to us that they can be successful in global markets. But how do you get them out there?

CONTINUE

> That's what we do. We've placed over 200 products in 48 countries on five continents.
>
> YOU MAKE THE PRODUCT – WE BRING IT TO THE WORLD."

"두 달 전, 저희는 당신의 제품 모델 전체를 받아보았습니다. 받아 본 즉시 저희는 왜 이 제품이 지역 시장에서 그 정도로 성공적이었는지를 알 수 있었습니다. 또한 이 제품이 전 세계 시장에도 성공적일 수 있겠다는 판단도 저희에겐 분명하게 들었습니다. 어떻게 세계 시장으로 내보내냐고요?

그것이 바로 저희가 하는 일입니다. 저희는 오대양 48개국에 200가지 이상의 제품을 시장에 자리 잡게 했습니다.

제품을 만드십시오. 저희가 그것을 세계로 가져갑니다."

일단 핵심 주제를 드러내는 문구가 정해지면 프레젠테이션에서 전개될 포인트들을 하나로 묶어 주고 목표를 분명하게 해주는 등 그 영향력이 높아진다. 따라서 핵심 문구 선정에 심혈을 기울여야 한다.

이제 핵심 주제를 재미있고 다양하게 끌어내는 기법들에 대해서 하나씩 알아보자.

Anecdotes

일화는 하나의 간단한 스토리를 이용해 프레젠테이션의 주제를 정감 있고 자연스럽게 끌어내는 방법이다.

 일화를 통해 주제를 끌어내는 예제   EX_40

> "My grandmother used to have big, turtle shell reading glasses that hung around her neck on a chain. When we children asked, "Why do you have those?" She'd laugh and say, "That's what happens when you get old." She didn't mind being old. She was honored and loved by her family. In those days, being old was like an achievement. But today, people don't want to be old. They spend millions of dollars on hair-dyes, wrinkle creams, and face lifts.

CONTINUE ∨

> Do you think those people want to wear turtle shell glasses around their neck that announce to the world, "I'm old!"
>
> People want new kinds of reading glasses that say "young."
>
> We've created a line of reading glasses that are subtle, stylish, and they fold up, so you can put them discreetly away.
>
> One of our customers was asked by her grandchildren, "Why do you have those?" She answered, "I'm a spy. Shhh, don't tell anyone!"
>
> As you can see, times have changed. Our glasses are READING GLASSES FOR A NEW GENERATION OF YOUNG PEOPLE!"

"저희 할머니는 체인을 목에 건 큰 거북이 껍질 같은 돋보기 안경을 사용했습니다. 어린 우리가 "그거 왜 해요?"라고 물으면 할머니는 웃으면서 "나이가 들면 해야 하는 것이란다."라고 말했습니다. 할머니는 늙는다는 것에 거리낌이 없었습니다. 할머니는 가족의 존경과 사랑을 받았습니다. 그 당시에는 나이를 먹는다는 것이 마치 무엇인가를 성취하는 것과 같은 것이었습니다. 그러나 요즘에는 사람들이 늙는다는 것을 원치 않습니다. 사람들은 염색을 하고 주름을 펴주는 크림을 사고 얼굴을 당기면서 수십 억원이란 많은 돈을 씁니다.

나이 든 사람들이 거북이 껍질 같은 안경을 목에 걸고 세상에다 "난 늙었어"라고 보여주길 원한다고 생각하나요?

사람들은 '젊음'이란 느낌을 주는 새로운 종류의 돋보기 안경을 원합니다.

저희는 새로운 종류의 돋보기 안경을 만들었습니다. 안경은 정교하고 멋이 있고 접을 수 있어서 티가 안나게 안경을 치울 수 있습니다.

저희 고객 중 한 명은 손녀로부터 "그거 왜 해요?"란 질문을 받게 되었을 때 그녀는 "쉿! 나는 스파이야, 누구에게도 말하지마!"라고 답했다고 합니다.

보시다시피 세대가 바뀌었습니다. 저희 돋보기는 새로운 젊은 세대를 위한 돋보기 안경입니다."

상기 예제는 제품의 특징이나 가능한 수익성과 같은 일반적인 접근 방식이 아니라 제품이 사용자에게 어떤 영향을 미칠 것인지에 더 초점을 맞춘 인간적인 접근 방식이다. 대부분의 사람들은 어릴 때부터 할아버지, 할머니를 보며 자랐기 때문에 이 스토리가 친근하게 다가간다. 즉, 꼭 판매를 하겠다는 비즈니스맨으로 접근하는 것이 아니라 가족과 추억을 가진 평범한 삶을 살고 있는 한 사람으로 접근하고 있다. 이 같은 서론은 신뢰를 주는 일이 우선되어야 하는 프로젝트에 사용하면 효과를 볼 수 있다.

도서관이나 서점에는 일화에 관한 책들이 많다. 인터넷에서도 많은 자료들을 찾을 수 있는데, www.anecdotage.com으로 들어가 특정 주제를 검색하면 된다. 그러나 이런 소스들을 통해 무작위로 사례로 사용하기보다는 범위를 좁혀 그 지역의 일이나 개인적인 경험들을 사례로 드는 것이 좋다.

하지만 적당한 일화가 떠오르지 않을 때에는 바로 앞서 제시한 핵심 주제 제시로 들어가야 한다.

Old Sayings & Quotations

Old Saying은 한 나라의 문화와 지혜를 잘 보여주는 짧은 구문의 격언이다. 인용문은 저명한 사람이 남긴 역사에 남아 있는 말로 두 가지 모두 누구나 한번쯤 들어 보았을 만한 말이란 공통점을 가지고 있다.

다음은 격언을 통해 주제를 끌어내는 예제이다.

"We have a saying: 'Even the best song becomes tiresome if heard too often.'

People used to love clip art. But they stopped buying it around 1999. It was like a song that had been heard too often.

Using clip art is still viable, but people want something new.

That's why we created FLASH CLIPS, animated 3-D graphics that can move, speak, and remember your name. And you can paste them in with 3 clicks."

"우리 말에 '아무리 듣기 좋은 명곡일지라도 너무 자주 들으면 지겨워진다' 란 말이 있습니다. 사람들은 클립 아트를 무척 좋아했습니다. 그러나 노래를 너무 자주 들어 지겨워진 것처럼 1999년대쯤에는 클립 아트 구매를 멈췄습니다. 클립 아트를 사용하는 것은 여전히 실용적이지만 사람들은 새로운 무엇인가를 원하고 있습니다.

이것이 우리가 FLASH CLIPS을 만든 이유입니다. 3-D 그래픽 애니메이션으로 제작되어 움직이거나 말할 수 있으며, 사용자의 이름까지 기억해 줍니다. 또한 단 세 번 클릭으로 첨부도 할 수 있습니다."

여기서는 격언이 하나의 오프닝으로 사용되고 있다. 핵심 주제를 직접적으로 노출시키진 않았지만 격언을 통해 은근히 주제가 드러나고 있다. 평상시 잊고 있었던 격언을 이용해 '아~그렇지' 란 탄성이 나올 수 있을 정도로 말을 조리 있게 구연하는 프레젠터를 보면 청중은 뭔가 배울 것이 있겠구나 혹은 얻을 것이 있겠어라는 기대를 가지고 자리를 지키게 된다.

Questions

첫마디로 질문을 던져서 시작하려면 가능성 있을 만한 답변을 미리 예측해야 하는 것은 물론, 프레젠터가 의도하는 답변에 강한 힘이 모아질 수 있게 준비해야 한다.

"How would your life change if you could get on the internet from anywhere? An airplane. A Submarine. A beach in Majorca?"

"인터넷을 비행기, 잠수함, 지중해 마조르카 바닷가와 같은 곳 어디에서나 사용할 수 있다면 여러분의 삶이 어떻게 달라지게 될까요?"

제시한 예문처럼 첫마디로 질문을 하면서 프레젠테이션을 시작하려면 가능성이 있을 만한 답변을 미리 예측해야 하는 것은 물론, 프레젠터가 의도하는 답변에 강한 힘이 실릴 수 있게 철저히 준비한 다음에 시도해야 한다.

Definitions

외국어나 전문 용어의 정의를 소개할 때에는 사전적인 용어의 의미를 그대로 사용하되, 프레젠터가 보여주려고 의도한 내용을 강조해서 나타내면 된다. 소개하는 기법은 인용문과 거의 비슷한 형태이다.

 특정 용어의 의미를 설명하면서 주제를 끌어내는 예제   EX_41

> "When we are working in Japan, we often speak about 'Shinyo.' In English you call this a 'gut feeling' 'instinct' or 'intuition.' When we saw our competitors switching over to satellite link-ups, we had the gut feeling that they were going in the wrong direction. We trusted our Shinyo. And we were right. Our system is global, but it's land-based, so we have none of the problems that have plagued companies using satellites."

"저희가 일본에서 일하고 있을 때, 'Shinyo'에 대해 종종 얘기하곤 했습니다. 영어로는 'gut feeling' 'instinct' 또는 'intuition.'이라고 부릅니다. 저희는 경쟁자가 위성 통신으로 전환할 때 그들이 잘못된 방향으로 가고 있다고 직감했습니다. 저희는 직감을 믿었고 또 그 직감은 맞았습니다. 저희 시스템은 글로벌하지만 지상파입니다. 따라서 위성 통신을 사용하려 회사를 번거롭게 할 문제가 없었습니다."

Jokes

조크를 멋지게 구사하는 능력은 배운다고 될 수 있는 일은 아닌 듯하다. 대중 앞에서 떨기는 커녕 조크를 던지면서 오히려 짜릿함을 느낄 수 있다는 것은 타고난 재능에 가깝다. 어설픈 농으로 발표장 분위기를 썰렁하게 하는 일을 피하려면 그만큼 고단위 기술이 필요하다. 조크를 던지고 나면 프레젠터가 의도한 대로 바로 웃음이 나와야 하기 때문이다. 이를 위해서는 타고난 사람이라도 끊임없는 노력이 필요하다. 따라서 원래 유머를 잘 하는 사람이 아니라면 차라리 조크를 던지지 않는 것이 바람직하다. 누가 들어도 이 유머는 확실히 주제와 관련이 있다고 판단될 때에는 세련된 방법으로 인사말에 시도해 볼 수도 있겠지만 완벽한 확신이 들지 않을 때는 다른 기법을 사용하자.

참고로 기발한 유머들을 모은 웹사이트를 원한다면 www.museumofhumor.com을 확인해 보자.

Statistics

통계는 정말 두드러지거나 새로운 사실을 깨우쳐 줄 만큼 놀라운 경우에만 의도한 효과를 볼 수 있다. 물론 주제와도 직접적인 연관이 있어야 한다. 참고로 다양한 통계를 찾을 수 있는 곳을 소개하자면, Harper's Magazine의 한 부분인 Harper's Index를 들 수 있다. www.harpers.org 홈페이지에서 확인해 보자.

통계는 보통 딱딱하고 냉철한 느낌이다. 때문에 인사말에서부터 사용하는 것은 놀랍거나 도발적이고 전달하고자 하는 메시지와 연관된 흥미로운 사실이 아니면 사용을 자제하는 것이 맞다.

오프닝을 선택하는 방법
HOW TO CHOOSE AN OPENING

앞서 소개한 방법들은 실제 프레젠테이션 오프닝으로 자주 사용하는 방법들이다. 약간의 방법의 차이가 있을 뿐 모두 핵심 주제를 이끌어 내기 위한 밑거름이 되고 있다. 오프닝은 프레젠테이션 진행에 아주 민감한 영향을 미칠 수 있는 부분이다. 특히 미국인들은 오프닝에 관심을 가지고 반응한다. 프레젠터가 얼마나 능숙하고 믿을 만한가를 오프닝에서 판단하기 때문이다. 그렇다고 능숙하지도 않는데 청중에게 호감을 사기 위해 유머나 조크를 하는 것은 더 위험하다. 웃어야 할 때 관객이 멍한 반응을 보인다면 당황할 것이 뻔하기 때문이다. 인상 깊은 내용이 아니면 핵심 주제에 곁도는 말로 괜히 시간을 끌지 말고, 바로 포인트를 파고드는 것도 현명한 방법이다.

그럼에도 불구하고 위에서 소개한 오프닝 기법을 사용하고자 한다면, 프레젠터의 스타일이나 청중의 경향, 프레젠테이션의 성질 등을 신중히 고려한 후 선택하자. 소개한 기법들은 실용적인 방법일 뿐 반드시 따라야 하는 규칙은 아니다. 따라서 응용이나 조합이 가능하다. 분명한 것은 오프닝을 통해 핵심 주제를 이끌어 내고 프레젠터가 의도한 대로 청중의 반응을 기대할 수 있을지를 반드시 먼저 판단해 보아야 한다.

실적 명시
TRACK RECORD

서론을 접기 전에 언급하고 넘어가야 할 또 다른 사항은 청중에게 그간의 실적을 보여주는 것이다. 지금까지 어떤 회사와 서비스나 거래를 해오고 있는지? 어떤 변화나 성공적인 결과를 창출했는지? 이와 같은 설명은 처음부터 신용도가 높은 회사라는 강한 이미지를 만들 수 있다는 점에서 권할 만하고 서론에서 꺼내는 것이 본론에서 집중력을 높이는 방법이 된다.

서론에서 활용 가능한 실적을 보여주는 슬라이드 예 ▼

연결어
Transitions

연결어는 말 그대로 청중에게 하나의 포인트를 마치고 다른 포인트로 넘어간다는 것을 보여주는 것이다. 포인트들이 아무리 뛰어나도 포인트들을 묶어 주는 자연스런 연결어가 없다면 갑자기 다른 포인트로 넘어가 청중이 어리둥절해지는 상황이 연출된다.

논리적이고 설득력이 있는 프레젠테이션이 되기 위해서는 유기적이고도 매끄러운 연결어가 반드시 필요하다. 예를 들어 보자

"If you want to defer payment, you can wait up to six months after the service begins before you make your first installment. That way the service is already bringing money IN, before you have to put money OUT. The maximum you'll have to wait for shipments is three days, and often they will arrive in two days. Our shipping center has the best reliability rating in our field."

"만약 납입금을 미루고 싶다면, 서비스가 시작된 후 첫 번째 분할 불입금을 납부하기 전까지 6개월 간의 여유를 가질 수 있습니다. 고객께서 돈을 납입해야 하기 전에 돈을 지불받는 방식의 서비스입니다. 선적을 받기 위해선 최대 3일간 기다려야 하지만 가끔 이틀 안에도 도착하기도 합니다. 저희 운송 센터는 이 분야에서 최고의 신용 평가를 받고 있습니다."

프레젠터는 뚜렷한 두 가지의 포인트 즉, 납입을 연기할 수 있다는 것과 운송이 빠르다는 것을 설명했지만 이 설명을 들은 청중은 분명히 대출에 관한 내용을 이야기하고 있었는데 갑자기 운송은 뭐지? 란 생각을 할 수밖에 없다. 청중의 이해는 무시한 채 프레젠터 혼자 진도를 나간다면 발표장의 분위기를 생기가 없게 만드는 지름길이 되기 때문에 발표자는 수시로 청중의 반응을 확인해 그들이 제대로 이해하고 있는지를 주의 깊게 관찰해야 한다.

다시 말해 청중이 한눈을 팔게 해서도 안 되지만 청중을 혼란스럽게 해서도 안 되는 것이 바로 프레젠테의 역할이다. 연결어는 이점에서

프레젠터에게 중요한 무기가 된다. 청중과 호흡을 맞출 수 있게 도와주는 역할을 하는 것이다.

그럼 자연스런 연결어는 어떻게 사용하는지 위 예문을 이용해 만들어 보자.

  자연스런 연결어 구사 예제 1   EX_42

"If you want to defer payment, you can wait up to six months after the system is operational before you make your first installment. That way the system is already bringing money IN, before you have to put money OUT.

Transition → *All right, that covers our financing plan, now let's talk about special orders. When you receive a special order, all you have to do is contact us and we send them immediately.*

The maximum you'll have to wait for shipments is three days, and often they will arrive in two days. Our shipping center has the best reliability rating in the industry."

"만약 납입금을 미루고 싶다면, 시스템이 작동한 후 첫 번째 분할 불입금을 납부하기 전까지 6개월의 여유를 가질 수 있습니다. 고객께서 돈을 납입해야 하기 전에 돈을 지불받는 방식의 서비스입니다.

네 이렇게 자금조달 계획에 대해 알아보았습니다. 이제 스페셜 주문에 대해 설명하겠습니다. 만약 스페셜 주문을 받게 되면 저희에게 연락해 주면 됩니다. 저희가 그것들을 즉시 발송할 것입니다.

선적을 하기 위해선 최대 3일간 기다려야 하지만 가끔 이틀 안에도 도착하기도 합니다. 저희 운송 센터는 이 분야에서 최고의 신용 평가를 받고 있습니다."

이제 두 포인트의 관계를 이해할 수 있는 문장이 되었다. 연결어 없이는 청중이 선적과 자금 조달의 관계를 알 수 없는 것이 당연하다. 연결어는 혼돈을 없애고 아이디어들을 매끄럽게 이어 주는 핵심 요소이다. 그럼 연결어는 어느 곳에 위치해야 할까? 1장에서 제시했던 서론의 슬라이드를 이용해 연결어가 필요한 곳과 필요치 않는 곳에 대해 생각해 보자.

연결어가 필요한 예 ▼

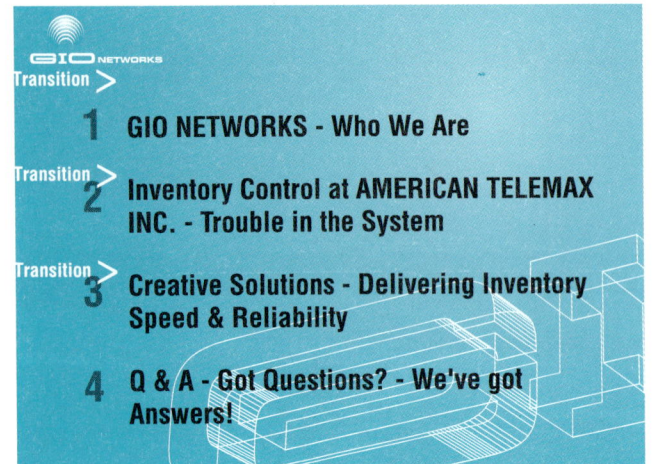

서론에서 소개한 이 슬라이드는 진행될 프레젠테이션에 있어 하나의 지도와 같은 역할을 하기 때문에 모든 포인트가 핵심 포인트이다. 따라서 모든 포인트마다 연결어가 필요하다.

예를 들면 포인트 1을 설명하고 나서 포인트 2로 넘어가기 위해 프레젠터는 다음과 같은 연결어를 만들 수 있다.

 자연스런 연결어 구사 예제 2 EX_43

"Now that we've told you about us, let's look at the inventory situation at your company."

"여기까지 저희 회사에 대해서 소개해드렸습니다. 이제 고객님의 회사의 재고 상황에 대해 살펴보죠."

또 다른 표현 방식을 보자.

 자연스런 연결어 구사 예제 3 EX_44

"Now that we've told you about our approach to inventory control, let's look at the current inventory situation at your company."

"여기까지 저희의 재고 관리 방식에 관해 설명해드렸습니다. 이제 고객님 회사의 재고 상황에 대해 살펴보죠."

상기 예제처럼 연결어는 포인트 간의 연결을 위해서만 사용되는 것은 아니다. 프레젠테이션의 구조 속에 있는 요소와 요소 간의 연결에도 반드시 연결어가 필요하다. 앞장에서 배웠던 하나의 구조를 예를 들어 이해해 보자.

기회와 행동에 기초한 모델 속에서 연결어의 위치

Introduction

Transition >

State the opportunity

Tell why is it substantial
- What are the positive consequences if it is exploited through direct action?

Transition >

Explain any complications
- Is there a limited amount of time to take action on this opportunity?
- Does it lead to other opportunities?

Transition >

Tell the solution
Introduce your product, service or idea

Transition >

Tell specifically how it effectively takes advantage of the opportunity

Transition >

Describe the benefits of exploiting the opportunity

Transition >

Demonstrate that taking action to exploit this opportunity is practical and doable

Transition >

Conclusion

이 모델을 가지고 새로운 운송 시스템의 콘셉트를 설명한다고 가정해 보고 연결어를 구상해 보자. 서론을 꺼낸 프레젠터는 다음과 같이 서론을 마무리하고 본론 속의 첫 번째 포인트로 넘어가게 될 것이다.

 자연스런 연결어 구사 예제 4   EX_45

"We'll take questions at the end, so please hold your questions until then."

Transition→ *All right, we've told you we're here to present you with a business opportunity, but just exactly what IS this opportunity?*

A very large number of people in this city cannot rely on public transportation, cannot afford taxis, and can no longer afford gasoline for their cars. We believe these people would welcome an alternative private transportation system, specifically, an inexpensive, route based network of shuttle-vans throughout the city."

"질문은 프레젠테이션이 끝난 후에 받겠으니 그때까지 참아 주시길 바랍니다.

네 좋습니다. 저희는 여러분께 이 자리를 빌어 비즈니스의 기회를 보여주겠다고 말했습니다. 그런데 정확하게 그 기회라는 것이 무엇을 말하는 것일까요?

이 도시에 살고 있는 대부분의 사람들은 대중교통을 믿을 수 없고, 택시비를 감당할 만큼 경제적인 여유도 없으며, 더 이상 자동차 기름값을 낼 여유가 없습니다. 저희는 이런 사람들이 그들에게 하나의 대안이 될 개인 교통수단인, 특히 저렴하면서 도시를 두루 거치는 운행망을 가진 셔틀 밴에 대해 반길 것이라 생각합니다."

이제 두 번째 포인트에서 세 번째로 연결하는 것에 대해 알아보자.

 자연스런 연결어 구사 예제 5   EX_46

"Our study indicated that 1/2 of the people surveyed would use a shuttle van if it stopped within 5 blocks of their home, and 20% — that's nearly a million people — said they would consider making it their primary mode of transportation.

> **Transition**→ *As you can see, the research indicates that the opportunity is there, but we had to determine how substantial that opportunity was.*
>
> *So we conducted an intensive cost analysis and concluded that this proposal is extremely viable. There are substantial profits to be made — upwards of 10 million dollars a year — with a minimal initial capital investment of $500,000 dollars."*

"저희 조사에 따르면 조사에 참가한 1/2의 사람들이 셔틀 밴이 그들의 집에서 5블록 내에 멈춘다면 그것을 이용하겠다고 했습니다. 그리고 20%의 사람들, 이는 거의 백만의 사람들로, 그들은 교통수단의 제1순위로 그것을 고려하겠다고 말했습니다.

보시는 바와 같이 기회가 거기에 있다는 것을 조사를 통해 알 수 있습니다. 그러나 저희는 이 기회가 얼마나 실질적일지를 파악해야 했습니다.

그래서 철저한 경비 분석을 했고 이 제안은 정말로 실행 가능하다는 결론을 지었습니다. 최소 초기 투자비용 50만불을 가지고 일년에 천만불 이상의 순이익을 얻게 됩니다."

예시된 접근 방식은 모든 구조의 모델들에 똑같이 적용되며, 청중의 반응을 살펴 지루하게 느낀다고 판단되면 신속하게 연결어를 사용해 다음 포인트로 넘어가는 것이 현명하다. 연결어를 통해서만이 청중은 서론을 꺼냈는지 본론을 말하고 있는지 결론을 지으려고 하는지를 판단할 수 있다. 따라서 적절한 연결어 구사가 매끄러운 프레젠테이션의 핵심 테크닉이라고 말할 수 있다. 이는 얼마만큼 다양한 연결어를 구사할 수 있는지를 보면 어느 정도 프레젠테이션에 능숙한 사람인지를 판가름할 수 있다는 것을 의미한다. 반복되는 연결어를 피하고 다채롭고 자연스런 연결어 구사법을 기억해야 하는 이유가 이것이다. 어떤 프레젠테이션이라도 적용시킬 수 있는 일반적인 연결어를 살펴보자.

일반적인 연결어 표현법

Now that we have completed __X__ , let's move on to __Y__.

이제 ~에 관해서 알아보았습니다. 그럼 다음 ~로 넘어가 보죠.

All right, that covers __X__, now let's talk about __Y__.

네 좋습니다. ~를 설명했습니다. 이제 ~에 관해 설명하겠습니다.

I hope that gives you a clear picture of _X__. Now let's move on to the next section, __Y__.

~에 관해 정확하게 이해가 되었기를 바라며, 다음 섹션인 ~에 대해 넘어가도록 하죠.

Okay, that's how _X__ works, but what about __Y__?

좋습니다. 이것이 바로 ~가 어떻게 작용하는지를 보여주는 것입니다. 그렇다면 ~는 어떨까요?

That finishes our discussion of _X__ and it leads us right to ___Y__.

저희가 거론한 ~에 대해서 마무리했고 이로써 ~로 연결됩니다.

스토리적인 요소를 가미한 경우와 시간에 기초한 모델 또는 케이스 스터디에 기초한 모델은 상기 기본적인 연결어와는 약간의 다른 형태를 사용한다. 이런 경우 주로 사건의 시간 순서를 중요시해서 연결어가 주어지거나 장소 간의 변화를 중심으로 연결어를 모색하는데, 이로써 청중이 장소나 시간의 움직임에 혼란이 없도록 해준다. 그렇다면 주로 어떤 연결어가 이런 경우에 적용되는지 확인해 보자.

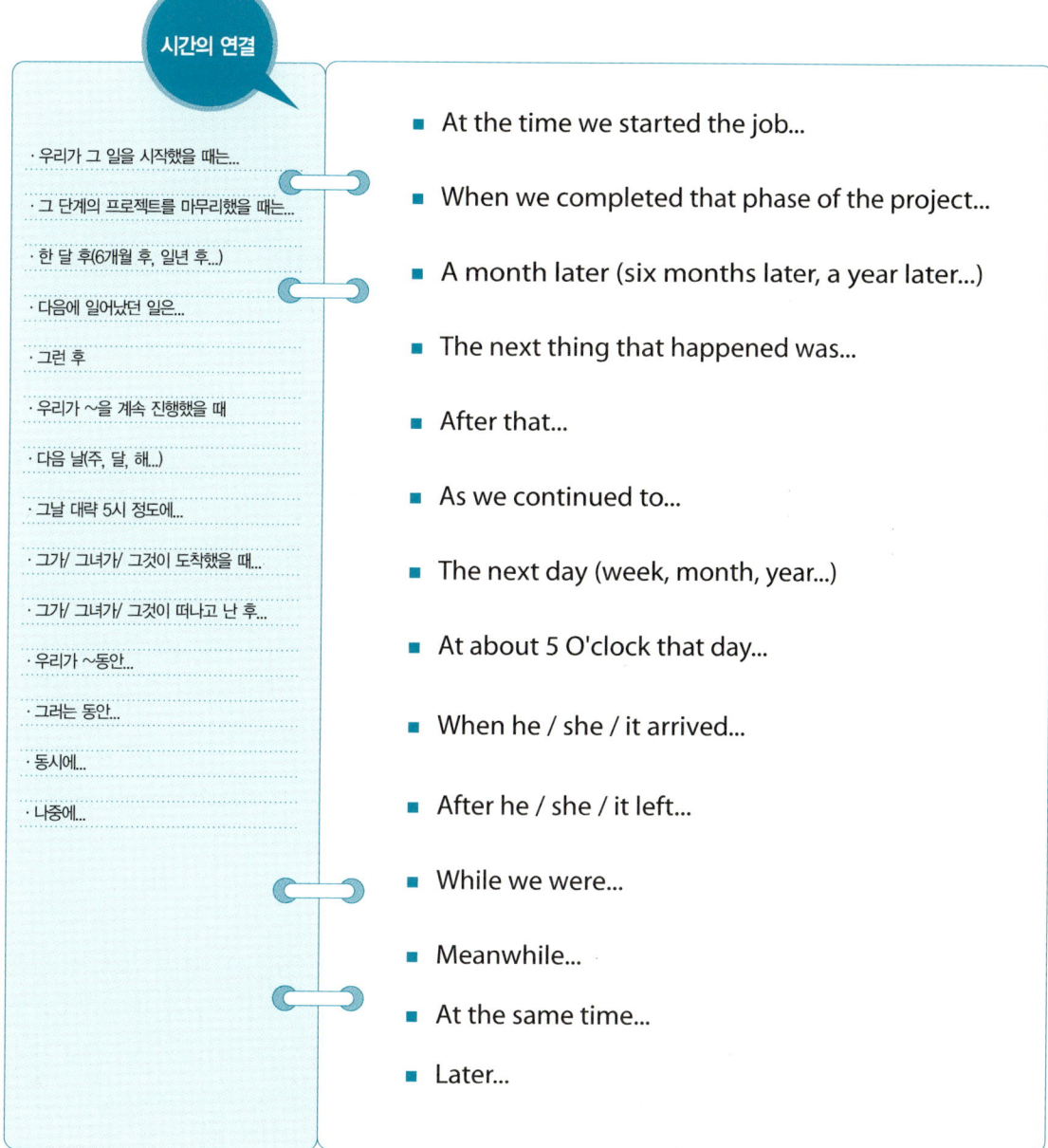

시간의 연결

- 우리가 그 일을 시작했을 때는...
- 그 단계의 프로젝트를 마무리했을 때는...
- 한 달 후(6개월 후, 일년 후...)
- 다음에 일어났던 일은...
- 그런 후
- 우리가 ~을 계속 진행했을 때
- 다음 날(주, 달, 해...)
- 그날 대략 5시 정도에...
- 그가/ 그녀가/ 그것이 도착했을 때...
- 그가/ 그녀가/ 그것이 떠나고 난 후...
- 우리가 ~동안...
- 그러는 동안...
- 동시에...
- 나중에...

- At the time we started the job...
- When we completed that phase of the project...
- A month later (six months later, a year later...)
- The next thing that happened was...
- After that...
- As we continued to...
- The next day (week, month, year...)
- At about 5 O'clock that day...
- When he / she / it arrived...
- After he / she / it left...
- While we were...
- Meanwhile...
- At the same time...
- Later...

새로운 장소를 근거로 연결어가 만들어지기도 하는데 예상한 대로 장소를 기초로 한 경우에 적용된다. 이 경우에 사용하는 연결어의 예를 보자.

장소의 연결

- 서울에 있는 저희 본사에서는(베이징, 로스엔젤레스, 도쿄...)
- 선박 센터의 내부에는...
- 금융 단지 내에서는...
- 구매를 한 곳에는...

■ At our headquarters in Seoul (Beijing, Los Angeles, Tokyo...)

■ Inside our shipping center...

■ Within the Financial Complex...

■ At the point of purchase...

정리해 보면 포인트나 요소 간에 적절한 연결어가 없다면 프레젠테이션의 기본 원칙인 청중과 프레젠터 사이의 쌍방 커뮤니케이션이 절대 이뤄질 수 없고 프레젠터의 일방적인 공격 행위만 있을 것이다. 청중을 명확하게 이해시키는 일이 프레젠터의 의무임을 잊지 말고 그 의무를 실행하기 위해 매끄러운 연결어 구사에 많은 노력을 하도록 하자.

결론
The Conclusions

결론에 이르게 되었을 쯤에는 모든 포인트를 설명하고 난 후이다. 결국 이 시점에선 더 이상 새로운 아이디어나 포인트가 제시되어선 안 된다는 뜻이다. 결론은 '정말 이것만은 잊지 말아주세요.' 라고 생각하는 포인트를 강조하고 정리해 주는 장으로 밀고 가자.

Summarizing

요약하는 일은 결론에서 반드시 해야 할 일이다. 간단명료한 요약의 예를 기회와 행동 모델이 적용된 프레젠테이션을 통해 이해해 보자.

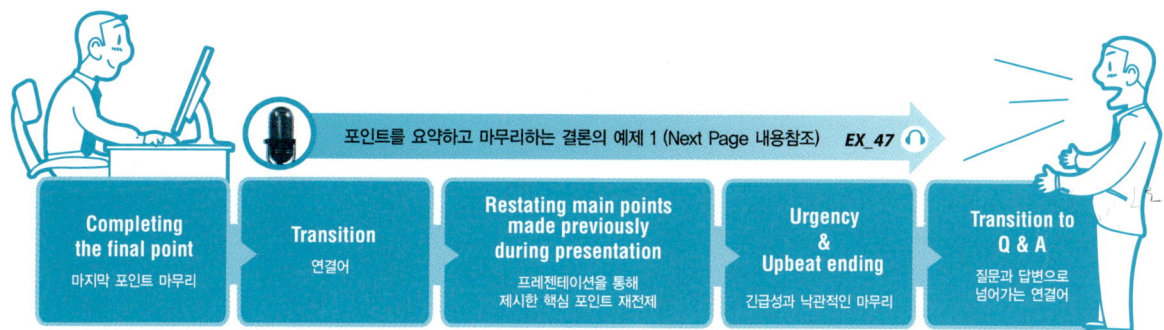

똑같은 형태를 바탕으로 5장에서 제시했던 'Mail Guard'를 이용해 또 다른 예를 들어 보자.

"Before we got to Q & A, I'd like you to think about this: In the last 20 minutes while you were listening to this presentation, how much spam do you think has dumped itself into your network, clogging up the inboxes of hundreds of your employees? 98% of that spam can be stopped cold, and that will raise your productivity 5% or more over the next three months. That means an increase in profits, and it means your investors, shareholders, employees and business partners are going to be happy people!

Thank you very much for listening, I'll be happy to answer any questions you might have."

"질문을 받기 전에 이점을 생각해 보시길 바랍니다. 20분간 진행된 이 프레젠테이션을 들으시는 동안 얼마나 많은 스팸 메일이 당신의 네트워크 속으로 잠입했고 수백 명에 이르는 직원들의 메일을 채우고 있을까요? 98%의 스팸 메일을 완전히 차단한다면 앞으로 3개월 동안 5% 이상의 생산성이 상승할 것입니다. 이것은 수익이 증대할 것이란 의미고 투자가들, 주주들, 직원들과 동업자들이 모두 행복한 사람들이 될 것이란 의미입니다. 경청해 주셔서 감사합니다. 그럼 가지고 계시는 의문점에 대해 기꺼이 답변을 하도록 하겠습니다."

포인트를 요약하고 마무리하는
결론의 예제 1 EX_47

Completing the final point

"So we can start small, with one main line, or for a larger investment, we can jump right in with a network of lines throughout the city. In either case we have the resources to make this happen. It's doable.

● 마지막 포인트 마무리

"따라서 하나의 주요 노선에 적은 투자로 시작할 수도 있고, 아니면 대규모 투자를 위해서 도시를 관통하는 운송망으로 옮겨갈 수도 있습니다. 어느 경우든 이것이 가능하게 하는 방법이 있습니다. 실행 가능한 일입니다.

Transition

Now I'd like to sum up by saying.

● 연결어

이제 정리를 해보겠습니다.

Restating main points made previously during presentation

The opportunity is there and it is substantial. The people of this city would welcome an alternate transportation system of this kind. And if we make it work here, we can open similar lines in other cities. This is a high profile project that would bring a lot of positive attention to this company. Overall, the project is highly profitable and doable.

● 프레젠테이션을 통해 제시한 핵심 포인트 재전제

거기에는 기회가 있고 실질적인 일입니다. 도시의 시민들은 이런 종류의 새로운 대체 교통수단을 반길 것입니다. 그리고 만약 이것을 실현시킨다면 다른 도시들에도 비슷한 라인을 개통할 수 있습니다. 이것은 회사로 하여금 여러 긍정적인 주목을 받게 해줄 명확한 정책의 프로젝트입니다. 정리해 보면 이 프로젝트는 수익이 높고 실현 가능한 것입니다.

CHAPTER 07 | Universals: Introductions, Transitions, Conclusions

Urgency & Upbeat ending

The only hitch is, as I mentioned, there's a limited time to move on this — but if it can happen quickly, the potential for success is enormous.

긴급성과 낙관적인 마무리
제가 언급한 것처럼, 단 하나의 문제점은 이는 제한된 시간 속에서 이뤄집니다. 만약 빠르게 대처할 수 있다면 성공 가능성은 무한대 입니다.

Transition to Q & A

Thank you, I'll take your questions now."

질문과 답변으로 넘어가는 연결어
감사합니다. 이제 질문을 받도록 하겠습니다"

포인트를 정리해 결론을 제시한 슬라이드 예 ▼

결론에서는 본론에서 사용했던 포인트를 모은 슬라이드를 다시 사용할 수 있다. 같은 슬라이드를 두고 본론에서는 포인트 하나하나를 설명해 주는 것이지만 결론에서는 포인트를 읽어 내려가면서 청중에게 포인트를 재인식시키고 요약해 주는 역할을 하게 될 것이다. 결론을 지을 때는 진심이 담긴 듯한 강한 어투로 읽는 것이 아닌 얘기하는 듯한 자세로 메시지를 전달해 보자.

최종 진술
THE LAST STATEMENT

강조하지만 청중이 발표장을 떠날 때에는 상품과 서비스, 아이디어 어느 것이든 프레젠터가 원하는 방향으로 생각하고 떠날 수 있게 만들어야 한다. 결론은 이 작업을 가장 집중적으로 하는 부분이다. 물론 그 바탕에는 억지스러운 주장이 아니라 설득 가능한 논리가 있어야 한다. 한마디로 프레젠테이션의 결과는 얼마나 논리적인 포인트를 효과적으로 제시했느냐에 따라 승패가 좌우된다고 말할 수 있다.

보통의 경우 결론에서 핵심 포인트를 재인식시켜 청중에게 프레젠터가 의도하는 바를 심어 주게 되지만 프레젠터에 따라선 질문을 받고 난 후 끝까지 자리를 지켜 준 청중에게 간결하게 최종 진술을 하기도 한다. 이때는 질문 중간에 자리를 떠나는 것을 방지하기 위해 미리 짧은 코멘트를 해주는 것이 필요하다.

 최종 진술이 있음을 알려주는 예제 1   EX_49

"I'll take one more question and then I have a very brief statement before we conclude."

"한 가지 질문을 더 받도록 하겠습니다. 그런 다음 결론을 짓기 전에 아주 짧게 요약을 해드리려고 합니다."

마지막 질문에 답변을 하고 나면 약간 어수선한 분위기가 조성되면서 이쪽저쪽에서 자리를 뜨려고 하는 조짐이 보일지도 모른다. 그때, 목소리를 가다듬고 힘주어서 이렇게 말해 보자.

최종 진술이 있음을 알려주는 예제 2   EX_50

"Before you go, I'd like to leave you with this final thought."

"떠나시기 전에, 이점을 마지막으로 떠올리면서 가시길 바랍니다."

하지만 최종 진술은 청중을 잡아 둘 만큼 강한 메시지가 있어야만 한다. 듣고 '뭐 별로 대수롭지 않은 말이었네.' 라든지 '뭐 또 그 타령이네.' 처럼 부정적인 느낌을 가지게 한다면 프레젠테이션 전체 이미지를 손상시킬 수도 있다. 반복하지만 최종 진술을 결론에서 할지 아니면 정말 맨 마지막에 전달할지를 신중히 결정하도록 하자.

조합하기
PUTTING IT ALL TOGETHER

구조의 기본 요소들을 이해하고 나면, 이들을 모두 제 위치로 배열해서 자리를 잡게 하자. 각 요소들을 적어 보고 어떻게 구성해 볼지 결정을 내리자.

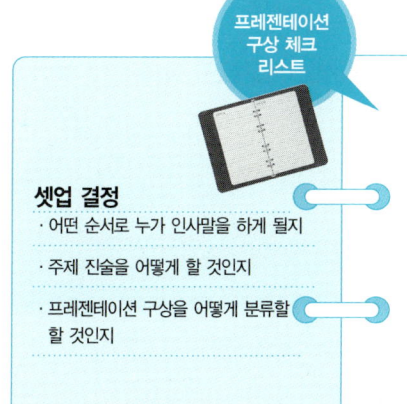

프레젠테이션 구상 체크 리스트

셋업 결정
· 어떤 순서로 누가 인사말을 하게 될지
· 주제 진술을 어떻게 할 것인지
· 프레젠테이션 구상을 어떻게 분류할 할 것인지

Checklist for Planning the Presentation

DECIDE UPON YOUR SET-UP
· Who you will introduce in what order.
· How you will state your topic.
· How you will break down your presentation plan.

오프닝	**OPENING**
· 오프닝을 직설적인 인사말로 할 것인지, 아니면 일화, 인용 또는 다른 어떤 도입 방법을 쓸 것인지를 결정	· Decide upon the content of your straightforward opening, or your anecdote, quote, or other opening device.
· 어떤 구조로 프레젠테이션의 본론을 만들고자 하는지 결정. 여러 가지 다른 구조들을 혼합하거나 필요에 따라 적절하게 변경해서 사용하게 될 것임을 기억. (스토리, 기본 케이스, 고급 케이스, 문제점/해결책 또는 다른 모델을 선택)	· Decide upon the form you want for the body of your presentation. Remember, it may combine several forms, and it will probably be modified to fit your needs. Choose Story, Basic Case, Advanced Case, Problem / Solution, or any of the other models.

본론

· 본론에서 내세우길 원하는 핵심 포인트 결정

· 각 포인트들을 어떻게 설명할지를 결정

· 반드시 넣어야 할 또 다른 필수적인 정보를 결정

· 각 포인트를 뒷받침하는 데 사용할 사실들을 결정

· 각 포인트를 뒷받침하는 데 사용할 구체적인 예제 결정

BODY

· Decide upon the main points you want to make in the body of your presentation.

· Decide how you are going to explain each point.

· Decide upon any other essential information that must be included.

· Decide what facts you will use to support each point.

· Decide what specific examples you will use to support each point.

결론

· 결론을 어떻게 요약할지를 결정

· 최종 진술을 결정하고, 질문과 답변의 전과 후 어디에서 최종 진술을 할 것인지를 결정

CONCLUSION

· Decide how you will sum up in your conclusion.

· Decide upon your final brief statement, and decide whether it will go before or after Q & A.

이처럼 아웃라인 형태를 기술해 본 후, 본격적으로 프레젠테이션을 짜고 다듬는 작업에 착수해야 한다. 설명할 포인트들을 한마디 한마디씩 상세히 적어 보면서 지속적으로 기록하고 수정해 보자. 그런 다음, 슬라이드 배경을 선택하고 포인트를 뒷받침하기 위해 사용할 자료나 유인물을 선택하자.

이런 순서로 단계별로 작업을 하다 보면, 의외의 새로운 아이디어를 접하게 될 수도 있다. 그런데 현재 구조로 조합하기엔 어딘지 어색하다고 판단되면, 별도로 아이디어를 기록해 두고 차후에 구조가 변경되었을 때 활용할 수 있을지 다시 한번 확인하도록 하자. 하여튼 모든 과정 중에 첫 번째는 프레젠테이션의 기본 구조를 짜는 것이다.

개개인이 짠 구조를 팀원이 모여서 서로 비교하고 토론해 보자. 내용이 너무 많지는 않은지, 내용이 빈약하진 않은지, 시간이 많이 걸리지는 않은지, 등등 모든 부분을 객관적인 입장에서 판단해 보자. 그리고 다시 수정하고 자르고 붙이고 하면서 모양새를 만들어 보자. 이 과정을 자주 반복할수록 프레젠테이션이 명확해지고 설득력이 강한 포인트를 잡을 수 있으며 효과적으로 시간을 조절할 수 있다.

마침내 최종적인 프레젠테이션으로 다듬었다고 판단되면, 반드시 평소 신뢰하는 친구나 동료 중 한번도 이 프레젠테이션을 보지 못했던 사람을 불러 그들 앞에서 프레젠테이션을 해보고 평가를 받도록 하자. 확률적으로 이들의 평가는 청중의 반응을 예상할 수 있는 지침이 되기 때문에 여러 사람들이 공통적으로 지적한 내용이 무엇인지에 유념하면서 그들의 의견을 반영해 최종적으로 수정을 하는 유연한 대처도 필요하다.

포인트 유지하기
STAYING ON POINT

프레젠테이션의 구조를 짜는 데 초점을 맞추다 보면 간혹 핵심 포인트가 무엇이었는지를 간과하게 될 수도 있다. 제품이든 아이디어든 아니면 기술이든지 목적물의 종류에 상관없이 핵심 포인트를 어디에 맞추고 밀어 붙일 것인지는 일관성 있게 유지해야 한다. 실례를 살펴보자.

 핵심 포인트를 서론에서 제시한 예제 EX_51

"I am Michaeal Kim, from Korean Engineers. During the twenty two years Korean Engineers has been in business, we have designed some of the most beautiful and practical buildings that grace the skyline of the major cities of our country. In Seoul alone, we have designed six of the major buildings in our skyline. It is this expertise that we bring to you as we discuss the requirements for your new headquarters today."

"저는 한국 엔지니어스의 마이클 김입니다. 22년간 한국 엔지니어스가 비즈니스를 해오는 동안, 우리 나라의 주요 도시에 스카이라인을 멋지게 만들어 준 가장 아름답고 실용적인 빌딩을 디자인해왔습니다. 서울만 두고서 보아도, 스카이라인을 형성하는 6개의 주요 빌딩을 디자인했습니다. 이것이 바로 논의한 바와 같이 오늘 새로운 본사 건물을 필요로 하는 고객님의 회사에 보여줄 전문적이 기술입니다."

여기서 내세운 핵심 포인트는 시장에서 성공한 사례를 가지고 전문 기술을 부각시키는 것이다.

이제 포인트를 유지하면서 자연스럽게 본론으로 연결시켜 보자.

 핵심 포인트를 본론에서 제시한 예제 EX_52

"Let's talk about architectural design. We understand the pride you wish to take in your new headquarters because we've seen similar pride in the faces of the people at DaeWoo and Kia when we finished their buildings. Yes, let's look at the exciting design we have for you."

"건축 디자인에 대해 말해보도록 하죠. 저희는 고객님이 새로운 본사 건물에 대해 자부심을 갖게 되길 희망한다고 알고 있습니다. 대우나 기아 건물이 완공되었을 때 그들의 얼굴에서 보여준 유사한 자부심을 보았기 때문입니다. 그렇다면 바로 고객님을 위한 멋진 디자인을 함께 보도록 하죠."

슬라이드가 바뀌면서 본론이 시작된다. 본론에서는 구체적인 디자인의 특징과 실용성을 거론하게 될 것이고, 물론 여기서도 핵심 포인트는 그대로 유지된다. 이제 마지막 결론에서 핵심 포인트를 재확인시켜 줄 차례이다.

 핵심 포인트를 결론에서 제시한 예제 EX_53

"We are truly excited about the opportunity to design your new headquarters. We have been in business for twenty-two years and we have designed at least one hundred new headquarters buildings for major companies. I am proud to say that each time our team sits down to design a building; we're just as excited as the very first time. Let us bring that experience to your new building!"

"저희는 고객님의 새로운 본사 건물을 디자인할 기회를 갖게 되어서 참으로 흥분됩니다. 22년간 비즈니스를 해오면서, 적어도 100개에 해당하는 대기업들의 본사 건물을 디자인해왔습니다. 매번 우리의 팀들이 건물 디자인을 착수할 때는 아주 처음 일을 시작하게 되었을 때처럼 벅찬 마음으로 임하는 있음을 자신 있게 말하고 싶습니다. 고객님의 새로운 빌딩에서도 그 경험을 보여줄 수 있도록 해주십시오."

자연스런 연결어, 핵심 포인트 유지, 논리 있는 설명은 상대방을 설득시키는 키이며, 진정한 말재주가 있는 사람들이 가지는 특징이다.

능수능란한 말솜씨를 구사한다면 프레젠테이션의 목적을 성취할 가능성이 자연 높아질 수밖에 없다. 당연히 이 같이 되기까지는 많은 연습이 필요하다. 타고난 재주보단 갈고 닦는 재주가 더 강하다. 연습만이 길이다.

Now it's time to start practicing!

Beat around the bush
Cut to the chase
The bottom line

Beating around the bush는 말을 돌리면서 포인트를 피해 가거나 요점이 없는 말을 하는 것으로 일상 생활에서 흔히 듣게 되는 말이다. 특히 미국인들은 포인트만 직접적으로 듣기를 선호하기 때문에 포인트 주변에서 맴도는 말에 대해서는 상대를 막론하고 이 표현을 사용한다. **Cut to the chase**는 Beating around the bush와 반대되는 말로, 뒤따라 붙는 쓸모없는 말을 잘라 내었다는 것으로 포인트만 말하다는 의미이다. **The bottom line**은 설명을 간단히 줄여 딱 부러지게 결론을 지어 주는 것으로 밑바닥에 깔린 의미가 무엇인지를 드러내어 서로가 명확하게 의사를 전달하고자 할 때 사용한다. 결론은, '결국 ~이다'란 의미로 해석할 수 있다. 이들 세 구문은 상호 연관이 깊은 말들로 대화에서 자주 함께 사용된다.

다음 대화를 통해서 이들 세 구문의 의미를 확인해 보자.

Julie   Joe, has your research team gathered the customer preferences information about eye glass colors yet?

Joe   Well, they did the survey. They know what they're doing; I have complete faith in their abilities as a market research team.

Julie   And, so...?

Joe	I know they're taking this project very seriously...
Julie	Stop **beating around the bush**, Joe. Did they get the information, or not?
Joe	Honestly, I don't know. Alex's supposed to be collating the data, but when I asked him about it, he started going on about some personality issues in his group. I told him, "Alex, **cut to the chase**. Julie's not going to want to hear all this blah-blah about your group. She just wants **the bottom line**."
Julie	And what IS **the bottom line**?
Joe	He said he couldn't tell me yet. He'll get back to me after lunch.
Julie	Then can you please get back to ME after lunch? I need it yesterday.
Joe	Will do.

Julie	Joe, 안경 색깔에 대한 고객의 선호도에 대해 리서치 팀의 조사를 다 모았나?
Joe	그들이 조사는 했어. 무엇을 해야 할지를 아니까, 난 마켓 리서치 팀으로써 팀원의 능력에 대해 완벽하게 신뢰를 하지.
Julie	그래서...?
Joe	이 프로젝트를 아주 심각하게 받아들이고 있다는 것을 안다는 거지.
Julie	말을 빙빙 돌리지 말고 Joe. 자료를 받았어 아님 못 받았어?
Joe	솔직히 말하면 모르겠어. Alex가 데이터를 모아 주기로 되어 있는데, 내가 그걸 물었을 때 그는 그룹 안에서 일어난 개인적인 문제에 대해서 말하더라고. 그래서 내가 말했지 "Alex, 요지만 말해 줘. Julie는 그룹에 대한 이런 잡다한 얘기들을 듣길 원치 않을 거야. 그녀는 결론만을 원할 거라고."
Julie	그래서 결론은 뭐야?
Joe	아직까지 말해 줄 수가 없대. 점심 식사 후에 알려주겠대.
Julie	그럼 나한테 점심 식사 후에 알려줄 수 있지? 아주 급하게 필요해.
Joe	그렇게.

누가 먼저 게임을 시작하는 지가 중요한 것이 아니라 누가 그 게임을 마치는 지가 중요하다.

— 존 우던

It is not so important who starts the game but who finishes it. ✱**John Wooden**

PERFECT PRESENTATIONS

CHAPTER 08

Questions & Answers

1_Preparing for Q&A
2_How to Manage a Question & Answer Session
CASE STUDY: Pak, Gyong-Si - A Success Story

결론을 설명하고 나면 청중의 반응을 확인할 차례이다. 청중은 본인들이 생각할 때 관련이 있다고 판단되는 질문을 스스럼 없이 하게 되는데 프레젠테이션에선 이 시간을 Q&A라고 통칭한다.

특히, 미국인들은 질문하기를 좋아한다. 이는 표현하고 나타내기를 좋아하는 문화를 가지고 있기 때문이다. 사적인 일이든 공적인 일이든 상관없이 아이디어를 서로 교환하는 일을 즐긴다. 그러기에 미국인들은 비즈니스 현장에서 직급이 다르고 상대가 누구인지에 크게 부담을 가지지 않는다. 필요하다면 상호 적극적으로 질문을 주고받는 일을 서슴지 않는다.

하지만 아시아의 문화는 다르다. 상대를 고려하지 않고 질문을 하는 일이 자칫 무례한 행동으로 비쳐질 수도 있기 때문에 섣부르게 질문이나 반문하는 일이 망설여진다. 단적인 예로 미국에서는 대기업의 매니저가 부사장을 찾아가 질문을 하는 일이 평범한 일 중 하나다. 그러나 아시아에서는 대기업의 일반 직원이 부사장을 찾아가 이렇고 저렇고 하면서 따지는 듯한 질문을 한다면 직장 생활이 아슬아슬하게 될 수도 있다.

이런 생활 습관과 문화의 차이가 프레젠테이션에서도 드러날 때가 많다. 지금까지의 경험으로 비춰 볼 때 소니 프로덕션을 찾아 왔던 많은 아시안 프레젠터들은 여러 면에서 성의 있게 프레젠테이션을 준비한 것이 보이지만, Q&A만큼은 능숙하게 적응하지 못하는 편이었다. 답변을 적절히 생각하지 못해서인지 아니면 당황해서인지 얼굴색이 홍조 빛으로 변하고 진땀을 흘리면서 어쩔 줄 모르는 모습을 보이는 경우가 대부분이었다. 긴장하는 것은 자연스런 생리 현상일 수 있지만, 문제는 수습을 제대로 하지 못해서 얼떨결에 상대방을 공격하는 듯한 이미지를 남기기도 하는데, 청중의 입장에선 상대방 회사에 대해 철저하게 뜯어보고 분석하려고 들기 때문에 발표자의 행동 하나하나가 그들의 판단에 영향을 주는 것을 간과해서는 안 된다.

최근 많은 미국 기업들은 외교적인 거래의 폭이 넓어지면서 나라별 문화적 차이를 중요하게 인식하기 시작했다. 그리고 이 같은 문화적 차이를 잘 활용할수록 더 큰 성과를 얻을 수 있다고 판단해서 프레젠테이션을 준비할 때 청중이 어떤 사람들인지에 따라 프레젠터가 결정되기도 한다. 이것이 여의치 않은 회사에서도 Q&A만큼은 청중과 같은 인종의 토박이로 대처하는 적극적인 자세를 보여주고 있다. 발표 회사는 고객의 조그마한 뉴앙스에서도 어떻게 대응하면 좋을지를 아는, 같은 인종의 사람들이 상담을 할 때가 그렇지 않은 경우보다 월등히 좋은 결과를 보여준다고 믿는다.

그렇다면 지금부터 영어로 프레젠테이션을 할 때 빠져서는 안 될 Q&A를 매너 있고 세련되게 진행시키는 방법에 대해 알아보자.

질문과 답변 준비
Preparing for Q&A

똑같은 시간을 주고 경쟁한 프레젠테이션에서 성공한 케이스를 분석해 보면 반드시 공통점이 있다. 팀원의 빠른 대처, 주제에 대한 철저한 조사와 연구, 효율적인 업무 분담, 새로운 콘셉트를 받아들이는 유연성, 첨단 기술과 방법을 적절히 이용하는 등 분명 남다른 노력들이 보인다. 이 노력을 Q&A에도 적용해 보자. 쉽지 않아 보이는 마지막 관문을 잘 통과하게 해주는 열쇠가 될 것이다.

How? 어떻게?

프레젠테이션 준비를 다했다고 생각될 때, 준비한 프레젠테이션을 펼쳐 놓고 생각해 보자. 이 발표를 듣고 청중은 과연 어떤 의문을 가질까? 종이에 가능성 있는 질문들을 적어 보자. 질문을 떠올릴 때는 청중이 이 분야에 비전문가이며 전혀 분야에 대해 모른다고 전제하면 생각의 폭을 더 넓힐 수 있다.

어쩌면 처음엔 생각이 잘 나지 않을지도 모른다. 이럴 경우에는 가장 많은 생각과 토론을 하게 되는 브레인스토밍 과정부터 다시 회상해 보자. 브레인스토밍 과정에서 모아진 아이디어를 구조에 적용시키면서 핵심 아이디어를 선택했을 것이고 그 과정에서 남거나 버려진 아이디어가 분명히 있을 것이다. 또한, 최종 프레젠테이션 내용안이 나오게 되면 그 과정에서 시간 절약상 포기해야 했던 아이디어들도 있었을 것이다. 이렇게 걸러진 아이디어들을 집중적으로 다시 살펴보고 이 부분이 설명 부족으로 인해 의문을 불러 일으킬 가능성이 있는지를 판단해 보자.

예상 가능한 질문들을 리스트로 작성했다면 그에 맞는 답변을 작성할 차례이다. 답변을 정리한 노트는 실제 발표 현장에 들고 가야 한다. 예상했던 질문이 나오면 즉시 답변을 해주어야겠지만 수많은 예상 질문들에 대한 답변을 모두 외우는 일은 쉬운 일이 아니기 때문에 노트를 활용하는 것이 현명하다. 답변을 할 때에는 각 질문의 처음 몇 마디만 외워서 말하고 나머지는 노트를 보면서 말하듯이 설명하도록 하자. 간간히 청중과 눈맞춤을 하면서 설명을 충실히 한다면 청중은 만족할 것이다. 괜히 완벽하게 답변을 외워 가려고 하다간 하나의 답변도 제대로 못하는 경우가 생기고 만다. 프레젠테이션의 답변은 시험을 치르는 것과는 달리 글자 하나 토시 하나 틀리지 않게 외울 필요가 없어 노트를 보고 설명을 하다 보면 연습했던 기억이 되살아나 어느새 매끄럽게 답변을 이어 갈 수 있을 것이다.

질문과 답변을 준비하고 나서는 예상 질문의 우선 순위를 정하도록 하자. 대체적으로 청중은 가격, 기간, 품질 등을 빠지지 않고 다시 한 번 확인하고 싶어한다. 이에 맞춰 예상 질문도 순위별로 리스트화해서 준비해 보자.

여기에 가장 보편적으로 많이 거론되는 50가지 질문을 확인해 보자.

CHAPTER 08 | Questions & Answers | 245

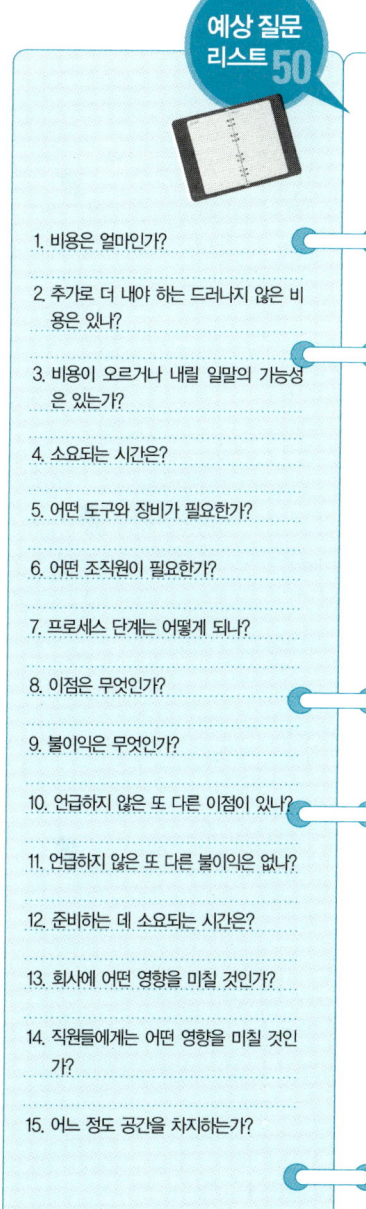

예상 질문 리스트 50

1. 비용은 얼마인가?
2. 추가로 더 내야 하는 드러나지 않은 비용은 있나?
3. 비용이 오르거나 내릴 일말의 가능성은 있는가?
4. 소요되는 시간은?
5. 어떤 도구와 장비가 필요한가?
6. 어떤 조직원이 필요한가?
7. 프로세스 단계는 어떻게 되나?
8. 이점은 무엇인가?
9. 불이익은 무엇인가?
10. 언급하지 않은 또 다른 이점이 있나?
11. 언급하지 않은 또 다른 불이익은 없나?
12. 준비하는 데 소요되는 시간은?
13. 회사에 어떤 영향을 미칠 것인가?
14. 직원들에게는 어떤 영향을 미칠 것인가?
15. 어느 정도 공간을 차지하는가?

50 Frequently Asked Questions

1. How much does it cost?
2. Are there any hidden costs?
3. Are there any possible changes that would increase or decrease costs?
4. How long does it take?
5. What equipment or materials will be needed?
6. What personnel will be needed?
7. What are the stages of this process?
8. What are the advantages?
9. What are the disadvantages?
10. Are there any other advantages you haven't mentioned?
11. Are there any other disadvantages you haven't mentioned?
12. How long will it take to prepare it?
13. What impact will it have on the company?
14. What impact will it have on our employees?
15. How much space will it take?

16. 보관은 어떻게 할 것인가?

17. 운반은 어떻게 할 것인가?

18. 조립은 어떻게 할 것인가?

19. 교체하면 구형은 어떻게 폐기할 것인가?

20. 쓰레기들은 어떻게 폐기할 것인가?

21. 정말 표현한 대로 좋은 것인가?

22. 그것에 대한 나쁜 경험은 없나?

23. 미래에 변화를 줄 계획인가? 변화를 준다면 어떻게?

24. 추후에 가격이 오르거나 내릴것인가?

25. 우리로부터 필요한 정보는 무엇인가?

26. 우리에게서 어떤 도움이 필요한가?

27. 우리로부터 어떤 종류의 보장이나 승인이 필요한가?

28. 이 일의 책임자는 누구인가?

29. 회사의 누구랑 직접 상대해야 하나?

30. 예상했던 것보다 시간이 더 소요된다면?

31. 제대로 실행이 되지 않는다면?

16. How will it be stored?

17. How will it be transported?

18. How will it be assembled?

19. How do we dispose of the old one that we're replacing?

20. How do we dispose of the waste?

21. Is it really as good as it sounds?

22. Have you had any bad experiences with it?

23. Are you planning to change it in the future? How?

24. Will the price go up or down in the future?

25. What information do you need from us?

26. What kind of support do you need from us?

27. What kind of guarantees or approvals do you need from us?

28. Who would be in charge of this?

29. Who would we be dealing with at your company?

30. What if it takes longer than you anticipate?

31. What if it doesn't work right?

32. 무엇을 보장할 수 있나?

33. 환불에 대한 규정은 어떠한가?

34. 이전에 고객에게 연락을 취할 수 있는 가?

35. 이를 위해 우리의 직원들을 교육시켜 줄 것인가?

36. 융자는 어떻게 되나?

37. 기간과 조건은 무엇인가?

38. 어떤 종류의 장기 보수 관리를 제공하는가?

39. 기본 계약은 판매인가 아니면 대여인가?

40. 품질 보증은 어떤 식으로 제공하는가?

41. 대량 판매에 대해서는 어떤 보상이 제공되는가?

42. 결제 기한은 어떻게 되나? 만30일? 만60일?

43. ~라고 말한 부분을 상세하게 설명해 줄 수 있는가?

44. ~관한 포인트를 좀더 구체적으로 보여줄 수 있는가?

45. ~관한 좀더 많은 정보를 줄 수 있는가?

32. What kinds of guarantees do you offer?

33. What is your refund policy?

34. Can we contact any of your previous clients?

35. Will you train our employees to do this?

36. How will this be financed?

37. What are the terms and conditions?

38. What kind of long term maintenance do you offer?

39. Is your basic agreement a sales or lease agreement?

40. What kind of warranties do you offer?

41. What kind of rebate do you offer on volume sales?

42. What are your payment terms? Net 30? Net 60?

43. Can you elaborate on the point you made when you said...

44. Can you go into more detail on your point about...

45. Can you give us more information about...

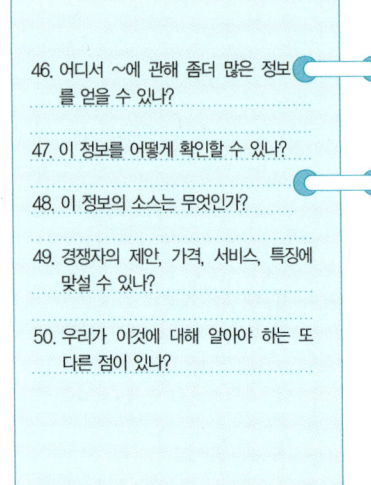

나열한 질문들을 두고 준비하려는 프레젠테이션에 맞게 바꿔 보자. 방어를 철저히 하는 것이 최상의 공격임을 되새겨 주는 일이 바로 Q&A를 준비하는 과정이다.

질문과 답변을 다루는 법
How to Manage a Question & Answer Session

프레젠테이션의 서론에서 Q&A가 언제 있을 것인지 밝혔기 때문에 청중은 프레젠터의 발표 동안 나름대로 질문에 대해 노트를 하거나 기억을 하고 있을 것이다. 그런 만큼, 청중의 기대에 어긋나지 않게 프레젠터는 Q&A 시간을 활기차게 시작할 필요가 있다. 손바닥을 가볍게 탁~ 치면서 청중을 격려해 준다든지, 환한 미소를 띠우면서 어떤 질문도 괜찮다는 듯한 편안한 느낌을 보여주자. 또 쉽진 않겠지만 청중을 모두 친구라고 생각하고 그들을 긍정적인 마음으로 받아들이고자 노력해 보자.

이 같은 마음의 준비가 되었다면 단상 뒤에서 앞으로 나와 질문과 답변의 시간을 진행해 보자. 물론 프레젠터에 따라선 단상 뒤에서 계속 질문과 답변을 진행하는 경우도 있지만, 프레젠터가 위치를 옮기면서 분위기를 바꾸는 것이 청중과의 간격을 좁히고 그들의 참여를 적극적으로 끌어내는 방법이라는 많은 조사 결과들이 있다. 청중은 이런 프레젠터를 보면서 두 가지의 느낌을 가진다고 말한다.

❶ 아이디어를 나누는 것이 편안하다.
❷ 탁 터놓고 말할 준비가 되어있다.

❶ You are comfortable exchanging ideas.
❷ You are willing to be open and a little bit informal.

눈은 청중을 향하고 손에는 준비한 노트를 쥐고 있자. 깔끔히 정리한 카드를 이용하는 것도 좋은 방법이다.

이제 시작해 보자.

"Are there any questions?" 질문이 있습니까?

청중은 손을 들어 반응을 보이거나 목소리를 높여 프레젠터를 부를 수도 있다. 듣거나 보게 되면 프레젠터는 반드시 질문자를 선택해서 손으로 알려주면서 "Yes"란 말을 해주어야 한다.

 Pointing ▶

 Pointing with your index finger ▶

청중을 지적할 때는 검지를 사용하는 것이 잘못된 행동이 아니다.

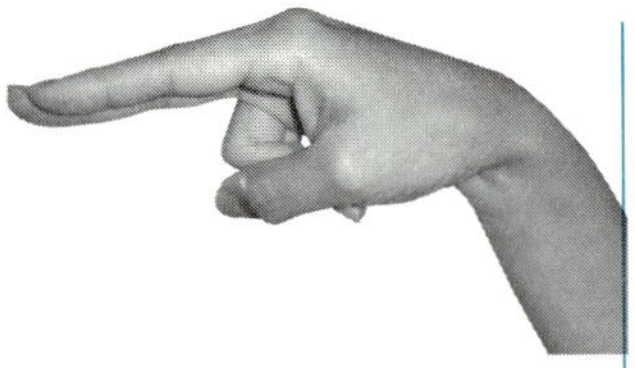

Image 8-3 Indicating with two fingers ▲

아니면 검지와 중지를 동시에 펼쳐서 지적할 수도 있다.

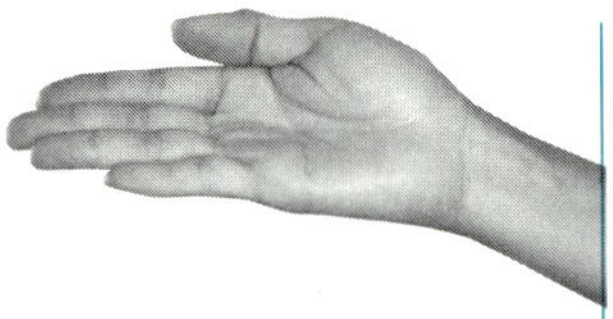

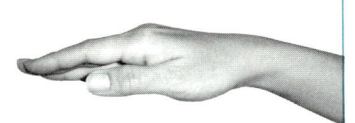

Image 8-4 Indicating with your hand, palm to the side ▲

이것이 좀 부자연스러우면 손바닥을 펼쳐서 손바닥이 위로 향하게나 비스듬하게 세워서 지적할 수도 있다.

Image 8-5 Indicating with your hand, palm up ▲

손바닥을 위로 향하게 해도 된다.

Image 8-6 Indicating with your hand, palm down ▲

손바닥을 아래로 향하게 하는 것도 한 방법이다.

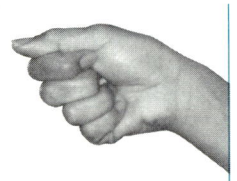

Image 8-7 Indicating with your thumb ▲

그렇지 않으면 주먹을 쥐듯이 하면서 엄지로 포인팅하는 프레젠터도 있다.

Image 8-8 Indicating with your center finger ▲

중지를 사용해서 지적하는 일은 큰 실례가 된다.

위의 모든 경우가 손으로 지시하는 일반적인 방법이다. 그런데 한 가지 절대 피해야 하는 방법을 알아보자. 2004년 한국인 야구 선수 김병현이 생방송으로 미국 전역에 중계된 시즌 게임에서 중지를 높이 쳐든 장면은 이후에도 두고두고 야구 선수들의 자질 문제를 거론하는 계기가 되었고 고속도로에서 시비가 일어난 운전자가 중지를 상대방에게 보이자 흥분한 상대가 총으로 운전자를 쏴 한동안 언론을 시끄럽게도 한 일도 있었다. 미국인들에겐 말로 하지 않고 몸으로 보여주는 가장 큰 욕설이 바로 중지를 높이 세우는 것이다. 한마디로 중지는 미국인들에게 민감한 손가락이어서 대체로 사용을 자제하는 손가락이다. 하지만 이점을 심각하게 인식하지 못한 아시아인들은 종이를 펴놓고 설명할 때에도 무의식적으로 중지를 사용해 종이를 탁탁 치면서 열심히 설명하는 모습을 종종 본다. 아마 거기에 있는 미국인들의 눈길은 그 손가락에 집중되면서 자연스럽게 인상이 찌푸려질 것은 보지 않아도 분명하다. 평소에 손가락 사용에 유의하는 습관을 지니는 것이 좋을 듯하다.

한 사람의 질문이 끝나고 다른 사람을 지시할 때에는 다음과 같은 표현들을 쓴다.

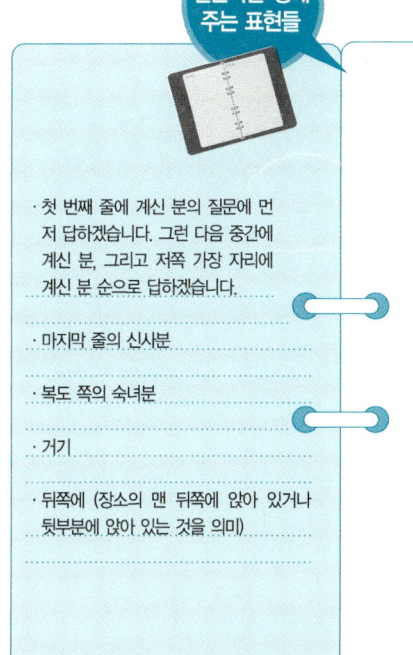

질문자를 정해 주는 표현들

· 첫 번째 줄에 계신 분의 질문에 먼저 답하겠습니다. 그런 다음 중간에 계신 분, 그리고 저쪽 가장 자리에 계신 분 순으로 답하겠습니다.

· 마지막 줄의 신사분

· 복도 쪽의 숙녀분

· 거기

· 뒤쪽에 (장소의 맨 뒤쪽에 앉아 있거나 뒷부분에 앉아 있는 것을 의미)

Selecting Audience Members

- "I'll answer the person in the front row first, then the person in the center, then the person there on the side."

- "The gentleman in the last row."

- "The woman on the aisle."

- "Over there."

- "At the back." (meaning a person sitting at or near the back of the room)

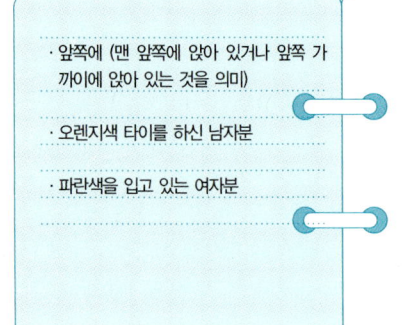

- "Down front." (meaning a person sitting at or near the front)
- "The man with the orange tie."
- "The woman in blue." (meaning blue clothing)

질문이 많을 경우엔 순서를 정해 주면서 진행하는 것이 좋다. 순서를 정할 때는 발표자로부터 가까운 위치에 있는 질문자를 먼저 지시했다면 두 번째는 멀리 떨어진 질문자를 선택하는 식으로 편중이나 소외가 되지 않도록 유의를 해야 한다. 질문을 받게 되면 질문 내용을 크게 한번 반복해서 확인하는 것이 좋다. 그렇게 함으로써 나머지 청중 또한 질문자의 질문 내용을 확인할 수 있고 프레젠터의 답변이 얼마나 잘 되었는지를 알 수 있다. 뿐만 아니라 질문을 반복해 줌으로써 발표자는 짧은 순간이지만 생각을 정리할 수 있게 된다.

답변을 할 때에는 탁구공이 날아 왔을 때 바로 받아 쳐서 넘기는 것처럼 노련한 재주를 보여주면 좋겠지만, 신중함을 기하는 측면에서 서두르지 말고 가장 적절하다고 생각되는 답변을 떠올린 다음, 답을 하도록 하자. 그런 시간을 벌기 위해선 준비된 화이트 보드에다 질문의 요점을 크게 쓰면서 여유를 가지자. 청중의 시선이 보드로 향하면서 프레젠터는 빠르게 답변을 결정할 틈을 얻게 될 것이다.

Q&A가 어려운 또 다른 이유는 정해진 시간 내에 답을 해야 한다는 것이다. 결국 답변을 할 때, 프레젠테이션처럼 조목조목 연결해 가면서 설명하는 방식이 아니라 간단하게 정리해 주는 것이 바람직하다. 이것이 여러 사람에게 기회를 주는 길이기도 하다.

한 사람의 질문자로부터 받은 질문이라도 청중이 소외되지 않게 모든 청중을 바라보면서 질문에 대한 답변을 하도록 하자. 그리고 답변을 다했다고 생각될 때에는 질문자를 쳐다보면서 "Does that answer your question?" 라고 반문하면서 질문에 대해 답변이 되었는지를 확인하자. 만약 그때 질문자의 인상이나 반응이 만족스럽게 보이지 않으면 질문자가 "Yes" 라고 할 때까지 좀더 구체적인 설명을 해주어야 한다. 그렇게 함으로써 프레젠터가 진심으로 성심껏 대응하고 있다는 느낌을 청중이 가지도록 만들자.

질문에 따라선 답변이 길어질 수 있는데 답변 과정에서 다른 질문자들이 가질 질문들이 동시에 해결되는 경우도 있기 때문에 꼭 나쁘다고 만은 할 수 없다. 어쨌든 답변을 한 후에는 이미 선정된 다른 질문자들을 위해서 "Anyone else?"나 "Next question"과 같은 말로 또 다른 질문을 받도록 하자.

질문을 진행하는 동안 모든 질문이 프레젠터가 예상한 질문일 수는 없다. 또한 프레젠테이션에서 보여주려고 의도한 내용과 관련이 없는 질문이 나올 수도 있다. 그렇지만 프레젠터는 마음의 평정을 잃지 말고 간결하게 설명한 뒤, 원래 의도한 대로 내용을 다시 끌어내도록 노력해야 한다. 끝까지 성실하게 답변하고 정직하게 대응하는 프레젠터의 모습에서 청중은 논리적이란 생각을 굳히게 될 것이고, 프레젠터의 말처럼 발표 회사와 프레젠터를 유능한 팀이라고 판단하게 될 것이다.

Refer Back To The Presentation

질문을 받다 보면 꼭 이미 언급했던 내용을 다시 반복해야 하는 일이 생긴다. 잠시 한눈을 판 청중이 질문을 하기 때문이다. 그럴 경우에는 나머지 청중을 고려해서 이렇게 운을 띄우면서 설명해 보자.

"As I mentioned in the presentation…"
"프레젠테이션에서 설명했듯이"

"In the section on quality control, we looked at…"
"품질 관리부분에서, 저희는 ~을 보았습니다."

"This goes back to something I discussed earlier in the presentation…"
"이는 앞서 프레젠테이션에서 거론했던 것으로…"

이처럼 반복되는 설명은 다시 한번 강조의 기회로 삼거나 다른 말을 약간 넣어서 의미를 확대시키는 등 변화를 주어, 나머지 청중이 지루하지 않게 분위기를 이끌어 가야 한다.

Brand New Topics

만약 예상치 못했던 질문 중 프레젠테이션에서 제시한 내용이 아닐 경우에는 어떻게 대응하는 것이 좋을까? 한 예로 청소기나 복사기에 대해 진술했는데, 질문자가 새로운 버전의 제품이 곧 나올 것이란 것을 들었다면서 그 제품에 대해 설명해 달라고 질문했다고 가정해 보자.

어떤 대답이 가장 적절할까?

잘 알지 못하는 것에 대해 대처하는 예제 1   EX_54

"I'm not familiar with that, but I'll get an answer and get back to you as soon as possible."

"그것에 대해서는 잘 알지 못합니다. 그렇지만 가능한 빨리 답변해 드리겠습니다."

예제 1처럼 간단하게 언급해도 되고 아래와 같이 표현할 수도 있다.

Chapter 08 Questions & Answers

> 잘 알지 못하는 것에 대해 대처하는 예제 2   EX_55
>
> "Thanks for your question. I don't have all the details on that, but I will be speaking to my marketing people very soon. They already know what the next generation of our product will do. I will get you an answer."

"질문을 해주셔서 감사합니다. 그것에 대해서는 구체적으로 모든 것을 알지 못하지만 아주 빠른 시간 내 마케팅 담당자와 얘기해 보겠습니다. 그들은 저희 제품의 다음 버전에 대해 이미 알고 있을 것입니다. 그 답변을 고객님께 드리도록 하겠습니다."

한마디로 Q&A 후 연락처를 남겨 달라고 하면서 질문을 마무리하면 된다. 발표자에겐 유쾌한 질문은 아니지만 그렇다고 질문자를 절대 언짢게 생각하지는 말자. 오히려 가장 큰 잠재 고객이 될 수 있다고 생각하자. 관심이 있기 때문에 더 구체적으로 알고 싶은 것이다. 프레젠테이션 이후 연락을 주고받으면서 좋은 관계가 형성될 수 있도록 노력해 보자. 진실되게 설명하고 아는 것과 모르는 것을 분명히 해주는 일은 프레젠터가 가져야 할 가장 기본적인 소양 중에 하나이다. 끼워 맞추거나 과장, 허풍, 대충 어림짐작 등은 프레젠터가 책임지기 전까지는 해서는 안 될 일이다.

Potential Problems

Q&A는 청중의 참여로 진행되는 시간인 만큼 대부분의 발표자에겐 고민거리가 아닐 수 없다. 예를 들어 유난히 큰 목소리로 질문하는 청중이 있다고 가정해 보자. 또 정말 악의를 품은 듯이 분위기를 험악하게 끌고 가려는 청중이 있는 경우도 떠올려 보자. 두 경우 동일하게 발표자에게 긴장감을 주는 상황들이다. 흔치는 않지만 만약 이런 일이 발생했다면 어떻게 대응하는 것이 좋을까? 현명한 대응은 긍정적인 자세를 유지하는 것이다.

Stay Positive! 긍정적인 자세를 유지하라!

같이 공격적으로 대응할 필요가 절대 없다. 또한 악의적인 말에 말려들어 논쟁할 필요도 없다. 오히려 더 이성적으로 목소리를 가다듬고, 질문자가 뭔가 단단히 잘못 이해하고 있구나란 정도로 생각하자. 그런 자세로 질문에 답변하자. 적으로 생각하지 말고 친구에게 오해를 풀어 주어야지란 자세로 다가간다면 해결점을 찾을 수 있을지 모른다. 그럼에도 불구하고 계속 질문자가 부정적이고 악의적인 질의를 계속한다 해도 태도에 변화를 주지 말자. 어쩌면 함께 듣고 있던 청중이 나서서 대응해 줄지 모른다. 흔치는 않지만 설명한 대로 진행한다면 침착한 프레젠터의 행동으로 청중에게 더 높은 호감을 얻게 될 것이다.

그런데 이와는 정반대로 만약 질문자가 한 명도 없다면 어떻게 해야 할까? 그냥 감사하다고 인사를 하면서 서둘러 마치지 말고 잠시 그들에게 시간을 주도록 하자.

"Is there anything that was unclear or that you'd like more information about?"
"불분명했거나 좀더 알고 싶은 정보가 있습니까?"

상기 예처럼 말을 던진 후에도 질문이 없을 경우엔 다음과 같이 역으로 질문을 건네 보자.

"Well, a question that I'm often asked is…"
"종종 제가 받았던 질문 중 하나는…."

준비했던 예상 질문 중 아주 중요하다고 생각되는 질문을 스스로 꺼내 답변해 보자. 프레젠테이션에서는 시간 관계상 언급하지 못했던 것을 꺼내 보는 것도 핵심 주제를 보충해 주는 하나의 방법이다. 그렇게 간단히 답변을 마친 후에 마지막으로 다시 한번 질문해 보자.

"Now has anyone come up with a question?"
"이제 질문이 있으신 분 있습니까?"

이렇게 말한 뒤에는 청중에게 부담을 주지 않는 측면에서 간단한 농담을 던질 수도 있을 것이다.

"There must be something you're burning to know!"
"알고 싶어서 안달이 나는 뭔가가 분명히 있을 텐데요!"

여기까지 진행되었을 때에도 여전히 질문이 없다면 감사의 인사를 하고 마치는 것이 바람직하다. 보통의 경우 질문자가 한번 스스로 질문을 꺼내고 답변을 하고 나면 질문이 나오는 경우가 많기 때문에, 활용한다면 도움이 될 방법이다. 그리고 질문이 없었다고 해도 실망하거나 당황할 필요는 없다. 청중 중에는 대중 속에서 질문하기보다는 프레젠터가 발표를 마친 후 다가와 질문하는 사람도 적지 않기 때문이다.

CASE STUDY

PAK, GYONG-SI - A SUCCESS STORY

A company called National Computers had a branch office in Seoul and a branch office in San Francisco. The American branch needed a project manager to lead a development project for a new Central Processing Unit (CPU). They had no available project managers in San Francisco so they asked the Seoul office to recommend a Korean project manager.

The Korean office nominated Pak, Gyong-Si. Pak, Gyong-Si was an excellent project manger, and was very knowledgeable of the company's products. He understood all about CPUs and had read the specifications of the CPU being developed in California. Pak, Gyong-Si was very excited about going to California and heading the project.

The vice-president of the California office told Pak, Gyong-Si that he would have to make a presentation about his project management experience and his knowledge of CPUs in order to get the job. Pak, Gyong-Si would have to come to San Francisco and present to the both the vice-president and to project team that he would be heading if he got the job. Once more, Pak, Gyong-Si would have to answer any and all questions as a part of his presentation.

Pak, Gyong-Si was very concerned. He had never made a presentation in a foreign country before. He had never been in a situation where he would be talking to both his future boss and future subordinates at the same time.

Pak, Gyong-Si wrote and practiced his presentation and became very good at delivering it. He knew the slides by heart and could recite all of the facts without reading from his notes or from the slides. The goal of his presentation was to get the job. The need of the company was to get a project manager who was professional, capable, and energetic. Everything in Pak, Gyong-Si's presentation served his goal by meeting the needs of the company. He knew his presentation was solid.

But he was concerned about the question and answer session. He had never done one before, and certainly never with strangers in his second language. It was a tough challenge.

Pak, Gyong-Si decided that the best way to handle the question and answer session was to prepare for it intensively. He studied his presentation slides carefully and found places that seemed to invite questions. He wrote out the questions that he would ask if he were listening to the presentation for the first time. He came up with a thorough list of questions and appropriate brief answers.

The day of the presentation came. Pak, Gyong-Si asked the audience to please hold its questions until the end of the presentation. Pak, Gyong-Si carefully explained his background as a project manager. He also explained how he had worked with all areas of the company and was knowledgeable of the company's products. He laid out a strong case for getting the job.

When the presentation was finished, Pak, Gyong-Si walked out from behind the podium. He asked the audience if anyone had questions. Immediately, three hands went. Pak, Gyong-Si said, "I am anxious to answer all of your questions. I will take the man in the middle first, then the woman on the left, then the man on the right."

Pak, Gyong-Si grew nervous as he listened to the first question. He was asked how much he knew about the development of the new CPU they were all going to work on. Pak, Gyong-Si had anticipated that he might be asked to speak in more depth on this issue. He had prepared an answer. Using his notes, he made a brief and very knowledgeable answer.

The first answer relaxed Pak, Gyong-Si. He was surprised how easy it was to answer questions. He could see that the audience was not against him. They were professionals just like him, and they had reasonable questions which simply required reasonable answers.

And Pak, Gyong-Si had prepared! He finished the question and answer session easily. He even enjoyed it!

Of course, Pak, Gyong-Si got the job. He had learned how to think on his feet!

박경시의 성공 스토리

National Computers라는 회사는 서울과 샌프란시스코에 지사를 두고 있다. 미국 샌프란시스코의 지사에서는 새로운 CPU 프로젝트 개발을 끌고 갈 프로젝터 매니저가 필요했다. 샌프란시스코에서는 적당한 프로젝트 매니저가 없어서 본사에서는 서울 지사에 한국인 프로젝트 매니저를 추천해 줄 것을 요청했다.

한국 지사에서는 박경시를 지명했다. 박경시는 뛰어난 프로젝트 매니저였으며, 회사 제품을 상당히 박식하게 알고 있었다. 그는 CPU에 대해 모든 것을 이해했으며, 캘리포니아에서 CPU가 개발되는 동안 설계서를 정독했다. 박경시는 캘리포니아로 간다는 것과 프로젝트를 지휘한다는 데 매우 흥분해 있었다.

캘리포니아 지사의 부사장은 박경시에게 프로젝트 관리 경험과 CPU에 대해 프레젠테이션을 해야 한다고 설명했다. 박경시는 그가 얻고자 하는 직업을 위해 샌프란시스코로 와서 부사장과 그가 이끌고 갈 프로젝트 팀이 함께 참석한 자리에서 프레젠테이션을 해야 했다. 한 가지 더 박경시는 프레젠테이션의 일부인 모든 질문에도 답을 해야 했다.

박경시는 깊은 고민에 빠졌다. 그는 외국에서 프레젠테이션을 해본 경험이 없었다. 뿐만 아니라 그는 미래의 상사가 될 사람이나 부하 직원들이 될 사람들이 함께 있는 곳에서 발표를 해본 적이 없었다.

박경시는 프레젠테이션 내용을 적어 보고 연습을 했으며 아주 숙달되게 내용을 설명하기에 이르렀다. 그는 슬라이드를 암기했고, 노트나 슬라이드를 보지 않고도 모든 사실을 설명할 수 있었다. 그의 프레젠테이션 목적은 취업을 하는 것이고 회사가 요구하는 것은 전문가이며, 능력 있고, 열정이 있는 프로젝트 매니저를 구하는 것이었다. 박경시의 프레젠테이션은 그의 목적과 회사의 니즈가 부합되는 모든 상황이 녹아 있었다. 그의 프레젠테이션은 탄탄하다는 것을 알고 있었다.

하지만 질문과 답변에 대해서는 걱정이 되었다. 한번도 그는 이전에 이렇게 해본 적이 없고, 게다가 외국어로 낯선 사람들에게 설명한 적은 더구나 없었다. 이것은 힘든 도전이었다.

박경시는 질문과 답변을 다루는 최선의 방법은 그것을 철저하게 준비하는 것이라고 결정했다. 그래서 그는 프레젠테이션 슬라이드를 신중하게 조사했고 질문이 있을 만한 곳을 찾았다. 만일 처음으로 그가 프레젠테이션을 하게 된다면 듣게 될 질문들을 적었다. 마침내 그는 질문과 그에 적절한 간단한 답을 정리한 리스트를 작성하게 되었다.

프레젠테이션 날, 박경시는 프레젠테이션을 마칠 때까지 질문을 삼가해 줄 것을 청중에게 요청했다. 박경시는 그의 프로젝트 매니저로서의 경력을 조심스럽게 설명했고 또한, 그 분야의 회사들과 어떻게 일해 왔는지를 설명했다. 그리고 회사의 제품에 대한 해박한 지식을 보여주었다. 그는 원하는 일을 하기 위해 필요한 깊이 있는 지식들을 펼쳐 보였다.

프레젠테이션이 끝났을 때, 박경시는 단상에서 걸어 나와 청중에게 질문이 있는지를 물었고, 즉시 세 명의 사람들이 반응을 보였다. 박경시는 "저는 모든 질문에 답하고자 합니다. 가운데 계시는 분을 처음으로 하고, 다음에 왼쪽에 계신 여자분, 그리고 오른쪽에 계신 남자분 순으로 질문을 받겠습니다."

박경시는 첫 질문을 듣고 있을 때 긴장감이 커졌다. 그가 받은 질문은 그들이 진행시키고 있는 새로운 CPU의 개발에 관해 어느 정도까지 알고 있는지였다. 박경시는 이 점에 관해 좀더 깊이 있게 말하게 될 것이라고 예상하고 있었기에 답변을 미리 준비해었다. 그리고 노트를 이용해 간결하면서도 매우 식견 있는 답변을 했다.

첫 번째 질문은 박경시를 안정이 되게 해주었다. 그는 질문에 답변하는 것이 얼마나 쉬운지를 알고 사뭇 놀랐다. 그는 청중이 그에게 대항하는 것이 아니라는 것을 알 수 있었다. 그들 모두는 그와 같은 전문가였다. 그들은 단지 논리적인 대답을 요구하는 합리적인 질문을 했다.

그리고 박경시가 준비했던 것이었다. 그는 질문과 답변을 쉽게 마무리했다. 오히려 그는 그것을 즐기기조차 했다.

물론 박경시는 일자리를 얻게 되었으며, 순간적이면서도 신속하게 판단하는 것을 어떻게 해야 하는지도 배우게 되었다.

질문과 답변에 대한 복습

❶ 질문과 답변은 미국 비즈니스 프레젠테이션에 가장 기본이 되는 일 부분이다.

❷ 자신의 지위보다 월등히 높은 사람에게 질문하는 것은 무시하는 행위가 아니라 완벽하게 용인되는 행위이다.

❸ 프레젠테이션을 면밀히 검토해서 어떤 질문들이 나올 것인지를 예상해 보자. 그리고 그런 질문들의 답변을 미리 준비하자.

❹ 긍정적인 자세를 취하자. 질문자를 대할 때는 잠재성 있는 동료나 비즈니스 파트너처럼 대하고 그가 당신 편이라고 받아들이자.

❺ 질문과 답변을 시작하는 동안에는 단상 앞으로 나오도록 하자. 만약 그렇게 하는 것이 편안하다면.

❻ 질문이 있는지를 청중에게 묻자.

❼ 한 사람 이상 질문을 했을 시에는 청중에게 어떤 순서로 각 질문에 답할 것인지를 알려줘라.

❽ 각 질문들을 주의 깊게 듣고 질문자와 눈맞춤을 하자.

❾ 질문을 큰소리로 다시 반복해서 말해 주고, 전체 청중이 답변을 들을 수 있게 하자.

❿ 질문에 답을 할 때에는 프레젠테이션을 거슬러 언급해 주자.

⓫ 만약 답을 할 수 없는 질문을 받았을 경우에는, 모르고 있다는 것을 인정하고 청중에게 빠른 시간 내 답변을 줄 것이라고 알려주자. 질문자에게 프레젠테이션이 끝난 후에 단상으로 와 줄 것을 요청하고, 질문자의 연락처(전화, 팩스, 이메일 주소)를 받아라. 답변을 나중에 알려주고, 이것이 좋은 기회가 되도록 하자.

REVIEW: QUESTION AND ANSWER SESSIONS

❶ Question and Answer sessions are a standard part of American business presentations.

❷ Asking questions, even to people with a higher position than yours, is perfectly acceptable. It is not considered disrespectful.

❸ Study your presentation and try to anticipate what questions will be asked. Have those answers prepared in advance.

❹ Be positive. Always treat the questioner as a potential colleague and business partner. Assume he is on your side.

❺ Come out from behind the podium during the question and answer session if you are comfortable doing so.

❻ Ask the audience if there are any questions.

❼ If more than one person asks a question, let the audience know the order in which you will answer each question.

❽ Listen carefully to each question. Make eye contact.

❾ Repeat the question out loud to make sure that the entire audience heard the answer.

❿ Refer back to the presentation when you are answering questions.

⓫ If you are asked a question that you cannot answer, acknowledge the question and let the audience know that you will get the answer. Ask the questioner to come up to the podium after the presentation is finished. Get contact information (telephone, fax, e-mail address) from the questioner. Send the answer later. Use the opportunity to your advantage.

Chapter 08 | Questions & Answers

Thinking on your feet
Thinking outside the box

발에 대해 생각하다? 박스를 제쳐 놓고 생각하다?

Think on your feet은 결단을 바로 내리다, 순간적으로 판단하다, 지체 없이 대답하다, 머리 회전이 빠르다란 의미로 순발력을 강조하는 구문이다. **Think outside the box**는 생각을 광범위하게 한다는 의미로 우물 안 개구리 식의 생각이 아니라, 생각의 폭을 넓혀서 두루두루 생각한다는 의미이다. 즉, 생각이 편협하지 않고 넓다는 의미에서는 **think big**과도 의미가 상통한다.

아래 대화를 통해 세 가지 구문의 의미를 확인해 보자.

Julie   Hey Joe, Are you ready for this evening's presentation?

Joe   Yes, I'm completely ready. I HOPE!

Julie   What's the matter? You don't sound a hundred percent confident.

Joe   I've had butterflies in my stomach all day. We have millions riding on this presentation, so there's a lot of stress.

Julie   As long as you're well prepared, I'm sure you'll be fine.

Joe   I'm very well prepared. I know exactly how I'm going to lay out the proposal, but it's the Q and A I'm worried about. These guys are on top of the game and ask very tough questions.

Julie   Then you'll have to **think on your feet**.

Joe   Easier said than done. If this were a conventional company, I could anticipate their questions, but these guys really **think outside the box**. You never know what kinds of issues they'll come up with.

Julie	I guess their company has changed quite a bit. I heard they have a lot of new executives.
Joe	They're all new. They had a total regime change last year. Since the new team came on board, they've revamped their business model and ramped up production. They're serious about becoming the number one company in their field.
Julie	They **think big**.
Joe	Exactly, so we've got to **think big** when we deal with them.
Julie	As long as you know that going in, I'm sure you'll be fine. You're a great presenter and you know these systems better than anyone. How's the stomach?
Joe	Better after talking to you. Thanks for the encouragement.

Julie	Joe, 오늘 저녁 프레젠테이션 준비되었니?
Joe	응, 완벽하게 준비했어. 희망사항이지만!
Julie	무슨 문제 있니? 100% 확신하는 것처럼 들리지 않는데.
Joe	하루 종일 속이 편치 않아. 프레젠테이션에 수십억이 걸려 있어서 스트레스가 많아.
Julie	네가 준비만 잘했다면 괜찮을 거라고 믿어.
Joe	준비는 아주 잘했어. 제안을 어떻게 펼쳐야 할 지를 정확하게 알고 있어. 하지만 문답이 걱정이야. 이 사람들이 아주 전문가들이라 난해한 질문을 하거든.
Julie	그렇다면 상황에 민첩하게 대처해야 할 거야.
Joe	말이야 쉽지. 만약 판에 박힌 회사라면 질문을 예상할 수 있지만, 정말 광범위하게 생각하거든. 너도 어떤 종류의 이슈를 떠올릴지를 예상할 수가 없을 거야.
Julie	그 회사에 약간의 변화가 있었다고 생각돼. 새로운 경영진이 들어섰다고 들었거든.
Joe	그들 모두가 새로운 사람들이야. 작년에 전체적으로 새로운 경영진 체계를 갖췄어. 새로운 팀원이 합세하면서 비즈니스 모델을 조정하고 생산을 끌어 올렸어. 업계 최고의 회사가 되는 것에 열중하고 있지.
Julie	포부가 크구나.
Joe	바로 그거야. 그래서 그들을 상대할 때에는 생각을 넓게 봐야 해.
Julie	그걸 알고 들어간다면 괜찮을 거라 믿어. 넌 뛰어난 프레젠터고 다른 누구보다 이 시스템을 잘 알잖아. 속은 좀 어떠니?
Joe	너랑 얘기하니까 좀 나아졌어. 격려해 줘서 고마워.

9

우주항공 엔지니어링 분야에서는 프레젠테이션이, 회사 내에서나 정부 기관을 포함한 회사와 고객 간에, 중요한 기술적 아이디어를 교환하는 데 있어서 대표적인 방법이 되었다. 대학에서 엔지니어링을 배우던 학생일 때에는 엔지니어들이 서면으로 작성된 서류로 의사소통하였기에 기술적인 작문 기술이 강조되었다. 그러나 이제는 '차트맨십'이라는 파워포인트 프레젠테이션이 특히 강조되고 있다.

— 마크 마고린, 보잉

In the Aerospace Engineering field, presentations have become the preeminent method of communicating important engineering ideas within a company and between a company and its customers, including government agencies. When I was an engineering student at the university, engineers communicated through written documents, so the emphasis was on technical writing skills. But now, the emphasis is on 'chartsmanship,' especially Power Point presenatations.
✱**Mark Margolin, Boeing**

PERFECT PRESENTATIONS

CHAPTER 09

PowerPoint Slides

1_Keep It Simple
2_Animation & Fonts
3_Colors & Templates
4_Charts, Graphs & Numbers
5_Images
6_Running Theme
7_PowerPoint Auto Content Wizard

프레젠테이션은 보여주는 시각적 효과가 중요하다고 강조했다. 회사를 대표해서 프레젠테이션을 하게 된다면, 파워포인트 슬라이드 전문가와 함께 시각적인 이미지와 효과를 선택하도록 하고 만약 개별적으로 준비해야 한다면 먼저 시중에 나와 있는 파워포인트 관련 도서를 보면서 파워포인트의 기능을 익히도록 하자.

마이크로 소프트사에서 제공하는 웹사이트인 www.office.microsoft.com을 통해서도 파워포인트의 기능을 익힐 수 있으며, www.quasar.ualberta.ca와 같은 파워포인트를 가르쳐 주는 교육 사이트들도 참조해 볼만하다.

이번 장에서는 비즈니스 파워포인트 슬라이드를 만들 때 지켜야 할 원칙에 대해 알아보겠다.

단순하게 만들기
Keep It Simple

❶ 슬라이드는 항상 프레젠테이션의 메시지를 뒷받침해 주어야 한다.

❷ 슬라이드로 인해 전달하려고 하는 메시지가 주의를 흐려서는 안 된다.

시작하기 전에 잊지 말아야 할 두 가지 기본 사항을 짚어 보자.

❶ The slides should always support the message of your presentation.

❷ The slides should never draw attention away from your message.

How do you do this?
어떻게 해야 할까?

슬라이드를 최대한 간단하게 만들자. 슬라이드 한 면에 너무 많은 정보를 꾸역꾸역 집어넣으려고 시도하지 말자. 이점이 바로 가장 쉽게 범하는 실수이다. 좋은 슬라이드일수록 다음과 같은 특징을 보인다.

·몇 줄의 텍스트
·충분한 빈 공간

- Only a few lines of text
- Plenty of empty space

슬라이드에서 사용하는 텍스트는 축약하여 핵심이 되는 단어 위주로 뽑아 쓰자. 문장 전체를 길게 늘여 쓸 필요가 없다.

"The costs of operations have been growing exponentially due to a number of complex factors while simultaneously the profit indexing has been showing a marked tendency to decline proportionately."

"여러 복잡한 요인으로 운영 경비는 기하급수적으로 오르고 있고, 동시에 이익 지수는 운영 경비에 비례해서 하향 곡선의 마켓 경향을 보여주고 있습니다."

- Costs skyrocket
- Profits plummet

·비용 급등
·이익 급락

이처럼 간단하게 핵심만 보여주도록 하자. 프레젠테이션은 프레젠터의 설명이 주가 되어 진행되어야 하고, 슬라이드는 설명을 정리한 하나의 짤막한 노트가 되어야 한다. 제시된 예를 가지고 아래와 같이 프레젠터가 설명을 하면 된다.

"Costs have skyrocketed due to increased spending on fuel and supplies - and that sent profits plummeting."

"연료와 자재 소비의 급상승으로 비용은 급등하고 있고 이익은 급락하고 있습니다."

바탕 이미지도 마찬가지다. 메시지를 효과적으로 전달하도록 이미지를 만들자. 슬라이드를 보면서 비교해 보자.

Bad - This is WAY too much text to put on one slide. And the background makes it even harder to read.

너무 많은 텍스트가 슬라이드 한 장에 들어가 있고, 배경조차 텍스트를 읽기 힘들게 만든 경우

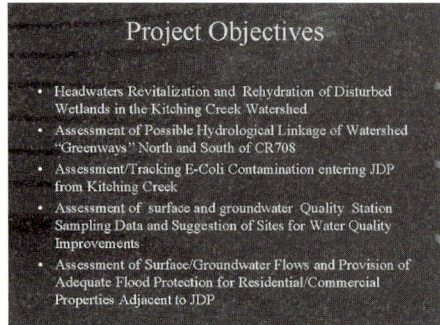 

Good - Short phrases - lots of empty space - background design does not interfere with text.

짧은 구문, 여유 있는 공간, 배경 이미지도 텍스트를 읽는 데 방해가 되지 않음

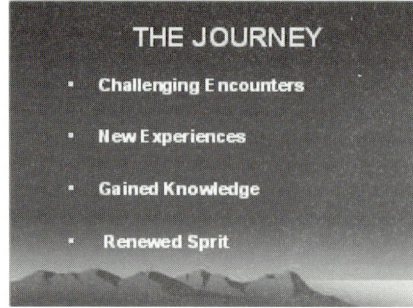 

파워포인트는 많은 플래시 기능을 가지고 있다. 다양한 색깔과 폰트를 가진 텍스트를 날려 보내거나 흔들고 돌리는 기능 등 여러 가지 효과들이 있다. 그래서 이런 기능들을 더 많이 이해할수록 내용에 따라 가장 적절한 효과를 선택할 수 있다. 하지만 너무 많은 효과를 주어 혼선을 주거나 내용보다는 그 효과에 시선이 집중되어 청중의 관심이 분산되지 않도록 절제되면서도 분별력 있게 사용하자. 메시지 전달이 목적이지 파워포인트를 마스터했다고 자랑하려는 듯한 인상을 주지 않도록 유의하자. 다시 말해 파워포인트의 배경과 기능은 메시지를 뒷받침해 주는 것이고 결코 초점이 되는 것은 아니란 것이다.

애니메이션 효과와 폰트
Animation & Fonts

파워포인트의 질을 정말로 개선시켜 주는 것이라고 판단될 때까지 애니메이션 효과는 가급적 절제하는 것이 좋다. 또 날아다니고 사라지고 펼쳐지는 기능 중에서 하나의 애니메이션 효과를 선택했다면, 한 가지 애니메이션으로 끝까지 사용할 것을 권한다. 이로써 처음엔 청중에게 분위기를 전환시키면서 주목을 끌게 해줄 것이며 나중에는 반복된 효과에 익숙해지면서 내용에 집중하는 데 방해되지 않을 것이다.

폰트를 결정할 때는 모든 슬라이드에 두 가지 정도로 선택 범위를 제한하자. 그리고 애니메이션과 마찬가지로 매 페이지마다 새로운 폰트를 사용하는 것보다 타이틀과 설명으로 구분해 폰트를 적용시켜 청중이 빠르게 적응하고 메시지 전달에 집중하도록 만들자. 다시 말해 청중이 최대한 빠르고 편안하게 읽을 수 있도록 해야지 프레젠터의 설명에 집중할 수 있다. 또한 폰트를 굵직굵직하게 쓰되 바탕색에 가려지지 않는 선명한 색상을 선택하자. 참고로 미국인들이 가장 선호하는 폰트는 Arial로 조사된 바 있다.

반복하지만 폰트를 가지고 예술적 기질이나 과장된 능력을 보여주려고 할 필요는 없다. 폰트는 단지 메시지를 전달하는 도구일 뿐이다.

너무 산란한 폰트의 예 ▶

색상과 템플릿
Colors & Templates

슬라이드의 배경 색상과 톤을 선정했다면 그것을 끝까지 유지시켜야 한다. 회사의 이미지가 전문적이고 건실한 회사란 이미지를 주고 싶을 때는 회색 톤이 섞인 블루나 푸른색이 섞인 녹색을 잔잔하게 섞어서 표현하는 것도 권할 만한 방법이다. 만약 프로젝트가 신선하고 열정적인 주제일 경우에는 밝고 선명한 톤의 오렌지 색이나 빨간색 계열의 색상을 이용하자.

색상을 선택하는 일은 예술적인 감각이나 판단이 요구되는 것이어서 어떤 규칙이 있는 것은 아니다. 준비하는 사람의 취향에 따라 대부분 좌우된다. 가장 좋은 방법은 어떤 색상이나 톤을 사용해야 슬라이드의 내용을 뒷받침할 수 있을지를 테스트한 후 신중히 선택하는 것이다.

만약 이래저래 본인의 능력이 좋은 슬라이드 배경을 만들기에 부족하다고 생각되거나 시간상 여러 가지 시도를 할 여유가 없을 때는 시중에 나와 있는 슬라이드 템플릿을 선택해서 사용하는 것도 나쁘지 않다. 인터넷을 이용해 다양한 종류의 템플릿을 무료로 내려 받되 너무 화려한 디자인으로 인해 내용이 가려지지 않도록 유의하자.

Sample Templates 템플릿의 샘플

마이크로 소프트 사(http://www.themegallery.com/)에서 제공하는 템플릿 ▲ ▼

 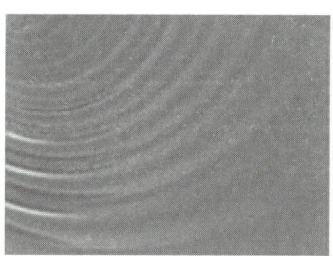 

그 외 무료로 내려 받기가 가능한 사이트들 :

Powerbacks http://free-ppt.com/
Brain Betty http://www.brainybetty.com/April2005/index.htm
Sonia Coleman http://www.soniacoleman.com/templates.htm

차트, 그래프, 숫자
Charts, Graphs & Numbers

04

숫자가 많이 나오는 슬라이드인 경우에는 숫자를 읽는 것이 번거롭지 않게 차트나 그래프를 만들어서 보여주도록 하자. 청중이 얻고자 하는 것은 숫자를 외우거나 기억하려고 하는 것이 아니라 한눈에 들어오는 추세나 경향을 비교하여 이해하고자 하는 것이다. 숫자가 많이 나열되면 말하는 프레젠터나 듣는 청중 모두에게 피곤한 일이 될 수 있다.

그래프를 만들 때는 주로 기술진들이 작업을 하게 되는데, 그들에겐 간단해 보이는 숫자와 기호가 청중에겐 해독할 필요가 있는 복잡한 것이 될 수가 있다. 청중이 잘못 이해할 가능성이 있거나 퍼즐처럼 풀어서 이해할 필요가 있다고 생각되는 그래프는 프레젠테이션에 사용하려고 하는 원래 의미가 퇴색될 수 있기 때문에 그래프 하나하나에도 올바른 선택이 필요하다.

Bad

해독하기 힘든 전문 용어가 들어간 복잡한 그래프 ▶

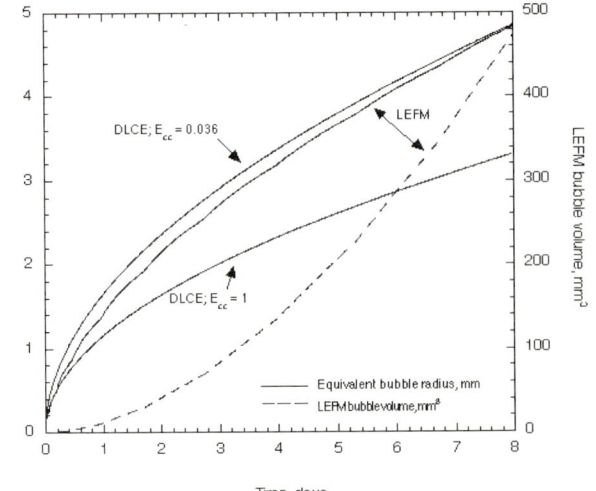

Good

한눈에 이해가 가능한 정돈된 그래프 ▶

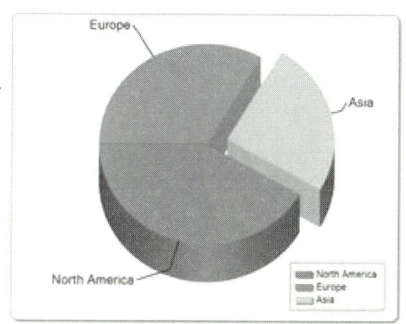
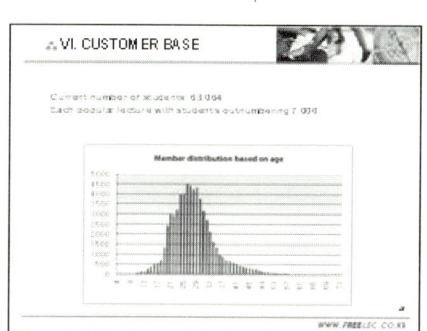

이미지
Images

07

클립 아트를 사용하는 것은 가급적 자제하도록 하자. 특히 전문적인 기술을 설명할 경우에는 더욱 그러한데, 그림이 아니라 전문 사진가가 찍은 사진이라도 아주 특색 있고 의미 전달이 확실한 클립 아트가 아니라면 가급적 피하는 것이 좋다. 꼭 이미지를 사용하고자 한다면 많은 사람들에게 이미 알려진 이미지보단 발표 팀이나 발표자, 사용자와 같이 관련 있는 사람들을 보여주는 것이 좋고, 아니면 일상적인 우리 주변의 삶을 보여주는 것 같은 자연스런 사진을 이용하는 것이 더 참신하다.

Bad

too cute
너무 귀엽게 표현한 경우 ▶

Good

evocative graphic images
아이디어나 콘셉트 연상 ▶

Good

photographs that act as graphics
사진이 그래픽 역할을 하면서 주제연상 가능 ▶

Good

people photographs that act as graphics
인물 사진이 그래픽 역할을 하면서 이미지 묘사 ▶

Too slick

perfect lighting – very posed
완벽한 조명 – 꾸민 포즈 ▶

Better

more natural — they look like real people at work.
실제 현장의 느낌을 살려 주는 자연스런 이미지 ▶

주제 부각
Running Theme

주제를 상징하는 시각적 이미지는 선택만 잘 한다면 프레젠테이션을 부각시키는 역할을 톡톡히 한다. 주제를 부각시키는 이미지란 회사의 로고를 첫째로 들 수 있으며 프로젝트의 의미를 상징하는 것도 될 수 있다. 서론에서 시각적 이미지의 주제를 선정했다면 본론이나 결론에서도 연결해 보여주고 기억에 오래 남도록 하는 효과를 조성하자. 물론 이미지 선택은 쉬운 일이 아니며 여러 사람이 함께 의논해서 같은 느낌을 가지는지 먼저 확인한 후 사용해야 한다.

Sample Thematic Images 주제가 있는 이미지 예 ▼

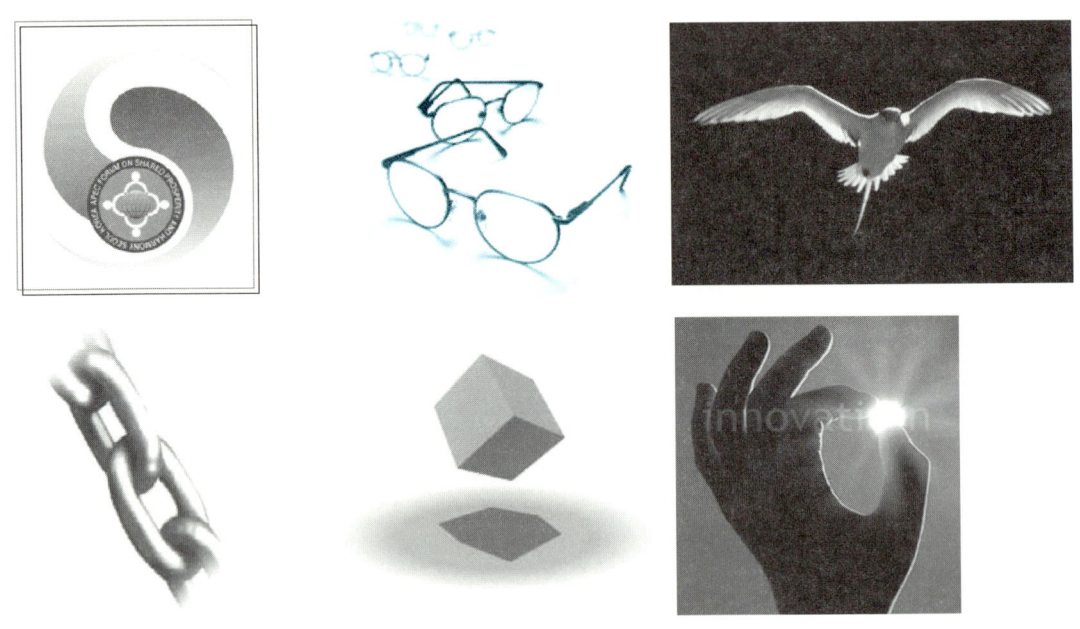

파워포인트 내용 구성 마법사
PowerPoint Auto Content Wizard

'Auto Content Wizard'는 유용하게 쓸 만한 파워포인트의 또 다른 기능이다. 파워포인트를 실행하고 내용 구성 마법사를 선택해 보자. 세일즈 프레젠테이션을 포함한 다양한 종류의 프레젠테이션을 어떻게 만드는지를 보여주고 따라 할 수 있게 해준다. 또 아주 혁신적이거나 독창적인 가이드는 제공하지는 않지만 프로젝트가 어떤 구조로 짜져야 할지와 같은 기본적인 구조와 규칙에 대해서는 쉽게 익히도록 돕는데, 처음 시도하는 사람들에게 많은 도움이 될 수 있을 것이다. 기본을 충실하게 익힌 다음 이 책에서 배운 내용을 활용한다면 설득력

To create notes for yourself such as extra text and reminders - go to **View / Notes Page** and enter your notes in the box.

발표자가 추가적인 텍스트나 기억해야 할 노트를 끼워 넣고 싶을 때는 **View / Notes**를 선택해 박스 안에 텍스트를 집어 넣으면 된다.

이 강한 프레젠테이션 슬라이드를 만들 수 있을 것이다.

이제 슬라이드 제작까지 마무리했다면 실전으로 가기 전에 리허설을 해볼 차례이다. 만든 슬라이드를 가지고 리허설을 할 때에는 먼저 어떤 환경에서 프레젠테이션을 하게 될 것인지를 확인해야 한다. 누가 슬라이드를 넘기는 일을 맡을지에 대해 결정하는 일은 프레젠테이션 준비 과정에서 반드시 확인해야 할 중요한 일 중 하나로 다른 팀원이 맡아서 해주면 미리 프레젠터가 말할 내용을 복사해 함께 연습해 보는 것이 바람직하고 만약 프레젠터가 직접 해야 할 경우에는 리모트 컨트롤을 사용해 페이지를 넘길 수 있도록 하는 것이 프레젠터의 행동 반경이나 이동성에서 여러모로 바람직하다. 이는 발표할 동안 프레젠터가 슬라이드를 보면서 마우스로 클릭하는 데 소요되는 시간이나 노력을 청중에게 한번 더 눈맞춤을 하고 그들과 함께 보조를 맞추는 일에 투자하라는 뜻이다. 정리하면 슬라이드는 프레젠터의 발표를 위한 하나의 도구이며 프레젠터의 말과 행동에 힘을 실어 줄 수 있는 도구가 되어야 한다.

 머리와 꼬리를 만들 수 없다?

Can't make heads or tails out of it

Can't make heads or tails out of it은 도무지 뭐가 뭔지를 알 수 없다는 의미로 이해하기 힘든 서류나 문서 또는 사물에 적용할 수 있다. 전문성이 요구되는 난해한 서류인 경우에는 deciphering 즉, 전문적인 해석이 필요하지만, 그렇지 않고 직장 생활에서 수시로 작성하는 보고서를 이해하기 어렵게 작성한 경우에는 상사로부터 잔소리처럼 듣게 될 수 있는 말이다. 말하려는 주제가 분명한 보고서를 작성해 가능한 Can't make heads or tails out of it이란 말을 피해 갈 수 있어야 할 것이다.

아래 대화를 통해 직장 생활에서 구문이 어떻게 활용되고 있는지 살펴보자.

Joe	Hey Julie, did you get the data you requested from the research and marketing teams?
Julie	Yes, I did, but it's way too complicated. **I can't make heads or tails out of it.**
Joe	Oh, that's not good. Sometimes their reports are pretty disorganized.
Julie	That's an understatement. I could spend all day deciphering it, and I still wouldn't have a clue what they're talking about. It all seams like some kind of code.
Joe	Like I said before, they are good at researching and gathering all the necessary information, but sometimes they don't communicate on your level.
Julie	Well, they need to reorganize this data, or they'll have me pulling my hair. Can you go over the report and do your magic on it?
Joe	Sure, I'll read through it with them, and let them decipher it. Then I'll get it back to you in a language we can all understand.
Julie	Thanks, Joe. You're a real pal.

Joe	Julie, 리서치와 마케팅 팀으로부터 요청한 데이터 받았니?
Julie	응, 받았어. 근데 너무 난해해. 뭐가 뭔지 도무지 알 수가 없어.
Joe	그래, 그럼 안 되지. 가끔 그들 보고서는 정돈이 잘 되어 있질 않아.
Julie	그 정도면 좋지. 보고서를 이해하는 데 하루 종일 걸려도 여전히 뭘 말하는지 단서를 찾지 못할 지경이야. 무슨 코드처럼 느껴져.
Joe	내가 말했던 것처럼, 리서치하고 필요한 모든 정보를 모으는 데는 뛰어난데, 가끔 우리와 같은 수준에서 의사소통이 되질 않아.
Julie	그러게, 이 데이터를 그들이 다시 정리할 필요가 있어. 그렇지 않으면 날 미치게 할 거야. 너 이 리포터를 검토해 줄 수 있니? 그래서 그걸 마술 부리듯이 바꿀 수 있을까?
Joe	그럼, 리포터를 그들과 함께 검토하고 해석하게 할게. 그런 다음 우리 모두가 이해할 수 있는 언어로 만들어서 가져다 줄게.
Julie	Joe, 고마워. 역시 넌 진정한 내 친구야.

뛰어난 아이디어가 있어도 그것을 제대로 전달하지 못한다면 그 아이디어
는 무용지물이다.

— 리 아이아코카

You can have brilliant ideas, but if you can't get them across, your ideas won't get you anywhere.
✽ Lee Iacocca

PERFECT PRESENTATIONS

CHAPTER 10

Delivery

1_Two Boards & A Passion
2_What about My Hands? My Voice? My Nervous Habit?
3_Practice Makes Perfect!
4_Seeing the Audience
5_The Big Rush

두 개의 보드와 열정
Two Boards & A Passion

01

지금까지 프레젠테이션 내용 개발 중심으로 프로세스별 진행 사항을 알아보았다. 이러한 프로세스별 과정을 통해 어떤 내용을 포함시켜야 하고 어떻게 정리해 나가야 할 지에 대해서는 어느 정도 아이디어가 잡혔을 것이라 믿는다. 그렇다면 과연 발표를 하게 될 프레젠터는 어떤 준비를 해야 할까? 앞서 1장에서 프레젠테이션의 실전을 재현해 본 바 있지만 더 구체적으로 발표의 주인공인 프레젠터의 자세와 행동에 대해서 알아보도록 하자.

현재 전문 프레젠터로 활동하고 있는 사람들을 만나서 대화를 해보면 제각기 개성이 있고 자기 주장이나 표현이 뚜렷하다는 공통점이 있다. 그리고 짧은 순간이라도 듣는 사람이 경청을 하도록 만드는 사람을 끄는 재주가 있으며 듣는 이의 입가에 미소가 번지도록 해준다. 이 같은 전문 프레젠터의 탁월한 재주는 부러움을 가지지 않을 수 없다. 그래서 '어떻게 하면 타인에게 두려움 없이 전문 프레젠터처럼 말을 잘 할 수 있을까?' 라는 생각을 하게 된다. 이 질문은 아래와 같이 두 가지 문장으로 답할 수 있다.

❶ 만약 누군가에게 무엇을 말하고 있는지에 대해 신경을 쓰고, 그 메시지를 그들에게 이해시키도록 노력한다면 자연스레 효과적으로 내용을 전달하게 될 것이다.

❷ 듣는 이에게 메시지를 전달하는 데 집중하고 있다면, 프레젠터의 목소리, 몸짓, 자세, 동작들은 모두 자연스럽게 표출될 것이다.

❶ If you care about what you are telling someone, and try hard to get it across them, your delivery will be naturally effective.

❷ Your voice, your gestures, your posture, your body language will be all natural and expressive as long as you stay focused on getting your message across to your listener.

전문가들은 프레젠터가 행동하고 말하는 데 있어서 특별히 정해져 있는 규칙은 없다고 말한다. 상대의 마음을 여는 키는 어떤 행동이나 자세보다는, 상대가 분명하게 알아 들을 수 있을 목소리 톤과 명확한 발음을 기본으로 갖추고 말하려고 하는 내용에 논리가 있는지의 여부에 달려 있다고 말한다. 결국 전달하려고 하는 메시지에 집중하다 보면 상대방도 어느 새 그 영향을 받아 메시지에 집중하게 된다는 것이다.

영국의 극작가인 George Bernard Shaw는 극장에 서서 연극을 하는 사람들은 "two boards and a passion"만 있으면 된다고 주장한다. "두 개의 보드와 열정" 즉, 설 수 있는 곳과 강렬한 욕구만 있으면 된다는 것이다. 프레젠터도 마찬가지라 생각한다. 설 무대와 말하고자 하는 강한 열정만 있으면 나머지는 자연적으로 해결될 것이다.

무엇인가를 아주 열심히 설명하고 있는 누군가의 모습을 돌이켜 보면, 본인도 모르게 손을 움직이면서 좀더 표현하려고 노력하는 것을 보게 된다. 누가 가르쳐 준 것도 아닌데 누구에게나 자연스럽게 나타나는 행위이다. 열정이 많은 사람은 좀더 크게 움직이고, 조심스러운 사람은 아주 작은 움직임만 보인다. 이렇게 우리는 일상에서 상대방과의 대화를 통해 짧은 프레젠테이션을 되풀이하고 있다. 그렇다면 개개인 모두가 한 명의 프레젠터이기 때문에 프레젠터의 행동 방식에 대해 따로 언급할 필요가 없어 보이는데, 문제는 평소 잘 하던 일도 낯선 사람들 앞에 서게 되면 긴장감 때문에 활달한 모습은 온데간데없이 목소리와 행동 모든 것이 흔들리게 된다. 이것이 바로 전형적인 비전문가의 모습이다.

How do you deal with this?
이를 어떻게 대처해야 할까?

일단 대중 앞에 서게 되면 두 가지의 일이 동시에 밀어 닥치게 된다.

❶ 긴장한다.

❷ 청중에게 전달해야만 하는 중요한 정보를 가지고 있다.

❶ You are nervous.

❷ You have key information that you need to deliver to your audience.

너무나 당연한 답변이지만 어떤 것이 더 중요한지 머릿속에 되뇌어 보자. 긴장? 청중을 위한 정보?

분명히 긴장은 전혀 신경 써야 할 것이 아니고 누구도 상관하고 싶지 않은 개인적인 일이다. 청중의 입장에선 단 한순간이라도 상대의 긴장 때문에 시간을 낭비하는 것을 원치 않는다. 앞에선 발표자가 100%의 에너지를 자신들이 알고자 하는 정보 전달에 쏟아야 한다고 믿는다.

따라서 프레젠터는 'Oh, my voice is shaky' 라든지 'Oh, my hands are trembling' 처럼 신체가 긴장감으로 인해 나타내는 생리 현상을 감지하게 되더라도, 이성적인 마인드를 끌어내 '메시지 전달' 이라는 본연의 목적을 성취해야 한다. 그러기 위해선 우선 청중을 볼 때 여러 사람의 눈으로 의식하지 말고 늘 부딪치는 사람들 중 한 명인, 한 개인으로 생각하고 받아들이려고 노력해 보자. 또 서론에 던질 말은 어떤 긴장된 상황에서도 튀어나올 수 있게 완벽하게 외워 두자. 머리와 가슴은 뛰고 있어도 입은 혼자서 주절주절 말이 나올 정도로 이 부분만큼은 외워 두는 것이 좋다. 그러다 보면 점점 이성을 찾게 되고 조금씩 긴장감을 조절하게 되면서 발표에 관심을 돌리게 된다.

다시 말해 긴장감을 무시하고 외워 둔 말들이 술술 그냥 나올 수 있게만 한다면 메시지 전달을 위한 첫 번째 관문은 통과한 것이라 볼 수 있다. '내가 왜 긴장을 해?' 라고 하면서 마음을 속이려 해도 여전히 손이 떨리는 것에 너무 개의치 말라는 것이다. 메시지 전달을 하고 있다면 프레젠터가 해야 할 본연의 의무는 수행하고 있기 때문이다.

모든 사람이 가지는 무대 공포증 (stage fright)은 절대 없앨 수 없는 것이다. 전문가들도 매번 청중 앞에 서기 전에는 긴장을 한다. 그러나 익숙해지면서 그 강도가 약해지는 것뿐이다. 미국의 작가인 Steve Pavlina는 이를 빗대어 다음과 같이 말을 한다.

Once you realize it hasn't killed you, you'll be less afraid to do it the next time.
긴장감이 너를 죽이는 것이 아니란 것을 알고 나면 다음 번에는 긴장감이 좀 덜 두려워질 것이다.

아주 적절한 표현이 아닌가 싶다. 사실 프레젠테이션은 위험하거나 협박을 당하는 일, 그렇다고 파괴적인 일 또한 아니다. 청중은 프레젠터가 말하는 것을 듣고자 하는 프레젠터와 같은 평범한 사람들이다. 이런 사고 방식을 가지고 단순한 진리대로 움직이자. 물론 이런 사실들을 몰라서 긴장하는 것은 아닐 것이다. 상식적으로도 알고 있지만 언제나 발표 전에는 긴장을 하게 된다. 그런데 아이러니컬 하게도 이런 긴장감을 반복적으로 경험하다 보면 언제 긴장감이 확 하고 몰려드는지를 감지하게 된다. 그때 한번 마음속으로 외쳐 보자.

'Ah, there it is, nerves - no problem.'
'아, 그래 긴장감 - 문제없어.'

'올 것이 왔구나!' 라고 담담히 받아드리는 자세로 '까짓 것 해보지 뭐.' 라고 배짱도 튕기면서 여유있게 미소를 지어 보자. '문제 없어.' 라고 생각할 때부터 우리는 하나의 문제를 해결할 능력을 가지게 될 것이고, 그럴수록 프레젠테이션의 원래 목적에 좀더 충실하게 될 것이다.

여기까지를 이해하면 '그렇다면 프레젠터를 부각시키고 신뢰를 줄 만한 특별한 행동이나 자세는 전혀 없다는 말인가?' 란 의문을 가지게 될지도 모른다. 그에 대한 답은 냉정하게 '없다.' 라고 본다.

만약 프레젠터가 의식적으로 두각을 나타내고 싶고, 권위 있게 보이려는 욕구를 가진다면 그것이 행동으로 나타나면서 그런 척하는 행동을 청중이 감지할 것이다. 가면을 쓴 듯한 인상은 청중에게 깊은 인상을 새기지 못한다. 본연의 모습을 유지하고 개성을 유지하는 것이 좋다. 회사를 대표해서 나간 경우라면 이미 다른 사람들을 통해 당신은 충분한 자질을 가진 개성이 있는 캐릭터이다. 그렇다면 바꾸려고 하는 것보다 그대로 비춰 주고 주어진 임무에 충실하자. 거기서 당신이 찾고자 하는 눈에 뛰면서 참신한 행동들이 나타나게 될 것이다.

결국 여기까지의 내용을 두고 볼 때 프레젠테이션에 있어서 제일 중요한 것은 프레젠터의 특별한 행동이나 동작이 아니라 말하고자 하는 내용이 무엇인지에 더 큰 비중이 쏠린다는 것을 확인하게 된다. 만약 프레젠터가 발표하고 있는 내용을 제대로 이해하지 못하거나 확신을 가지지 않는다면, 또 시간과 열정을 투자해 말하고 있는 내용을 깊이 있게 조사하지 않았다면 어떻게 청중에게 발표 내용을 믿게 해줄 수 있겠는가? 이는 불가능한 일이다.

이런 연유로 앞서 브레인스토밍 과정을 언급할 때에도 프레젠터가 확신을 가지는 주제를 선정해야 한다고 강조했었다. 프레젠터가 믿고 확신이 서야지만 그 느낌을 살려서 청중에게 강한 기운과 느낌을 전달할 수 있는 것이다. 이것만은 꼭 알려야겠다고 생각하는 점에 매달려서 메시지를 전달하려고 노력한다면 원하는 좋은 결과를 얻을 수 있을 것이다.

대신 한가지 유의할 점이 있다. 보통 프레젠테이션을 한다고 생각하면 비즈니스적인 분위기에 압도되어 딱딱한 표현들이 난무하게 되는 것이 일반적이다. 게다가 말투까지 격식을 차리게 된다. 그러나 평소 가까운 사람들에게 하는 거리낌 없는 말투는 아니더라도 프레젠터가 편안하게 사용하는 말투 그대로가 장시간 목소리 톤을 유지시키기에 좋고 내용 전달도 분명해진다.

말투를 평소대로 자연스럽게 하는 방법의 일환으로 프레젠테이션의

CHAPTER 10 | Delivery

서론에 프레젠터 나름대로 느낌이 좋았던 일이나 기억에 남았던 일을 꺼내 보자.

 말투를 자연스럽게 해주는 방법의 예제   EX_56

> "It was the day our barge system went into operation; I was there when the first barge landed at Sao Joaquin. Now our main concern was to bring building materials, tools, and equipment to the villagers, but the first person in line was a woman named Martinha. She got some cooking oil and cloth, but what do you think she really wanted? A fashion magazine! Now you and I may think fashion magazines are fluff, but you should have seen the smile on her face as she looked through it with her friends crowding around. I realized then that, we're not just bringing these people supplies, we were touching their lives in all kinds of unexpected ways."

"저희의 바지선 시스템이 가동에 들어 갔던 바로 그날, 첫 번째 바지선이 산호세 항에 도착했을 때 저도 거기에 있었습니다. 이제 저희의 주 관심은 건물을 짓기 위한 재료나 도구 그리고 장비들을 마을 사람들에게 나르는 것이었습니다. 하지만 처음으로 줄을 선 사람은 Martinha란 이름의 여자였습니다. 그녀는 식용유와 행주를 들고 있었습니다. 그런데 그 여자가 진정 원했던 것이 무엇인지 아십니까? 패션 잡지였습니다. 여러분이나 저나 패션 잡지는 시시한 것이라고 생각할지 모릅니다. 그러나 여러분도 그녀가 친구들 속에 둘러싸여 그것을 바라 볼 때 얼굴에 환한 미소를 보셨어야 했습니다. 그때 저는 깨달았습니다. 저희는 단지 마을 사람들의 물품을 전달해 주는 것이 아니라 예상치 못하는 여러 방법으로 그들의 삶을 움직이고 있는 것입니다."

만약 제시한 예가 직접 경험한 일이 아니라, 세일즈 직원의 머릿속에서 지어낸 이야기라면 그냥 볼 것도 없이 접어 두자. 그러나 짧지만 직접적인 경험에 의해 프레젠터가 정말 어떤 찡한 느낌을 받았던 일이라면 프레젠테이션의 주제와 깊은 연관은 없다 해도 진행을 부드럽게 해주는 측면에서나 청중이 프레젠터의 인간적인 면을 볼 수 있게 해주는 측면에서 도움이 된다. 가족, 친구, 동료 간에 있었던 짧막한 얘기를 꺼내 보는 것도 좋은 방법이다. 물론 반복해서 얘기를 끌고 가서는 안 된다. 경직된 마음을 풀어 주면서 서로가 편안하게 가

보자는 측면에서 활용하자는 것이지, 청중의 감정을 교묘하게 이용하려고 한다는 인상을 주면 안 되기 때문이다. 분명 반감만 사게 될 것이다. 연기력이 뛰어나다면 모를까 예리한 청중의 눈을 속이긴 힘들다. 진실은 진실로만 통한다는 이치는 세상 어느 곳에서나 마찬가지다.

떨리는 손은 어떻게 해야 하나? 목소리는? 긴장할 때의 습관은?
What about My Hands? My Voice? My Nervous Habit?

떨리는 손은 어떻게 해야 할까?

두 손을 탁자 위에 올려 보자. 탁자를 쥐고 있으라는 것이 아니라 컴퓨터 키보드 위에 손을 올려두듯이 가지런히 두자. 종이를 쥐고 있어야 하는데 손이 떨리는 것이 걱정된다면 움직임이 적게 나타나는 노트나 카드를 대신 사용하도록 하자.

떨리는 목소리는 어떻게 해야 할까?

떨리는 목소리가 제자리를 찾을 때까지 그냥 계속 말하자.

박동치는 심장 소리는 어떻게 해야 할까?

기뻐하자. 아직 살아 있다는 의미 아니겠는가!

그럼 메시지 전달에만 집중한다면 괜찮다는 의미인가?

Yes. 그렇다.

좀더 솔직히 말하면,

Well, okay, not always.
항상 그런 건 아니지만 괜찮다.

어떤 사람들은 긴장감도 없어 보이고 편안해 보이지만, 말투나 행동의 결함 때문에 열심히 발표를 해도 상대방에게 의미 전달을 제대로 하지 못한다. 말할 때 보이는 특유의 습관은 그들이 자라면서 형성된 나쁜 습관을 고치지 않고 계속 발전시킨 경우가 대부분이다. 이럴 땐 타인의 도움으로 교정할 수 있다. 말하는 사람은 인식하지 못했던 부정확한 말투나 습관을 타인이 지적해 주면 그걸 바꾸려고 노력하면 된다.

그렇다면 어떤 말투나 습관이 문제가 될 수 있는지 그 경우들을 들어 보자.

· 흔드는 동작
· 할퀴는 동작
· 구부정한 자세
· 바닥을 보고 말하는 것
· 너무 빠르게 말하는 것
· 안절부절 못해 손가락을 움직이는 것
· 머리카락을 빙빙 꼬거나 뽑는 것
· 중얼중얼 말하거나 너무 부드럽게 말하는 것

- Rocking
- Scratching
- Hunching over
- Speaking down toward the floor
- Racing (speaking very fast)
- Fidgeting (moving your fingers)
- Pulling or twirling your hair
- Mumbling or speaking too softly

대중 앞에 설 사람이 위의 것들 중 어느 하나의 행동이라도 한다면 좋지 못한 습관이므로 반드시 고쳐야 한다. 마음만 먹으면 고칠 수 있는 일이다. 부적합한 말투나 행동을 한다면, 다른 사람들에게 주저하지 말고 지적해 달라고 부탁해야 한다. 그리고 잘못된 습관을 나타낼 때에는 그 자리에서 고칠 수 있도록 도움을 받자. 여러 사람들에게 자문을 얻게 되면 혼자서는 인식하지 못했던 많은 점을 발견하게 된다. 이런 일을 전문적으로 하는 코치도 있고, Toastmasters라는 모임에 가입해서 도움을 받을 수도 있다. Toastmasters는 세계적인 클럽으로 대중 앞에서 말하는 것을 배우고 이것을 익히게 도와주는 모임이다.

그러나 모든 사람들이 이 같은 습관을 가지고 있지는 않다. 그러기에 만약 당신이 이런 경우라면 노력해서 바꿔야 한다. 그런 다음, 발표 내용에 신념을 가지고 청중에게 강한 메시지를 전달하려고 집념을 불태워 보자. 이것이 제대로 메시지를 전달하는 길이다.

연습만이 완벽하게 해준다!
Practice Makes Perfect!

03

우리에게 필요한 것은 발표할 장소와 주제에 대한 열정이라고 말했지만 거기에 빠져선 안 될 한 가지가 더 있다.

Practice.

프레젠테이션을 만든 다음에는 반드시 반복적으로 연습해 보아야 한다. 전체를 외워야 한다는 것이 아니라 마무리할 때까지 부드럽게 넘어가고 편안하게 진행할 수 있게 만들라는 것이다. 리허설은 실제 프레젠테이션을 하기 2주 전이나 늦어도 1주일 전부터는 시작해야 한다. 그렇다고 너무 목소리 높여 연습하다가 목이 쉬어서 실전에서 당황하는 일이 없도록 주의해야 하며 무리가 되지 않는 범위 내에서 계속해서 기회가 날 때마다 리허설을 해야 한다. 발표 전날에는 적어도 3번의 리허설을 해보아야 한다. 그리고 발표 당일 아침에 마지막으로 한번 더 리허설을 해야 한다.

매번 리허설을 할 때에는 시간을 체크하도록 하자. 사전에 반드시 몇 분 동안 프레젠테이션을 할 수 있는지 할애된 시간을 확인하고 또 Q&A를 하기 전까지 어느 정도의 시간을 발표에 할애할 것인지도 미리 계획해 보자. 시간 분배를 어떻게 하든지 간에 프레젠테이션 연습을 할 때에는 반드시 원래 주어진 시간보다 1분이나 2분 전에 마쳐야 한다. 여기에는 몇 가지 이유가 있다. 첫 번째, 서두르지 않기 위해서다. 서두르다 보면 긴장감이 더해지기 때문이다. 두 번째는 프레젠테이션 동안 청중의 반응을 살피기 위해서 중간중간 멈추게 될 수도 있고, 예상치 못했던 일로 시간을 소비하는 경우를 대비해 시간적 여유를 주는 것이다. 시간 관리를 철저하게 하는 모습은 프레젠터를 전문가로 보이게 하는 요소이다.

이렇게 철저한 준비를 해도 세상일은 예견하지 못할 때가 많다. 프레젠터의 의지와는 상관없이 발표장에 기술적인 문제로 인해서 늦게 시작해야 하거나 발표장 스케줄의 혼선으로 프레젠테이션을 정해준 시간보다 일찍 마쳐야 하는 일까지 생길 수가 있다. 이와 같이 프레젠터에게 악몽과 다름없는 일이 생겼을 땐 어떻게 대처하는 것이 현명할까?

절대 짧은 시간 동안 모든 프레젠테이션을 보여주기 위해 빨리 지나가려고 하지 말자. 청중은 프레젠터의 생각만큼 빠르게 따라와 주지 못할 것이고, 프레젠터 또한 허둥되는 모습을 청중에게 보여주게 되면서 초보자라는 이미지를 남기게 될 것이다. 가장 현명한 방법은 서둘러가면서 엉성한 프레젠테이션을 보여주는 것보단 프레젠테이션을 연기해서 스케줄을 다시 짜는 것이 좋다.

혹여 이것이 여의치 않고 반드시 그 자리에서 발표를 해야 할 경우도 예상해 보고 대처 상황을 준비해 보자. 즉, '시간이 줄어든다면 무엇을 합치고 무엇을 잘라 내야 할까?' 란 상상을 하면서 짧은 버전의 프레젠테이션을 만들어 보자. 줄여도 영향이 적을 예제들이나 설명들을 골라내고 짧은 버전을 준비하다 보면 큰 골격이 잡히면서 큰 골격을 더욱 잘 기억하게 하는 효과도 얻게 된다.

리허설을 할 때에도 가능하다면 여러 상황을 예상해 보고 그에 맞는 대처 방안을 고려하면서 연습하자. 더 많이 연습해 볼수록 더 완벽한 프레젠테이션이 당신의 것이 될 수 있다.

잊지 말자! 연습만이 프레젠터의 발표를 완벽하게 해준다는 것을.

청중 바라보기
Seeing the Audience

프레젠테이션의 목적이 청중에게 메시지를 제대로 전달하는 것이라면, 청중의 얼굴을 바라보면서 제대로 이해를 하고 있는지 확인을 해야 한다. 청중을 바라본다는 의미는 고개를 든다는 것이다. 청중은 고개 숙인 프레젠터의 정수리를 보길 원치 않는다. 그들은 고개 든 프레젠터를 원한다. 청중을 자주 바라보지 않으면 청중에게 메시지가 전달되고 있는지 아닌지를 알 수 없으며 청중과 교감을 나눌 수 있는 기회를 잃게 된다. 이것은 반드시 지켜야 하는 규칙은 아니지만 청중이 어떤 반응을 보이는지를 확인하지 않으면 나중에 Q&A를 하게 될 때에도 어떤 점에 청중이 깊은 관심을 가지고 있었는지 단서를 얻기 힘들며 그만큼 청중과의 간격을 좁힐 수 있는 기회를 잃게 된다. 하지만 프레젠테이션을 완벽하게 외우지 않는 이상은 청중을 계속 바라본다는 것이 현실적으로 불가능하다. 하나의 포인트를 설명했거나 하나의 섹션을 마치고 났을 때, 다음으로 넘어가기 위해 노트를 바라보기 직전에 청중과 시선을 부딪쳐 보자. 그때 청중도 다음으로 넘어갈 준비가 되었는지를 감으로 느낄 수 있을 것이다. 특히 프레젠테이션의 마지막 진술을 할 동안에는 반드시 청중을 바라보면서 그들의 반응과 받아들이는 정도를 감지해야 한다.

TIPS

1장에서 우리는 프레젠테이션이 있기 전날에는 충분한 수면을 취해야 하고 시작 전에 편안한 자세로 명상을 해보기를 권유했던 것처럼 또 다른 긴장을 푸는 방법인 스트레칭을 살펴보자. 머리 위쪽으로 팔을 쭉 뻗어 보자. 그 상태로 허리를 좌우로 움직이면서 옆으로 기울여 보자. 입을 가능한 한 크게 벌렸다 오므렸다를 반복하면서 턱도 스트레칭 해보자. 긴장하면 입을 꽉 깨물게 되면서 입 주위 근육이 긴장을 해 갑자기 말을 많이 하기가 힘들어지게 된다. 노래를 불러보는 것도 목소리를 풀어 주고 긴장을 푸는 데 도움이 된다.

노트는 큰 글씨로 적어서 곁눈질을 하거나 찡그리면서 보지 않게 하자. 노트나 카드에는 숫자를 적어 두고 질문을 받게 되었을 때 쉽게 그 페이지를 찾을 수 있도록 하자. 유인물도 빠뜨리지 않고 준비하자. 청중은 프레젠테이션의 슬라이드를 가지고 돌아갈 수가 없기 때문에 프레젠테이션 내용을 상기시킬 수 있을 유인물을 준비하는 것이 현명하다.

프레젠테이션을 정시에 시작했다면 불필요한 일에 대해 사과할 필요가 없다. 예를 들어 "I'm sorry I'm not used to giving this kind of presentation," (이런 종류의 프레젠테이션을 해본 적이 없어서 죄송합니다.) 란 말은 전혀 프레젠터에게 도움이 되지 않는다는 것에 유의하자.

돌진
The Big Rush

이제 모든 것이 준비되었다. 당신의 이름이 소개되었고 무대로 나갈 시간이다. 1장에서 재현했던 것과 같이 당신의 시간이 온 것이다.

인사말을 시작한 당신은 아드레날린이 빠르게 분비되는 것을 느낀다. 강하게 뛰는 심장 소리가 옆 사람에게까지 들릴 정도다. 이런 강렬하고 흥분된 느낌을 프레젠테이션의 생명력을 살리는 데 이용해 보자. 당신은 주제에 대해서 확실히 알고 있다. 청중에 대해서도 이미 파악한 상태다. 한마디로 프레젠테이션에 대해 철저하게 준비를 한 것이다.

당신은 뛰어난 프레젠테이션을 보여줄 기량이 충분하며 어떻게 메시지를 전달해야 할지도 알고 있다. 이제 청중의 니즈를 충족시키려고 노력하다 보면 당신이 성취하고자 하는 목적에도 가까워질 것이다.

성공적인 프레젠테이션, 청중을 설득시키는 프레젠테이션을 어떻게 하느냐는 당신의 손에 달려 있다.

첫 번째 슬라이드가 화면에 비춰진다.

You're on!

CHAPTER **10** | Delivery

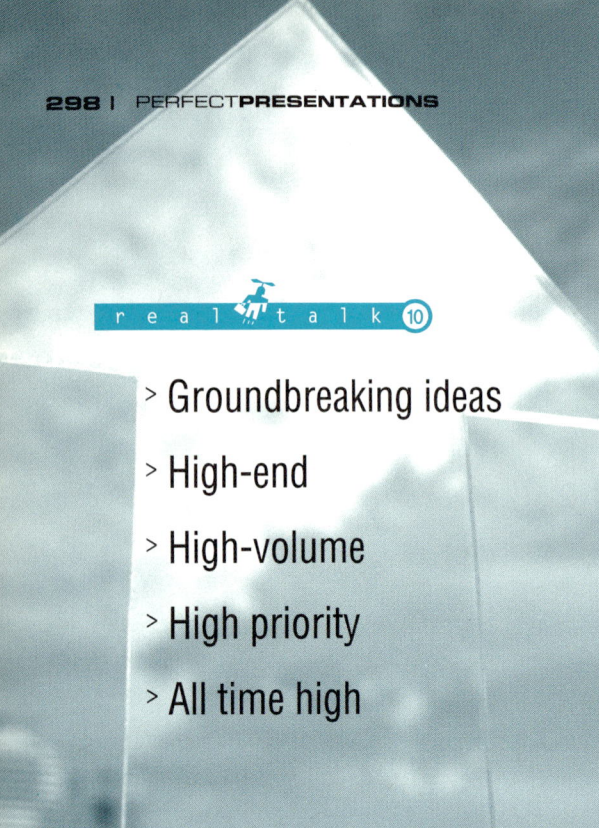

real talk 10

> Groundbreaking ideas
> High-end
> High-volume
> High priority
> All time high

땅을 깨는 아이디어?
높은 끝?
높은 분량?
높은 순서?
항상 높아?

Groundbreaking ideas는 혁신적인 아이디어를 의미하는 것으로 땅을 깰 만한 아이디어가 되려면 기가 막히게 독특한 아이디어가 아니고서는 불가능할 것이라고 생각하면서 외워 보자. **High-end**는 상품이나 상점이 고급인 것을 지칭하거나 고급품을 지향하는 특정 고객을 의미한다. 한마디로 제일 높은 끝이니 최상이겠지? **High-volume**은 대량 판매를 의미하는 비즈니스 전문 용어이다. **High priority**는 priority의 시간이나 순서적으로 앞서는 의미와 중요도나 긴급도에서의 상위나 우위를 가리키는 의미에다 High가 붙어 최우선 순위를 뜻한다. **All time high**는 전무후무한, 전대미문의 기록, 혹은 사상 최고의 기록을 의미한다. 이처럼 다양한 방법으로 High가 붙어서 비즈니스 대화에 사용되는데, 모두 비즈니스맨에게는 친숙한 용어이기 때문에 반드시 기억할 필요가 있다.

다음 대화 속 예문을 통해서 이들 구문이 어떻게 다양하게 구사되는지 익혀 보자.

Joe   Congratulations Julie, I heard your fold up glasses concept is taking the market by storm this summer. Sales of your products have hit an **all time high**. I understand they're even selling at the **high-end** retailers.

Julie   Thanks, Joe, but you deserve some of the credit. You made a lot of helpful suggestions and gave us vital support. You treated this as a **high priority** project; that made a lot of difference. I almost gave up back in May, remember? But you always had faith in our team.

Joe   Cause I knew you'd come through, and you did!

Julie   Speaking of coming through, I heard your presentation to Gio Network Corporation was very successful. Did you close the deal?

Joe	Yes, I was going to tell you about it. We came up with some really **groundbreaking idea**s for them, and at the same time, we showed that we're a steady, reliable company with core competency in the exact areas where they need it. It turned out that we're really an excellent fit.
Julie	Well, you've got a new contract, we've got **high-volume** sales of a new product; I think our company is well positioned to have a very successful year in the black.
Joe	Celebrations in order?
Julie	Definitely. You know there'll always be new problems coming up, but for now, let's take a moment to appreciate what we've accomplished. Savor the moment.
Joe	Excellent, I'll take you to my favorite sushi bar.
Julie	Let's go.

Joe	축하해 Julie, 접은 안경 콘셉트가 이번 여름에 마켓에서 대 히트였다는 소식을 들었어. 제품 판매가 사상 최고라며. 안경이 고급 소매점에까지 팔리고 있는 걸로 알고 있는데.
Julie	고마워, Joe, 근데 이런 성과에 대해 너도 인정을 받아야 해. 여러 도움이 되는 제안과 우리한테 절대적인 지지를 보내 주었잖아. 넌 이 일을 무엇보다 중요한 프로젝트로 다뤄 주었어. 그게 커다란 차이를 가져왔지. 난 오월에 거의 포기하려고 했어. 기억나? 하지만 넌 항상 우리 팀에 믿음을 가지고 있었어.
Joe	난 네가 다 극복할 거라고 알고 있었기 때문이지. 그리고 넌 해냈어!
Julie	말이 나온 김에, 너도 Geo Network 회사의 프레젠테이션이 아주 성공적이었다고 들리던걸. 그건 마무리 됐니?
Joe	그래, 안 그래도 그걸 막 얘기하려던 참이야. 우리는 정말 기가 막히는 획기적인 아이디어를 보여주었어. 그리고 동시에 우리 회사가 그들이 필요로 하는 정확한 분야에 핵심 능력을 가지고 있고, 안정이며 믿을 수 있는 회사란 걸 보여주었지. 결국 우리가 정말 적절한 상대라는 걸 보여준 거지.
Julie	그럼, 넌 새로운 계약을 성사했네. 우린 신상품을 대규모로 판매했어. 내 생각엔 우리 회사가 흑자를 보이면서 아주 큰 성공을 이룬 한 해로 자리 잡겠어.
Joe	축하할 차례인가?
Julie	물론이지. 너도 알다시피 항상 새로운 문제가 생기겠지만, 지금 이 순간은 우리가 성취한 것을 축하하도록 하자. 이 순간을 즐기자고.
Joe	아주 좋아, 내가 좋아하는 일식 집으로 데려가지.
Julie	그래 가자.

300 | PERFECT PRESENTATIONS
Real Expressions

The Introduction ▶ State the Purpose of the Presentation ▶ State Point ▶ Provide Facts ▶ Sales & Profits ▶ Contrast & Comparison ▶ Positive Statement & Negative Statement ▶ Possibilities ▶ The Conclusion ▶ Q & A Session

The Introduction

환영 및 감사의 표현

001. Good morning and **welcome to** the first annual conference.
안녕하십니까, 제1회 연차 회의에 참석해 주신 것을 환영합니다.

002. Good afternoon and **thank you for** attending today's important presentation.
안녕하십니까, 오늘 중요한 프레젠테이션 자리에 참석해 주셔서 감사합니다.

003. Thank you for **taking time from your busy schedule** to attend today's meeting.
바쁘신 중에도 시간을 내어 오늘 미팅에 참석해 주신 점 감사합니다.

004. **Let me begin by thanking** everyone for attending this important meeting.
중요한 미팅에 참석해 준 여러분께 먼저 감사드리면서 시작하겠습니다.

005. I would like to **start by welcoming all** our guests here tonight.
오늘 밤 여기 계신 모든 내빈께 환영의 인사를 드리면서 시작하고 싶습니다.

006. **I would first like to thank** everyone for being here for the unveiling of our latest products.
신제품을 발표하는 자리에 와 주신 여러분께 감사의 말씀을 먼저 드리고 싶습니다.

007. I'd like to extend a warm greeting **on behalf of** our company.
회사를 대표해서 따뜻한 환영의 인사를 드리고 싶습니다.

프레젠터 소개

008. It's a great **honor to be asked to speak** before you on this special day.
이렇게 특별한 날에 여러분 앞에서 발표를 하게 되어 대단한 영광입니다.

009. I am **delighted to introduce myself** to you.

여러분께 제 소개를 하게 되어 기쁩니다.

010. This is Julie Lee. She is the director **in charge of** the design departments. She will explain to you **the user friendly applications of our latest products**.

이분은 Julie Lee입니다. 디자인 부서 담당 책임자입니다. 저희 신제품의 사용자 친화적인 용도에 대해서 여러분께 설명해 드릴 것입니다.

011. I'm **the chief marketing director of** sales at GEO Networks.

저는 GEO 네트워크사의 세일즈 담당 마케팅 이사입니다.

012. I **have over 20 years experience** working in this field.

이 업계에 일하면서 20년 이상의 경력을 쌓았습니다.

013. I will **start by briefly explaining** a little about my background and experiences.

저의 배경과 경험에 대해 간단히 소개하면서 시작하겠습니다.

회사 소개

014. I am **honored to have this opportunity** to introduce our company to you.

여러분께 저희 회사를 소개하는 기회를 갖게 되어 영광입니다.

015. It is a great **pleasure to introduce** our company to you.

여러분께 저희 회사를 소개하게 되어서 대단히 기쁩니다.

016. The new CEO **was hired by** the board of directors last October and came into office in the beginning of the New Year.

지난 10월 이사회에서 새로운 최고 경영자를 선임하였고 신년초에 취임을 하였습니다.

017. We **grossed** over 10 million US dollars last year. During the last quarter we **took in** over 5 million US dollars.

작년 매출은 천만불이 넘었습니다. 지난 분기 동안 5백만불이 넘는 성과를 얻었습니다.

Real Expressions

The Introduction ▸ State the Purpose of the Presentation ▸ State Point ▸ Provide Facts ▸ Sales & Profits ▸ Contrast & Comparison ▸ Positive Statement & Negative Statement ▸ Possibilities ▸ The Conclusion ▸ Q & A Session

018. The new corporate image **was adapted and implemented** back in 2005.
새로운 CI를 2005년도에 도입해서 사용했습니다.

019. The corporate headquarter **is located in** central Seoul. The new factory **is being built** less than 10 miles south of our corporate headquarters.
본사는 서울 도심에 있습니다. 새로운 공장은 본사에서 남쪽으로 10마일이 못 되는 곳에서 건설 중에 있습니다.

020. The newly gathered team of programmers was able to **come out with** an upgraded version of our award winning software within the first half of the year **by burning the midnight oil**.
상을 수상한 저희 소프트웨어를 새로 모인 프로그램 개발팀이 밤 세워 일해서 상반기 안에 업그레이드 버전으로 발표할 수 있었습니다.

021. After the new factory is built and **in production**, we expect to increase **current production levels** by 10 fold.
➡ Our new factory will **be capable of increasing** production **output** by 10 fold.
➡ Our new factory will **be capable of producing** 100,000 a month.
새로운 공장을 완공하여 생산에 들어간 후에는 현재에 비해 10배 정도 생산이 증가할 것으로 예상합니다.
➡ 새로운 공장으로 인해 생산력이 10배 정도 확충될 수 있을 것입니다.
➡ 새로운 공장으로 인해 한 달에 10만 개를 생산할 수 있을 것입니다.

022. Since the new CEO **took office in** 2000, our production has more than tripled and the profits **have grown by leaps and bounds**.
2000년에 새로운 최고 경영자가 취임한 이래로 저희의 생산력은 세 배가 넘게 확충되었고 수익은 급속도로 커지고 있습니다.

023. Our company has **a high tech cutting edge approach** to marketing.
저희 회사에는 고도의 최첨단 마케팅 방식이 있습니다.

024. We managed to raise over a million dollars **for our favorite charity** this year.
올해 저희는 유명 자선 활동에 백만달러 이상을 염출했습니다.

025. We are having **the best fiscal year so far**.
저희는 지금까지 최상의 회계 연도를 보내고 있습니다.

026. **Although** the economy was sluggish, we made record profits this year.

경기가 부진했어도 저희는 올해 기록적인 이윤을 달성했습니다.

027. We **have a reputation for** being the most reliable networking company in the industry.

저희는 업계에서 가장 믿을 수 있는 네트워킹 회사로 평판이 좋습니다.

028. Gio Networking is **a dynamic and strong performer** in the global market.

Gio Networking은 전 세계 시장에서 역동적이고 견고하게 사업을 수행하고 있습니다.

029. We won **the contract hands down**, even though we faced serious competition from our biggest rival.

저희는 최대 경쟁 회사와의 치열한 경쟁에도 불구하고 계약을 성사시켰습니다.

030. Gio Networking **offers** the industry's finest software programs available.
    ➡ Gio Networking **manufactures** the market's most productive software programs.
    ➡ Gio Networking **produces** the most stable software programs on the market.
    ➡ Gio Networking **carries** a comprehensive selection of the latest software products.

Gio Networking은 업계 최고의 소프트웨어 프로그램을 제공합니다.
➡ Gio Networking은 시장에서 최고의 생산성을 자랑하는 소프트웨어를 생산합니다.
➡ Gio Networking은 시장에서 최고의 안정성을 자랑하는 소프트웨어를 생산합니다.
➡ Gio Networking은 최신 소프트웨어 제품을 광범위하게 선정하여 보유하고 있습니다.

031. We are **the exclusive distributor** of Italy's finest suites in Korea.
    ➡ We are **the main distributor** of American clothes in Korea.

저희는 이태리 최고급 양복을 한국에서 독점적으로 유통하는 회사입니다.
➡ 저희는 미국 의류를 유통하는 한국 내 총판입니다.

032. Our company has **made available a way** to network all your factories to work as a single unit.

저희 회사는 귀사의 각 공장들이 마치 하나인 것처럼 가동이 되도록 네트워크 구축 방안을 제공합니다.

Real Expressions

The Introduction ▶ State the Purpose of the Presentation ▶ State Point ▶ Provide Facts ▶ Sales & Profits ▶ Contrast & Comparison ▶ Positive Statement & Negative Statement ▶ Possibilities ▶ The Conclusion ▶ Q & A Session

033. We **specialize in** custom manufacturing of computer parts.

➡ We are **specialist in** the field of nano-technologies.

저희는 컴퓨터 부품을 주문 생산 방식으로 생산하는 일에 전문입니다.
➡ 저희는 나노 테크놀로지 분야의 전문가입니다.

034. Gio Networking **is committed to helping** your company with innovative network solutions.

Gio Networking은 혁신적인 네트워크 솔루션으로 귀사를 지원하는 데 전념하고 있습니다.

035. Gio Networking **is unmatched** in quality of service.

➡ Gio Networking **cannot be matched** in customer service.

➡ Gio Networking **is unrivaled** in its field.

Gio Networking의 양질의 서비스는 비길 데가 없습니다.
➡ Gio Networking의 고객 서비스는 필적할 것이 없습니다.
➡ Gio Networking은 업계에서 무적입니다.

036. Gio Networking has formed **important strategic alliances with** other networking companies throughout the world.

Gio Networking은 세계의 네트워킹 기업들과 중요한 전략적 제휴를 형성했습니다.

037. FREELEC USA **is a wholly owned subsidiary of** FREELEC.

FREELEC USA는 FREELEC이 전액 출자한 자회사입니다.

038. FREELEC is **the parent company of** FREELEC USA.

FREELEC은 FREELEC USA의 모회사입니다.

039. FREELEC USA and Leadership Academy **are subsidiaries of** J Group.

FREELEC USA와 Leadership Academy는 J 그룹의 자회사입니다.

040. **The success of** Gio Networking is attributed to our commitment to quality.

Gio Networking의 성공은 품질에 전념한 덕분입니다.

041. We at Gio Networking **are committed to** quality and service.
Gio Networking은 품질과 서비스에 전념하고 있습니다.

042. With our help, your company will **move ahead of** all the competition.
➡ The installation of the new computer system **is moving** our manufacturing capabilities **forward**.
저희의 도움으로 귀사는 모든 경쟁에서 앞설 것입니다.
➡ 새로운 컴퓨터 시스템의 설치로 제조 생산성이 진전되고 있습니다.

043. Our company **set the industry's standard** in advanced technologies.
저희 회사는 첨단 테크놀로지 업계에서 산업 표준을 만듭니다.

044. We **strive to** develop the industry's most advanced breakthroughs.
저희는 업계의 첨단 기술을 개발하는 데 힘쓰고 있습니다.

045. We completely **revamped** our sales process and **became** the **industry's** leader.
저희는 세일즈 프로세스를 완전히 혁신해서 업계의 선두 주자가 되었습니다.

046. We **launched** our new flagship store in Las Vegas last month.
저희는 지난달 라스베가스에 새로운 본사를 열었습니다.

047. **We're expanding to** include our operations in 10 additional countries.
저희는 10개의 추가 국가에서 사업을 확장하고 있습니다.

048. **We are redirecting** our attention back to the original goals of our company.
저희는 자사의 본래 목표에 다시 초점을 맞추기로 방향을 조정 중입니다.

Real Expressions

PERFECT PRESENTATIONS

The Introduction ▶ **State the Purpose of the Presentation** ▶ State Point ▶ Provide Facts ▶ Sales & Profits ▶ Contrast & Comparison ▶ Positive Statement & Negative Statement ▶ Possibilities ▶ The Conclusion ▶ Q & A Session

State the Purpose of the Presentation

주제 소개

049. I'm **excited to speak** to you about an incredible business opportunity.

여러분께 놀라운 비즈니스 기회를 소개하게 되어 기쁩니다.

050. It is a great **pleasure to discuss** our latest product.

저희의 최신 제품에 대해 논의하는 것은 큰 기쁨입니다.

051. I will briefly **go over what will be covered** in the presentation today.

오늘 프레젠테이션에서 다룰 것에 대해 간단히 말씀드리겠습니다.

052. I **will discuss** in detail, ways to increase sales and generate continuous leads.

판매를 늘리고 지속적으로 새로운 수요를 낳는 방법에 대해 상세히 논의를 하겠습니다.

053. My presentation is about the history of the internet.

➡ **My presentation will discuss** the importance of customer service.

저의 프레젠테이션은 인터넷 역사에 관한 것입니다.
➡ 저의 프레젠테이션에서는 고객 서비스의 중요성에 관해 논의하게 될 것입니다.

054. Today **I will speak about** the various ways to approach a potential customer.

➡ Today's **speech will** touch upon the need to diversify your savings.

오늘 저는 잠재 고객에게 접근하는 다양한 방법에 대해 말할 것입니다.
➡ 오늘 제 이야기에서는 여러분의 저축을 분산시킬 필요성에 대해 언급할 것입니다.

055. The theme of the presentation is "winning at all costs."

프레젠테이션의 주제는 어떻게 해서든지 승리해야 한다는 것입니다.

056. I'm **going to discuss** our vision.

➡ **I'm going to share** our company's proven strategies of success.

저희의 비전에 대해서 논의하겠습니다.

➡ 저희 회사의 검증된 성공 전략을 함께 나누겠습니다.

057. I want to **talk about** the importance of being prepared.

   준비가 되어 있다는 것의 중요성에 관해 이야기하고자 합니다.

058. **We are here today to choose** a new sales manager.

   ➡ **We are here to discuss** the new plans for expansion.

   저희는 새로운 영업 매니저를 뽑기 위해서 오늘 이 자리에 모였습니다.
   ➡ 저희는 새로운 확장안에 대해 논의하려고 여기에 모였습니다.

059. **The purpose of today's meeting is** to finalize the merger of our subsidiaries.

   ➡ **The purpose of today's presentation is** to inform every one of the company's new policies.

   오늘 미팅의 목적은 계열사의 합병을 최종적으로 승인하기 위한 것입니다.
   ➡ 오늘 프레젠테이션의 목적은 회사의 새로운 경영 방침을 모두에게 알리기 위한 것입니다.

060. **The reason for today's meeting is** to discuss next year's merchandise.

   오늘 회의의 취지는 내년 상품을 의논하는 데 있습니다.

061. **The goal of today's presentation is** how to increase sales.

   오늘 프레젠테이션의 목적은 어떻게 하면 매출액을 늘릴 수 있는지에 있습니다.

062. **I'd like to take this time** to introduce you to our company's global strategies.

   저는 이 기회를 빌어, 저희 회사의 전 세계 전략에 대해 여러분께 소개하고 싶습니다.

063. **Today's meeting is** designed to improve your communication skills.

   ➡ **Today's discussion is** designed to help you brainstorm new ideas.

   오늘의 회의는 여러분의 의사소통 능력을 향상시키기 위해 계획되었습니다.
   ➡ 오늘의 토론은 새로운 아이디어를 브레인스토밍하는 것을 돕기 위해 계획되었습니다.

064. **I'd like to share** our company's vision with you.

   저는 저희 회사의 비전을 여러분과 함께 나누고 싶습니다.

Real Expressions

The Introduction ▶ State the Purpose of the Presentation ▶ **State Point** ▶ Provide Facts ▶ Sales & Profits ▶ Contrast & Comparison ▶ Positive Statement & Negative Statement ▶ Possibilities ▶ The Conclusion ▶ Q & A Session

065. **Today we will explore** all the environmentally friendly manufacturing alternatives available to you.

오늘 저희는 가능한 모든 환경 친화적인 대체 생산법에 대해서 조사할 것입니다.

State Point

포인트 제시

066. **First** I would like to **state the purpose** of today's meeting.

먼저 오늘 미팅의 목적에 대해 설명하고 싶습니다.

067. **To begin**, I will **list all the points on the agenda** for the meeting.

➡ **To begin with**, I would like to introduce our special guests.

회의에 대한 협의 사항과 관련하여 주안점 모두를 목록으로 작성하면서 시작하겠습니다.
➡ 맨 먼저, 저희의 특별 손님들을 소개하고 싶습니다.

068. Let's pause here to **review the main points** we have covered so far.

➡ I will pause here a moment to **recap the key steps** to remember.

여기서 잠시 멈추고 지금까지 논의한 부분의 주요 포인트를 다시 봅시다.
➡ 여기서 잠시 멈추고 상기할 핵심 단계를 다시 확인하겠습니다.

069. I feel this to be **the key point** of today's discussion.

➡ I think the next section is **the most important part** of this presentation.

➡ I would say that this next section is **the most helpful** for most people.

이것이 오늘 토론의 핵심 포인트라고 생각합니다.
➡ 다음 섹션이 이 프레젠테이션에서 가장 중요한 부분이라고 생각합니다.
➡ 다음 섹션이 대다수의 사람들에게 가장 도움이 된다고 감히 말씀드릴 수 있습니다.

070. **Let's get back** to the purpose of today's talk.

➡ **Let me get back** on track now.

→ **This is a good place to** get back to the main point.
오늘 이야기의 목적으로 다시 돌아갑시다.
→ 이제 이야기의 본 궤도로 다시 돌아가겠습니다.
→ 여기서 주요 포인트로 돌아가 보죠.

071. **A good point** to discuss today would be the company's current financial status.
오늘 논의할 주제 중 한 가지 바람직한 포인트는 최근의 회사의 재정 상태입니다.

072. **Another point** that should not be overlooked is the strength of the company's stocks.
간과하지 말아야 할 또 다른 포인트는 회사 주식의 강세입니다.

073. After identifying **the strongest points**, we will discuss how to implement them into next year's plans.
가장 강력한 포인트를 확인한 후에는 내년 계획에서 이를 이행하는 방안에 대해 논의하겠습니다.

074. Once identified, **the key components** can be discussed in greater detail at a later date.
일단 확인이 되면 핵심 요소에 대해 추후에 좀더 세부적으로 논의할 수 있습니다.

075. The presentation is divided into **several key topics**.
프레젠테이션은 몇 개의 핵심 주제로 나뉘어 있습니다.

076. We will **address possible solutions** to our manpower shortage.
→ We must **address the issue** of low productivity levels.
저희는 인력난에 대한 가능한 해결책을 제기할 것입니다.
→ 저희는 낮은 수준의 생산성 문제를 제기해야만 합니다.

077. Let me **reiterate the importance of this topic** before going on to the next section.
다음 섹션으로 가기 전에 이 주제의 중요성을 다시 한번 반복하겠습니다.

078. I strongly **feel this topic** should not be ignored.
이 주제가 묵살되지 말아야 한다는 생각은 확고합니다.

Real Expressions

The Introduction ▶ State the Purpose of the Presentation ▶ **State Point** ▶ **Provide Facts** ▶ Sales & Profits ▶ Contrast & Comparison ▶ Positive Statement & Negative Statement ▶ Possibilities ▶ The Conclusion ▶ Q & A Session

079. I suggest we **discuss the merger** again tomorrow.
내일 다시 합병에 대해 논의하기를 제안합니다.

080. I think you need to **review the problems** before they get out of hand.
감당하지 못하기 되기 전에 여러분은 이 문제를 다시 조사해야 한다고 생각합니다.

081. In this presentation **I will outline** possible changes to the computer market in the coming years.
이번 프레젠테이션에서 저는 다가오는 해에 컴퓨터 시장에서 일어남직한 변화의 윤곽을 그려 보겠습니다.

082. I would like to **suggest paying close attention to** the next section.
다음 섹션에 대해 세심하게 주의해 주시길 바랍니다.

083. **The real point of this presentation** is to get you to think globally.
여러분이 세계적으로 폭넓게 생각하게 하는 것이 이번 프레젠테이션의 실질적인 포인트입니다.

084. **As you are aware**, success does not **happen** overnight.
여러분께서 익히 알고 계시듯, 성공은 하룻밤 사이에 이루어지는 것이 아닙니다.

085. **You may already be aware** that the housing boom in the US has slowed down, however money can still be made in real-estate.
이미 여러분께서도 알고 계시듯 미국 주택 붐은 식었습니다. 그렇지만 여전히 부동산으로 돈을 벌 수 있습니다.

086. **The point of today's meeting is** to make you aware of the company's financial situations.
오늘 미팅의 포인트는 회사의 재무 상황에 대해 여러분께 인식시키는 것입니다.

087. **I will describe in** the presentation the various ways to overcome fears.
프레젠테이션을 통해 두려움을 극복하는 다양한 방법에 대해 설명하겠습니다.

088. **I will start by** introducing the new XP2000. Next I'll explain its upgrades and end with the cost savings to you.

먼저 새로운 XP2000 제품을 소개하면서 시작하겠습니다. 다음으로 제품의 업그레이드에 대해 설명하고 비용 절감 이야기로 마치겠습니다.

089. **As this brings me to the main topic**, I'd like to ask you to think about this first.

이제 핵심 주제로 넘어가, 이 점을 먼저 생각해 보시길 바랍니다.

090. **Let's go on** to discuss the next step of the process.

➡ **Let's change topics for a moment** to something more serious.

➡ **Let's move** on to the final part of the presentation.

프로세스의 다음 단계에 대해 논의해 봅시다.
➡ 잠시 좀더 심각한 문제로 주제를 바꿔 봅시다.
➡ 프레젠테이션의 마지막 부분으로 계속 나아가 봅시다.

091. **Finally**, we should recognize and watch the market forecasts closely.

최종적으로 시장의 변화에 대한 예측을 면밀히 살펴보고 인식해야만 합니다.

Provide Facts

자료 제시

092. **The graph indicates** a decline in new manufacture development throughout Korea.

그래프는 한국 내에 새로운 제조업 발달이 쇠퇴하고 있음을 보여줍니다.

093. **Here you can see** a steady growth in revenue over the past 12 months.

여기서 여러분께서는 지난 12개월 사이에 수익에 있어 꾸준한 성장세를 볼 수 있습니다.

094. **As you can see from** this chart, sales figures from last year exceeded our expectations by 20%.

이 차트에서 보듯이 작년의 매출액 수치는 저희의 기대치를 20% 가까이 초과하고 있습니다.

095. **I believe** the statistics are **proof** that these products have always sold well.

통계는 이들 제품이 항상 잘 팔렸다는 증거라고 생각합니다.

Real Expressions

The Introduction ▶ State the Purpose of the Presentation ▶ State Point ▶ **Provide Facts** ▶ **Sales & Profits** ▶ Contrast & Comparison ▶ Positive Statement & Negative Statement ▶ Possibilities ▶ The Conclusion ▶ Q & A Session

096. **You can see** that sales have always increased with this product.
이 제품으로 매출액이 항상 늘었음을 볼 수 있습니다.

097. **This chart indicates** the number of products made each month.
이 차트는 매달 생산된 제품의 수를 보여줍니다.

098. I'd like you to focus your attention on **the information in the chart**.
차트 속 정보에 주목해 주시길 바랍니다.

099. **This illustration** makes it easier to understand the concept.
이 도해는 개념을 보다 이해하기 쉽게 해줍니다.

100. I don't want to skip over the results of **the survey** that **indicate** an unexpected trend.
예상치 못한 경향을 보인 조사 결과를 간과하지 말기를 바랍니다.

101. I would like to refer to **the survey results** that indicate a rise in teen spending.
10대의 소비 증가를 나타내는 조사 결과에 대해 언급하고 싶습니다.

102. **The graph displays** projected sales with actual sales volume by each individual store location.
그래프는 각 개별 지점별로 실 판매량으로 기획 판매를 표시하고 있습니다.

103. **The red line represents** negative revenue, and the black line represents positive revenues.
빨간색 선은 적자를 나타내고 검은색 선은 흑자를 나타냅니다.

104. **As indicated by the picture**, the new design of the product has four dynamic color schemes.
그림에서 드러나듯, 제품의 새로운 디자인은 네 개의 역동적인 색상 배합을 가지고 있습니다.

105. **Please refer to the pie chart for detailed information** regarding the distribution of our products globally.

    저희 제품의 전 세계적인 배포에 관해서 상세 정보를 담고 있는 파이 차트에 주목해 주십시오.

106. Last year's production totals are illustrated **on the following bar graph**.

    다음 막대 그래프는 작년 전체 생산량을 보여줍니다.

107. **The next chart** shows the sales team's commission rate for all entry levels.

    다음 차트는 모든 가입 수준에 대하여 영업팀의 수수료를 보여줍니다.

Sales & Profits

매출액과 수익 제시

108. Sales have been **steadily increasing** for the last two years.

    지난 2년 동안 매출액이 꾸준히 늘고 있습니다.

109. Sales **are expected to rise** again this year.

    매출액이 올해 다시 올라갈 것으로 예상됩니다.

110. Income tax rates **have not gone down; instead they've gone up**.

    소득세율이 내려가지 않고 대신에 올라갔습니다.

111. The number of students who enrolled in the Leadership Academy **was up by** 200% since it opened 3 months ago.

    Leadership Academy에 등록한 학생 수는 3개월 전 오픈 때보다 200% 가량 늘었습니다.

112. The production rate **has steadied at** a slow 1%.

    생산율은 완만한 1% 선에서 안정되었습니다.

113. In comparison to the past several years, we are doing **above average**.
지난 몇 년간과 비교해 볼 때, 우리는 평균 이상을 해내고 있습니다.

114. Manufacturing of plastic products **fell sharply** last month because of a sudden spike in oil prices.
갑작스러운 유류 가격의 급격한 상승으로 인해 플라스틱 제품 생산이 지난달 현저히 떨어졌습니다.

115. Sales volume **increased dramatically** this month as expected due to the Christmas holiday.
예상했던 대로 크리스마스 연휴로 인해 매출액 규모가 이번 달에 놀랄 만큼 늘었습니다.

116. The rate of inflation **has leveled off** and now **stands at** 3%.
인플레이션율은 안정세를 보이면서 현재 3%에 머물러 있습니다.

117. Sales **more than doubled** this holiday season.
이번 연휴 기간 동안에 매출액이 두 배 이상이었습니다.

118. Sales **nearly tripled** in the toy industry as Christmas rolled along.
크리스마스 시즌에 장난감 업계의 매출액이 거의 세 배가 성장했습니다.

119. The increase of job positions available at our corporate office **is around** 2%.
저희 본사의 유효 직급의 증가는 대략 2% 선입니다.

120. Profits **are expected to grow by** 49% during the last quarter of the year.
4/4분기 동안 49% 가량 이익이 증가할 것으로 예상됩니다.

121. Leadership Academy's profits **reached** $5 million in their second year of operations — a 50% **increase over** their first year.
Leadership Academy의 이익은 2년의 운영 기간 안에 5백만 불에 달했습니다. 이는 첫해보다 50% 증가한 것입니다.

Contrast & Comparison

대조와 비교

122. Our competitors have increased; **on the other hand**, we control more of the market share.

    저희의 경쟁 업체가 늘었습니다. 그 반면에 저희는 더 높은 시장 점유율을 관리하고 있습니다.

123. The cost of petroleum has gone up dramatically; **nevertheless**, we still manufacture our products with the same high standards and sell them at the same cost.

    석유 값이 엄청나게 올랐습니다. 그럼에도 불구하고 저희는 제품을 동일한 높은 수준으로 여전히 제조해서 동일한 가격에 팔고 있습니다.

124. **In contrast** to all our competitors, our products are far better made and less expensive.

    저희의 모든 경쟁 업체와는 다르게 저희 제품은 훨씬 우수하고 저렴합니다.

125. We are not raising prices on our high end products **despite** the increase in the cost of materials.

    재료비의 인상에도 불구하고 저희는 최고급 제품의 가격을 인상하지 않았습니다.

126. **Although** the new XP1000R was 30% more expensive, we sold more units this year because it had incredible new features.

    비록 새로운 XP1000R이 30% 더 비쌌지만, 이 제품이 지닌 놀랄 만한 신기능 때문에 저희는 올해 장치를 더 많이 팔았습니다.

127. **A comparison between** the old XP1000 **and** the new XP1000R indicates the newer model is more popular with younger men.

    구 XP1000과 신 XP1000R을 비교해 보면, 더 새로운 모델이 젊은이들에게 인기가 더 높다는 것을 알 수 있습니다.

128. The results **were** entirely **different from** what we had initially expected.

    결과는 저희가 당초에 예상했던 것과 완전히 다릅니다.

PERFECT PRESENTATIONS
Real Expressions

The Introduction ▶ State the Purpose of the Presentation ▶ State Point ▶ Provide Facts ▶ Sales & Profits ▶ **Contrast & Comparison**
▶ Positive Statement & Negative Statement ▶ Possibilities ▶ The Conclusion ▶ Q & A Session

129. **The main differences** between XP1000 and XP2000 are price and more features.
구 XP1000과 신 XP1000R 사이에 가장 큰 차이점은 가격과 추가 기능입니다.

130. The competition's brands of products **are the same as** our products.
경쟁 업체의 브랜드 제품은 저희 제품과 똑같습니다.

131. **Although** the other brand **is the same as** our XP1000, it is not as efficient.
비록 다른 브랜드가 저희의 XP1000과 똑같지만 저희 것만큼 효율적이진 못합니다.

132. Using lower quality material **keeps** the cost of production **low but also keeps** the quality **low as well**.
저급한 재료를 사용하면 생산비를 낮게 유지할 수 있습니다. 그러나 또한 품질도 낮게 유지하게 됩니다.

133. More enrollments mean **more classroom** space will be needed this year.
등록율이 증가한다는 것은 올해 강의실이 더 필요하다는 것을 의미합니다.

134. The competition's new XL1 **is similar to** what we produced in the past.
경쟁 업체의 새로운 XL1은 과거에 저희가 제작했던 것과 유사합니다.

135. The design of the new XP2000 **resembles** a fast sports car.
새로운 XP2000의 디자인은 날렵한 스포츠 카 모양을 닮았습니다.

136. The competitor's XL1 is **more expensive than** our new XP2000.
경쟁사의 제품인 XL1은 저희의 새로운 XP2000보다 더 비쌉니다.

137. XL1 and XP2000 have several things **in common**.
XL1과 XP2000은 몇 가지 공통점이 있습니다.

Positive Statement & Negative Statement

긍정적인 진술과 부정적인 진술

138. Gio Networking **has helped to connect** the world and **bring about** fast global e-commerce.

    Gio Networking은 세계를 이어 주고 전 세계 규모의 빠른 전자상거래를 달성하는 데 일조하고 있습니다.

139. Leadership Academy **is dedicated to** training the youth of today to **become** well equipped leaders of tomorrow.

    Leadership Academy는 오늘날의 청소년이 내일의 지도자로서 소양을 잘 갖추도록 단련시키는 데 최선을 다하고 있습니다.

140. Implementation of the new customer service guidelines **will have a positive effect on** our company's image.

    새로운 고객 서비스 지침을 실행하면 저희 회사의 이미지에 긍정적인 효과를 미칠 것입니다.

141. Our company has invested much time and resources to **achieve the goal of becoming the best in the industry**.

    저희 회사는 업계 최고라는 목표를 이루기 위해 많은 시간과 자원을 투자해 왔습니다.

142. Our communication is now **more efficient with** the new network system.

    저희의 커뮤니케이션 방식이 새로운 네트워크 시스템으로 더욱 효율적이 되었습니다.

143. Early training will **have a deeper impact** and **more enduring results**.

    조기 교육은 더 깊게 영향을 주어서 보다 영구적인 결과를 얻게 합니다.

144. Lower production cost can **have a negative effect on** the quality of our products.

    생산 비용을 낮춤으로 인해 저희 제품의 품질에 부정적인 영향을 줄 수 있습니다.

145. **I believe** we **can make** a better product.

    우리가 더 나은 제품을 만들 수 있다고 생각합니다.

Real Expressions

The Introduction ▶ State the Purpose of the Presentation ▶ State Point ▶ Provide Facts ▶ Sales & Profits ▶ Contrast & Comparison ▶ Positive Statement & Negative Statement ▶ **Possibilities** ▶ The Conclusion ▶ Q & A Session

146. **To solve this problem**, we shouldn't focus on what we did not do, but rather on what can be planned for next year.
    이 문제를 해결하려면 하지 못했던 일이 아닌 내년에 계획하려는 일에 집중해야 합니다.

Possibilities

가능성 제시

147. Our revenue **will pick up** next year with our new and improved model.
    내년에는 새로운 개량 모델로 저희의 수익이 오를 것입니다.

148. Revenues **cannot decrease with** our new line of products.
    저희의 새로운 제품 라인으로 수익이 떨어질 수는 없습니다.

149. A positive attitude **may help lead to** a positive cash flow.
    긍정적인 자세는 긍정적인 현금 흐름에 이르게 하는 데 도움이 될 것입니다.

150. The quality of our sales staff **will improve with** the new training program.
    영업부 직원의 자질이 새로운 연수 프로그램으로 나아질 것입니다.

151. The speed of production **will increase with** the upgrades to the assembly line.
    생산 속도가 조립 라인의 업그레이드로 빨라질 것입니다.

152. **Hopefully** the housing boom **will not burst** all at once.
    바라건대 주택 붐이 갑자기 터지지는 않을 것입니다.

153. We have a serious **chance of winning** the contract.
    계약을 따낼 승산이 아주 높습니다.

154. This **could be the beginning** of something wonderful.

    이것이 뭔가 굉장한 것의 발단일 수 있습니다.

155. This product **may prove to be** a hot ticket.

    이 제품이 히트 상품이 될지도 모릅니다.

156. This product is **the best thing to come along** for our company.

    이 제품은 저희 회사가 가지게 된 더할 나위 없는 것입니다.

157. With the correct marketing, this product **has the potential** to become a hit.

    정확한 마켓팅이 뒷받침된다면, 이 제품은 히트 상품이 될 가능성이 있습니다.

The Conclusion

158. **This brings me to** the conclusion of my discussion.

    이렇게 해서 토론의 결론에 이르렀습니다.

159. **With that**, I will **wrap up today**'s presentation.

    이것으로 오늘의 프레젠테이션을 마치겠습니다.

160. Thank you for coming, I hope you **have benefited from** attending, and I look forward to seeing you again at next year's conference.

    와 주셔서 감사합니다. 참석하신 것이 여러분에게 이로웠기를 바라며 내년 회의에서 또 뵙기를 기대합니다.

161. Thank you for attending, I hope you **gained an insight into** all the possibilities available to everyone. I look forward to seeing you again next year.

    참석해 주셔서 감사합니다. 여러분 모두가 실현 가능한 장래성을 간파하였기를 바랍니다. 내년에 다시 뵙게 되길 기대합니다.

162. **I have now covered** all the sections listed in the manual.

    이제 안내서에 있는 모든 부분을 다루었습니다.

Real Expressions

PERFECT PRESENTATIONS

The Introduction ▶ State the Purpose of the Presentation ▶ State Point ▶ Provide Facts ▶ Sales & Profits ▶ Contrast & Comparison ▶ Positive Statement & Negative Statement ▶ Possibilities ▶ **The Conclusion** ▶ Q & A Session

163. **As I end today's presentation**, I would like to thank everyone for attending.
오늘의 프레젠테이션을 마치면서 참석하신 여러분께 감사의 말씀을 드립니다.

164. **All the major issues regarding** manufacturing the XP2000 were addressed today.
XP2000 생산에 관한 모든 핵심 사항을 오늘 다루었습니다.

165. Someone once told me something that changed by my life and accurately summarizes **what I want to get across** to you today.
일전에 누군가 제 인생을 바꿔 놓을 만한 말을 했는데, 오늘 여러분께 전달할 내용이 거기에 정확히 요약되어 있습니다.

166. **I'm going to conclude with** a real story that we can all relate to.
우리 모두와 관련이 있을 수 있는 실화로 프레젠테이션을 끝맺을까 합니다.

167. I will **close by** telling you a personal story about myself.
   ▶ I will **end by** summarizing the main points of the presentation.
제 자신에 대한 개인적인 이야기를 말하면서 끝마치겠습니다.
   ▶ 프레젠테이션의 핵심 포인트를 정리하면서 마치겠습니다.

168. I believe **I have said everything** that needed to be addressed today.
오늘 제가 다루어야 하는 사항 모두를 말한 것 같습니다.

169. **Before I finish**, I would like to reiterate the importance of what was discussed today.
마치기 전에 오늘 논의한 내용의 중요성에 대해 다시 한번 말하고 싶습니다.

170. **As a whole** I feel this year's conference was a success.
대체적으로 올해의 회의는 성공적이었다고 생각합니다.

171. **I'll briefly go over** several of the more important points of my argument.
제 주장 중 몇 가지 좀더 중요한 포인트를 간단히 되풀이하겠습니다.

172. **In sum**, the housing boom is over!

    결국 주택 붐은 끝났습니다.

173. **In short**, training is the key to a successful operation.

    간단히 말해서, 훈련은 성공적으로 사업하는 비결입니다.

174. **On that note**, I'd like to end today's meeting.

    이상으로, 오늘의 미팅을 마치고자 합니다.

175. **In conclusion**, I think we should reconsider the offer.

    결론적으로 저희는 제안을 재고해야 한다고 생각합니다.

176. **In closing,** I would like to leave you with a message of inspiration.

    마지막으로 영감을 주는 메시지를 여러분께 남기고 싶습니다.

177. **I want to close by** saying that this is only the beginning.

    이것은 단지 시작일뿐이다는 점을 말씀드리면서 마치려 합니다.

178. **Accordingly**, training should be an ongoing process and not just a one time event.

    따라서 훈련은 진행형의 과정이지 일회성의 이벤트가 아니어야 합니다.

179. **Thank you for** inviting me; it was an honor to be here.

    ➡ Thank you for **this opportunity**.

    ➡ Thank you for **your time**.

    저를 초청해 주셔서 감사합니다. 이 자리에 서게 되어 영광스러웠습니다.
    ➡ 이런 기회를 주셔서 감사드립니다.
    ➡ 시간을 내 주셔서 감사드립니다.

180. **Again**, thank you for your participation. It was truly a pleasure to be here with you.

    참석해 주신 것에 대해 다시금 감사드립니다. 여러분과 함께 할 수 있어서 정말 기뻤습니다.

181. **I hope you** have found this presentation **informative and helpful**.

    여러분께서 이 프레젠테이션이 유익하고 유용하다고 생각하셨기를 바랍니다.

Real Expressions

The Introduction ▶ State the Purpose of the Presentation ▶ State Point ▶ Provide Facts ▶ Sales & Profits ▶ Contrast & Comparison ▶ Positive Statement & Negative Statement ▶ Possibilities ▶ The Conclusion ▶ **Q & A Session**

182. **That completes my presentation**. I will take questions now.
   이것으로 프레젠테이션을 마치고 이제 질문을 받도록 하겠습니다.

Q & A Session

183. All right, I'll **take** three more **questions**.
   네 좋습니다. 세 가지 질문을 더 받겠습니다.

184. **Does anyone have** any **questions** about the merger?
   합병에 대해 질문을 하실 분 계신가요?

185. **That's a very good point**. We'll seriously consider your suggestion.
   아주 좋은 점입니다. 저희는 고객님의 제안을 진지하게 고려하겠습니다.

정확히 알지 못하거나 정보 주기가 곤란할 때

186. We are **awaiting additional information**.
   추가 정보를 기다리고 있는 중입니다.

187. We will let you know once we **verify the information**.
   한 번 정보를 확인하고서 알려 드리겠습니다.

188. I will inform you as more **information get released**.
   ➡ I will let you know as that **information becomes available**.
   더 많은 정보가 나오는 대로 알려 드리겠습니다.
   ➡ 정보가 입수되면 알려 드리겠습니다.

189. I'm sorry but I **cannot provide further information** at this point in time.
   죄송하지만 현 시점에서는 더 이상의 정보를 드릴 수가 없습니다.

190. I **cannot comment on** that at the moment.
   당장은 그것에 대해 언급할 수가 없습니다.

191. I **honestly do not know** the answer to that, but I will find out for you after this meeting.
   솔직히 그것에 대해 답을 알고 있지 못합니다. 하지만 미팅 후에 알아보도록 하겠습니다.

질문의 요지가 불분명할 때

192. **Could you clarify** what you mean by that?
   그게 무슨 뜻인지 명확하게 해주시겠습니까?

193. I'm sorry; I don't understand **exactly what you mean** by that.
   죄송하지만, 그게 무슨 뜻인지 정확히 이해할 수가 없습니다.

194. I'm sorry; **can you repeat** your question one more time?
   죄송하지만, 질문을 한번 더 해주시겠습니까?

195. **I am unclear** what you mean by that.
   그게 무슨 뜻인지 이해하기 힘듭니다.

196. **Would it be correct to say** that you are asking about the financial records?
   회계 장부에 대해 질문하신 것이 맞습니까?

197. If I understand you correctly, **are you trying to say, a price guarantee**?
   제가 이해한 것이 맞다면 가격 보증에 대해 질문하신 건가요?

198. **So what you are saying is**, you would like to arrange another meeting?
   ➡ **So what you mean by that is**, your company would like to merge?
   그럼 말씀하신 것이 또 다른 미팅을 잡기를 바라신다는 건가요?
   ➡ 그럼 의도하시는 것이 귀사에서는 합병을 원하신다는 건가요?

Real Expressions

The Introduction ▶ State the Purpose of the Presentation ▶ State Point ▶ Provide Facts ▶ Sales & Profits ▶ Contrast & Comparison ▶ Positive Statement & Negative Statement ▶ Possibilities ▶ The Conclusion ▶ **Q & A Session**

마무리 할 때

199. I want to **end by reminding you** that the market is in flux and our flexible strategy provides the best opportunity for staying on top. Thank you.
     시장은 끊임없이 변화하고 저희의 유연한 전략은 정상에 머무는 최고의 기회를 준다는 것을 상기하면서 마무리하고자 합니다. 감사합니다.

200. Okay, **that's all the time we have**, I'll be glad to answer any other questions after the meeting, or email me your questions. Thank you.
     자, 여기서 마치겠습니다. 미팅 후에 별도의 질문에 답해 드리거나 이메일로 연락 주십시오. 감사합니다.

WritingLecture.com 무료쿠폰 구입하신 책의 강의를 무료로 수강하실 수 있습니다. 쿠폰번호는 뒷면에 ➡ FREELEC